高校思想政治理论课专题研究丛书

主　编　吴家庆　　副主编　谭吉华

《中国近现代史纲要》专题研究

尹红群　等◎著

湖南师范大学出版社

图书在版编目（CIP）数据

《中国近现代史纲要》专题研究／尹红群等著．--长沙：湖南师范大学出版社，2017.7

ISBN 978－7－5648－2893－6

Ⅰ.①中…　Ⅱ.①尹…　Ⅲ.①中国历史－近现代－教学研究－高等学校　Ⅳ.①K25

中国版本图书馆 CIP 数据核字（2017）第 149133 号

《中国近现代史纲要》专题研究

Zhongguo Jinxiandaishi Gangyao Zhuanti Yanjiu

尹红群　等著

◇组稿编辑：李　阳
◇责任编辑：崔安慧　李　阳
◇责任校对：刘　琼
◇出版发行：湖南师范大学出版社
地址/长沙市岳麓山　邮编/410081
电话/0731－88873071　88873070　传真/0731－88872636
网址/http：//press. hunnu. edu. cn
◇经销：新华书店
◇印刷：天津画中画印刷有限公司
◇开本：710mm×1000mm　1/16
◇印张：14.5
◇字数：280 千字
◇版次：2017 年 7 月第 1 版
◇印次：2024 年 8 月第 3 次印刷
◇书号：ISBN 978－7－5648－2893－6
◇定价：52.00 元

投稿热线：0731－88872256　13975805626　QQ：1349748847

序

习近平总书记指出："高校思想政治工作关系高校培养什么样的人、如何培养人以及为谁培养人这个根本问题。要坚持把立德树人作为中心环节，把思想政治工作贯穿教育教学全过程，实现全程育人、全方位育人，努力开创我国高等教育事业发展新局面。"加强高校思想政治工作，对于推动我国高等教育事业发展、推进中国特色社会主义建设、实现中华民族伟大复兴具有十分重要的意义。党的十八大以来，党中央十分重视高校思想政治工作。2015 年 1 月，中共中央办公厅、国务院办公厅印发了《关于进一步加强和改进新形势下高校宣传思想工作的意见》；同年 9 月，教育部印发了《高等学校思想政治理论课建设标准》；同年下半年，中宣部、教育部组织了第一批全国重点马克思主义学院的评审工作；2016 年 12 月，中央专门召开了全国高校思想政治工作会议。在这一背景下，湖南省启动了全省重点马克思主义学院建设工作，湖南师范大学马克思主义学院成功入选湖南省首批重点马克思主义学院。

高校的马克思主义学院承担着大学生思想政治教育教学的重要任务，是加强高校思想政治工作的重要机构。湖南师范大学马克思主义学院自成立以来，一直强调立德树人，倡导教学改革，力图通过思想政治理论课的教学工作和教育功能，引导大学生树立正确的世界观、人生观、价值观，树立为远大理想和共同理想而奋斗的信念，树立对中国特色社会主义道路、理论、制度、文化的自信，引导大学生正确认识世界发展的潮流和中国发展强大的趋势，正确认识中国共产党为国家和民族奋斗的伟大历程，正确认识大学生所担负的时代责任和历史使命。

高校思想政治理论课是大学生思想政治教育的主渠道、主阵地，但是客观地讲，当前的思想政治理论课与大学生“真心喜爱，终身受益”的课程之间还存在不小的差距。课堂上学生的抬头率不高，人到心未到；参与度低，学习的主体性、积极性、主动性未能充分发挥；学生的满意度不高，思想政治理论课未能取得“润物细无声”的效果。还有许多亟待改进、创新的地方。例如：教学内容的鲜活性和针对性，教师教学的亲和力和感染力，理论与实际结合的有效度，教育教学目标的达成度，等等。为了切实提高思想政治理论课的教育教学质量，提高学生的抬头率、参与度和满意度，湖南师范大学马克思主义学院在入选湖南省首批重点马克思主义学院之后，把开展专题教学研究作为工作重点，以实现高校思想政治理论课从教材体系向教学体系转化。吴家庆提出了教学改革的总体设想，举全院之力开展专题研究，编写专题教案，制作专题课件，谭吉华负责组织协调工作。开展专题教学研究，目的是实现思想政治理论课从教材体系向教学体系转化，争取做到既遵循教材，又超越教材，既让教师乐教，又让学生乐学，实现教学相长。

湖南师范大学马克思主义学院成立了“高校思想政治理论课专题研究丛书”编写领导小组，院长吴家庆任组长，副院长谭吉华任副组长，教研部主任刘建荣、徐新、尹红群、陈文珍为成员，院教务办主任曾默为担任秘书。学院还成立了“高校思想政治理论课专题研究丛书”审议专家委员会，其中主任委员为吴家庆，副主任委员为谭吉华，委员为方小年、李培超、刘建荣、徐新、尹红群、陈文珍，秘书为曾默为。学院聘请四位专家担任“高校思想政治理论课专题研究丛书”顾问，主要对专题研究提纲的拟定、重点观点进行把关。学院还聘请了多位专家审读书稿，提出修改意见：《〈马克思主义基本原理概论〉专题研究》审稿专家是长沙理工大学付如良教授、湘潭大学杨小军教授；《〈毛泽东思想和中国特色社会主义理论体系概论〉专题研究》审稿专家是吉首大学陈德祥教授；《〈中国近现代史纲要〉专题研究》审稿专家是湖南大学陈宇翔教授、湖南科技大学尹杰钦教授；《〈思想道德修养与法律基础〉专题研究》审稿专家是湖南师范大学李培超教授、湖南农业大学刘新春教授。上述措施力求增强研究丛书的权威性、科学性、规范性。

从2016年4月起至今，我们共组织50余位思想政治理论课一线教师参与教学专题研究，其成果以丛书形式正式出版。本丛书力求体现如下特点：一是突出问题的导向性。每个专题均以学生关心的热点问题为教学起点，通过提问引导学生思考、讨论，找准学生在相关专题中存在的困惑，用科学严密的理论知识和生动丰富的实践材料对学生进行答疑解惑。二是强调知识的生成性。以往教学偏重知识的灌输，把学生当成知识的容器，无视学生的主体地位，教与学是“两张皮”，互不搭界。本专题研究丛书着力解决教与学分离的现象，充分发挥学生的主体性、积极性和主动性，让学生在主动学习和探究中生成新知识。三是注重教与学的良性互动，情景交融，教学相长。本专题研究丛书以情景为引导，吸引学生的注意力，促使学生对教学内容产生浓厚的学习兴趣，有助于形成教与学的良性互动。四是重视材料的鲜活性和丰富性。本专题研究丛书使用了大量文字材料和视频材料，这些材料一方面具体生动、时效性强，有助于调动学生的学习兴趣，另一方面浅显易懂，贴近大学生生活和思想实际，有助于学生理解抽象的理论。

本丛书的出版得到了湖南师范大学出版社的大力支持。出版这套专题研究丛书，是湖南师范大学马克思主义学院在学校党委的领导支持下，按照湖南省重点马克思主义学院建设要求，深入贯彻习近平总书记和党中央加强高校思想政治工作精神的一次尝试，疏漏和不足之处在所难免，敬请学界同仁批评指正，以便再版时修订改进。

湖南师范大学马克思主义学院

2017 年 3 月

目 录

专题一

近代以来中华民族的两大历史任务

问题引领

中国有着悠久璀璨的古代文明，却在被侵略的战火中进入近代；从古代独立自主的封建社会沦落为近代的半殖民地半封建社会。乱世开始，苦难丛生。多难兴邦，争取民族独立、人民解放和实现国家富强、人民富裕，这两大历史任务便成为近代以来中国人民的奋斗目标。“中国近现代史纲要”课程主要讲述中国近代以来抵御外国侵略，争取民族独立，推翻反动统治，实现民族独立、人民解放和国家富强、人民富裕的历史。两大历史任务就是中国近现代史的“纲”，其他诸如重大历史事件就是“要”。“纲”举目张，统领诸“要”。完成两大历史任务是主题，贯穿于中国近代以来的历史，近现代史上的重大历史事件实质上就是对完成两大历史任务的探索和具体展现。

教师需要紧扣“纲”去理解把握好教材内容体系，统领好其他各个章节的“要”；从这个“纲”入手，使学生了解近代以来中国社会性质的变化、社会阶级关系的变迁、社会主要矛盾的变动以及重大历史事件和重要历史人物。学生要以“纲”为学习本课程的出发点和落脚点，深刻领会到“四个选择”的历史必然性。

➤ 逻辑结构

本专题坚持历史的、逻辑的统一，注重从理论上分析中国近现代史的基本规律，从而把握好中国近现代史的主题主线。

在教学思路方面，第一，坚持历史的演进，认识两大历史任务是如何产生的，从国际、国内两个大背景的变化中寻找问题的答案，扩大学生的视野。建议从世界格局的演变讲起，中国衰败、西方崛起、列强入侵，中国社会经历巨大冲击。第二，从理论上分析近现代中国的社会性质、阶级状况、主要矛盾，阐明两大历史任务的内涵及内在关系。第三，中华民族意识的觉醒过程就是先进的中国人探索如何完成两大历史任务的过程。先进的中国人一步一步提出救国救民的方案，历经失败和挫折，最后才找到一条适合中国民族伟大复兴的道路。

一、“数千年未有之变局”与两大历史任务的由来

鸦片战争是中国近代史的开端。中国是被迫、不愿意地迈入近代，这也意味着近代中国社会的发展是被外力强力冲击，脱离了自己固有的轨道，而且外力是如此之强，引发了中国社会“数千年未有之变局”。之所以造成这个“变局”，有外因，也有内因。外因是西方文明崛起并向全世界扩张；内因是中国社会的衰败，包括封建社会的衰败和清王朝的逐渐没落。当中、西方通过战争的方式碰撞之后，中国社会更是急剧变化，开启了近代化进程。

（一）西方崛起，中国趋衰

冰冻三尺非一日之寒。鸦片战争前的中国与西方反向发展，可上溯到200年前，15—16世纪是一个大航海时代，中国的郑和七次下西洋，领先于世界，但戛然而止；后起的欧洲人哥伦布、达·伽马、麦哲伦等实现了超越，开辟了全球化的贸易航线。明朝中后期，中国产生了资本主义萌芽，但规模小、程度低，发展极为缓慢；清王朝实行更全面的闭关锁国政策，进一步遏制资本主义萌芽的发展，到鸦片战争前，中国仍旧在封建主义的老路上徘徊。

而与此同时，西方世界在国际贸易中获得长足发展，进而爆发了工业革命，使生产规模、生产方式都发生了重大的变化。1640 年，英国爆发资产阶级革命，世界历史步入了资本主义时代。

从下表可以清楚地看到中、西方世界在政治、经济、军事、社会文化等方面的反向发展趋势：

表 1－1　鸦片战争前中、西发展比较

分类	中国	西方
航海	郑和于 1405 年第一次远航，比哥伦布首航美洲早 87 年，比达·伽马开辟东方航路早 93 年，比麦哲伦从美洲航行到菲律宾早 116 年。	1492 年，哥伦布到达美洲发现新大陆，1497 年 11 月，葡萄牙人达·伽马绕过非洲南端的好望角，于 1498 年 5 月到达了印度西海岸的海港，东方航线开辟。1519 年 9 月，麦哲伦开始环球航行。地理大发现，为西方资本主义发展提供了更加广阔的地理空间。
经济	明末清初资本主义萌芽受阻；传统的土地兼并日益严重；19 世纪初鸦片贸易导致白银外流，民穷国衰。	18 世纪 60 年代西方世界开始工业革命，机器大生产取代工场手工业；海外贸易；殖民掠夺（海盗式掠夺、贩卖奴隶等）。
政治	清朝封建专制主义达到顶峰；政治败坏、腐败横行。	1640—1688 年英国资产阶级革命；1775—1781 美国独立战争；1789—1799 年法国大革命；1832 年，英国议会改革……
军事	国家常备军毫无战斗力、军队腐败、防务废弛；武器装备仍处于冷兵器时代。	火器不断改进，进入坚船利炮的热兵器时代。
社会文化	文化专制主义，实行文字狱；拒绝外来思想，盲目自大；社会危机四伏。	文艺复兴走出中世纪；基督教海外布道。

由上表可见，鸦片战争前，中国和西方处于两个完全不同的发展态势。中国封建社会在经过清朝康熙、雍正、乾隆时期的鼎盛后，到乾隆晚期，已经开始衰落。鸦片战争前，封建社会已经进入其末世，清王朝面临着严重的

统治危机。

西方世界迎来迅猛的资本主义发展。资本主义的发展，需要大量资金、原材料、廉价劳动力和广阔的市场。日益发展的资本主义暴露了它对外扩张的本性，特别是在资本的原始积累阶段，其扩张更是血腥无比。为了获得这些东西，资本主义国家不择手段，四处掠夺财富。

马克思对资本进行了理论上的阐述，他认为世界历史的起点是16世纪新航路的开辟，而世界历史形成的真正动力是资本："资本一方面要力求摧毁交往即交换的一切地方限制，夺得整个地球作为它的市场；另一方面，它又力求用时间去消灭空间，就是说，把商品从一个地方转移到另一个地方所花费的时间缩减到最低限度。资本越发展，从而资本借以流通的市场、构成资本空间流通的市场越扩大，资本同时也就越是力求在空间上更加扩大市场，力求用时间去更多地消灭空间。"① 在这种情况下，资本主义使一切民族都卷入资本主义的世界市场和世界文明中，"一句话，它按照自己的面貌为自己创造出一个世界"②。

资本主义国家的殖民扩张，主要表现为通过公开的政治、经济、军事、文化等方面的武装侵略，使许多国家变成殖民地和半殖民地。到鸦片战争前，世界上完全没有被殖民者践踏的大片土地，除了非洲那些暂时毫无经济价值的荒漠腹地外，就是中国了。

在美洲：15世纪末，哥伦布发现美洲，16世纪以后，西班牙、荷兰、法国、英国争先恐后到北美建立殖民地。拉丁美洲是欧洲殖民者在海外最早建立的庞大的殖民帝国体系中最重要的地区。从15世纪到19世纪初，它逐步沦为西班牙和葡萄牙的殖民地，只在西印度群岛和圭亚那等少数地区有英国、法国、荷兰的殖民地。

在非洲：葡萄牙和西班牙殖民者早在15世纪就开始侵犯非洲。到17世纪中叶，西方殖民者侵入非洲的范围一般仅限于在东、西海岸地带圈占若干彼此距离很远的据点，修筑堡垒，设置商栈。19世纪上半期，非洲大陆的北部和南部，如埃及、摩洛哥、突尼斯、阿尔及利亚和埃塞俄比亚等国，相继沦为殖民地和半殖民地。

---

①《马克思恩格斯文集》第八卷，人民出版社2009年版，第169页。

②《马克思恩格斯文集》第二卷，人民出版社2009年版，第36页。

在亚洲：从16世纪到19世纪初，亚洲的西南和东南地区逐渐变为殖民地，菲律宾诸岛、印度尼西亚的主要岛屿、印度的大片地区、马来西亚的马六甲、斯里兰卡、新加坡、缅甸、阿富汗、越南等已经饱受西方殖民者铁蹄的践踏。

在大洋洲：至19世纪30年代，澳大利亚和新西兰已经变为资本主义列强的殖民地。

（二）资本－帝国主义侵略是近代中国贫穷落后的总根源

1. 从马戛尔尼使华看英国对华的战争政策

在古代，中西方的交往主要是由陆路沟通，由于交通阻隔，这种交往显得断续而微弱。新航路开辟后，世界进入海洋时代。但是，中华文明显然没有准备好应对这个世界格局的新变化。虽然明王朝有郑和七下西洋，但是很快又缩回去了。继起的清王朝忙于对付西北和内部的威胁，更没有面对大海的雄心和野心，反而实施闭关锁国的政策。1757年，清政府下令关闭江、浙、闽三海关，仅留广州一口通商。清政府对世界地理、欧洲各国关系的认识也是一片混乱，凡是意大利人则必被认为是耶稣会士；多次弄错“佛朗机”（葡萄牙）与“法兰西”；也无法分清荷兰人与英国人，统称为“红毛鬼”。① 到了鸦片战争爆发后的1842年，作为最高决策者的道光皇帝还曾向将军奕经询问英国到底在什么地方：“英吉利国距内地水程，据称有七万余里，其至内地所经过者几国？克食米尔距该国若干路程，是否有水路可通，该国与英吉利有无往来？”②

而欧洲人对中国却是向往甚至觊觎已久，元朝时期马可·波罗的游记里记载着一个黄金般的国度，激发了历代西方人到东方寻找财富的梦想。西方资本主义的发展及其向东方的殖民扩张，使古老的中华帝国已是触手可及。最初欧洲殖民者对中华帝国的实力还是有所顾忌，并没有大规模地直接向中国进行军事扩张，而是小心翼翼地试探，其活动既有合法的，也有非法的，既有民间的，也有官方的。如：葡萄牙是最先靠近中国的西方国家，1517年

---

① 张海林编：《近代中外文化交流史》，南京大学出版社2003年版，第87页。

② 王艳娟：《论鸦片战争前后国人对外部世界的认知》，《武汉大学学报》2008年1期，第90页。

葡萄牙人曾试图以炮舰打开中国大门，失败后，于1553年借居澳门；西班牙商船第一次来到中国是在1575年；荷兰商船（两艘战舰）于1601年首次来到中国，1604年和1622年两度占领澎湖，1624—1661占领台南达38年之久，后被郑成功赶走；英国的商船来华始于1637年。

欧洲国家的官方代表也曾试图叩开中国大门。1655年，荷兰使节来华，以贡使的身份，给中国皇帝行三跪九叩的大礼。1793年，英国马戛尔尼访华。1815年，阿美士德作为英国外交代表前往中国进行商务谈判。欧洲国家希望通过外交手段扩大对华贸易，但努力并没有奏效。“161年里（指1655—1816年——编者注），西方的使节到达北京，要求通商传教不下十数次。他们是真正的叩关者。虽然当他们离开紫禁城的时候，带走的多半是深深的失望，但新的使者又会带着新的希望再一次漂洋过海而来。一代一代的使者，体现了西方顽强的进取政策。在他们的背后，是成百上千、成千上万的商人和传教士……面对西方人强韧持久的进取之势，中国的最后一个王朝却越来越自觉地走向保守防范的抵拒。”①

案例分析

1793年马戛尔尼使团访华是一个标志性事件。1793年，大英帝国向中国派出了由马戛尔尼勋爵率领的庞大使团，以祝贺乾隆皇帝80大寿为名出使中国。马戛尔尼是英国著名的外交官，曾先后任俄国公使、英国印度殖民地的马德拉斯总督。他的使命是绕过保守的广东地方官，直接与中国皇帝谈判，要求开放通商口岸，扩大中英贸易。他还带来了英国国王给大清皇帝的正式外交信件。马戛尔尼拒绝以藩国身份行双膝下跪叩头之礼。乾隆皇帝虽然接见了马戛尔尼，但断然拒绝了马戛尔尼的全部要求。

马戛尔尼失望地走了。在1808年发表的纪实（《马戛尔尼使华记》，中译名为《1793乾隆英使觐见记》）中，马戛尔尼对中国做出了评价和预言，他毫不留情地戳穿了“盛世”的神话，看出了“盛世”背后的败亡之兆。

马戛尔尼说，“他们恒久不变的体制并不能证明他们的优越”，“中华帝国是一个神权专制的帝国……它翻来覆去只是一座雄伟的废墟”。“任何进步

① 陈旭麓：《近代中国社会的新陈代谢》，中国人民大学出版社2012年版，第29页。

在那里都无法实现”，人们“生活在最为卑鄙的暴政之下，生活在怕挨竹板的恐惧之中”，“他们给妇女裹脚，残杀婴儿”，“他们胆怯、肮脏而且残酷”，所以无可避免地“最终将重新坠落到野蛮和贫困的状态”。

“中华帝国只是一艘破烂不堪的旧船，如果它胆敢禁止英国贸易，那么只需要一艘战舰，就能摧毁其海岸舰队。中国对外贸易的中心广州的战略要塞——虎门炮台，只要几门舷侧炮即可解决；伶仃和香港适合英国殖民，俄国人可以有机会在黑龙江建立统治权，并攫取蒙古诸省；而外稍加干涉，就可立即割断台湾和大陆之间的脆弱联系。总之，中华帝国将像一个残骸那样到处漂流，然后在海岸上撞得粉碎。”

“各国的冒险家都将来到中国”，企图利用中国人的衰败来建立自己的威望。“英国靠着它的创业精神已成为世界上航海、贸易和政治的第一强国；从这样的急剧变革中，它将获得最大的利益，并将加强它的霸权地位。”

马戛尔尼的中国之行，有着明显的开拓市场的意图。乾隆皇帝的拒绝，不会使英国放弃开拓市场的要求，只能使他们改换别的方式来达到他们的目的。马戛尔尼对清王朝的严重统治危机有着深入了解，也反映了他代表的英国殖民者想通过武力开拓中国市场的意图。马戛尔尼在华了解的许多情况后来都成了英国侵华战争决策的依据，说明英国早就有战争的准备，而清政府则沉醉于天朝上国的美梦中，这就决定了鸦片战争以及中国失败的必然性。

马戛尔尼的这些预言，就像一个恶毒巫师的诅咒，准确地预言了 19 世纪中国的命运：鸦片战争中中国的舰队和虎门炮台确实经不起英国军队的打击；英国占领了香港；第二次鸦片战争后，英法联军火烧圆明园，俄国攫取了黑龙江流域的中国 100 多万平方公里的领土，做着“黄俄罗斯”的美梦；甲午战争，日本割占台湾；八国联军侵华，中国完全沦为半殖民地半封建社会。

2. 鸦片战争：中国半殖民地半封建社会的开端

1840 年英国悍然发动鸦片战争，其目的不仅仅是保护鸦片贸易，更重要的是想通过战争，打开中国的大门，把中国变成它的商品市场和原材料产地。毛泽东曾指出：“自从一八四〇年的鸦片战争以后，中国一步一步地变成了一个半殖民地半封建化的社会。”① 鸦片战争以及中国的失败使战后中国社会各方面发生了一系列的变化，从而导致中国社会性质发生了根本的变化。

---

① 毛泽东：《中国革命与中国共产党》，《毛泽东选集》第 2 卷，人民出版社 1991 年版，第 626 页。

观点辨析

有人说，鸦片战争的爆发是英国为了获得通商权而采取的不得已的手段。

材料一：那次的战争（注：发生于1840—1842年）我们称之为鸦片战争，英国人则称之为通商战争，两方面都有理由。（蒋廷黻《中国近代史》）

材料二：1840年到1842年英国对中国发动的这场侵略战争，中国的历史文献从来都如实地称为鸦片战争。当时的英国对此也是没有疑问的。但到了后来，英国的某些政治家和历史学家却力图证明鸦片在当时整个局势中只是一个次要的、而不是一个决定性的问题。因此他们认为称这次战争为鸦片战争是不恰当的。在他们看来，这场战争主要起因于东西方文化冲突，或则把这场战争说成是由于东西方法律制度不同而引起的争执，或则把这场战争说成是英国为了要求以"平等"地位进行正常贸易。总之，他们力图说明这是先进的西方文化与落后的东方文化的战争。[蒋大椿：《关于鸦片战争的评价问题》，原载于《安徽师范大学学报（人文社会科学版）》1999年第4期]

这种观点并不准确，不足之处在于淡化了鸦片的危害性和英国殖民主义者的侵略本性。第一，鸦片的利润是惊人的，也给英国政府带来巨额利益。到19世纪初，英国在华贸易由于中国自然经济的抵制和闭关政策的影响一直都处于逆差状态。于是英国殖民者试图用鸦片来抵偿正常贸易的逆差。1773年，英国印度总督哈斯丁正式制定了对华鸦片贸易的政策。此后，英国对华鸦片贸易增长迅速。鸦片贸易的利润是惊人的，以1813年为例，这一年，印度最上等的"公班土"成本为237卢比（约合118银元），东印度公司拍卖价高达2428卢比（约合1200银元），英印殖民政府按成本价的300%征税，征税后的利润将近1500卢比（约合750银元）。鸦片贩子将鸦片运来中国走私，利润也是极为丰厚的。以1817年为例，这一年一箱"公班土"的拍卖价为1785卢比，而在中国的售价是2618卢比，差额为833卢比（约合400银元）。这只是一般的年头，最好的年头可高达1000银元。同时，鸦片贸易还成为英国远东三角贸易（英国棉纺织品—印度鸦片—中国茶、丝）的重要环节。

第二，鸦片贸易给中国人民带来巨大的灾难，是极不道德的罪行。表现为：严重损害了中国人民的身心健康；导致白银外流，直接后果是银贵钱贱，加重了老百姓的负担；导致了清政府统治危机加重，造成国库空虚。官吏、士兵都吸食鸦片，造成吏治败坏，军队战斗力丧失。马克思在《鸦片贸易史》一文中怒斥鸦片贸易：“‘奴隶贸易’比起‘鸦片贸易’来，都要算是仁慈的。我们没有毁灭非洲人的肉体，因为我们的直接利益要求保持他们的身体；我们没有败坏他们的品格，腐蚀他们的思想，也没有毁灭他们的灵魂。可是鸦片贩子在腐蚀、败坏和毁灭了不幸的罪人的精神的存在以后，还杀害他们的肉体；每时每刻都有新的牺牲者被献给永不知饱的摩洛赫（古腓尼基人所奉祀的火神，以人作祭品——编者注）之前，英国杀人者和中国自杀者竞相向摩洛赫的祭坛上贡奉牺牲品。”①

也有人认为，鸦片战争一声炮响，给中国送来了西方文明。类似的观点还有：“鸦片战争是在执行一种历史使命，它是用侵略手段来达到使中国向世界开放的目的。从某种意义上说，是鸦片战争一声炮响，给中国送来了近代文明。”

这种观点是片面的、错误的，其要害不在于表达了鸦片战争后西方文明大量传入中国这一历史事实，而在于其把鸦片战争的“炮声”与西方文明的“传入”联系在一起，从而意图表达的是：资本－帝国主义的侵略战争，才使中国开始接触西方文明。这就完全抹杀了资本－帝国主义殖民主义侵略战争的罪恶本质，成为“殖民主义有功论”的一种说辞。

鸦片战争是一场非正义的掠夺战争，更进一步地说，西方列强的侵略是近代中国贫穷落后的总根源。也许有人会有疑问：近代中国不是已经落后、落后才挨打了吗？的确，中国开始落后于西方并不是从鸦片战争开始的，早在鸦片战争以前很长一段时间，中国就落后于西方主要资本主义国家了，甚至可以说，正是这种落后使中国没有力量阻止西方的侵略行径。鸦片战争之后，不断增强的殖民侵略导致了中国进一步的贫穷落后。在西方列强侵略中国的过程中，资本－帝国主义不仅在军事上发动侵华战争，破坏中国主权、割占中国领土、屠杀中国人民，而且其实施的一系列方案与措施，如政治控制、经济掠夺和文化渗透等，都是为了达到侵略奴役中国的目的。

下表仅仅是部分侵华的统计：

① 《马克思恩格斯文集》第二卷，人民出版社 2009 年版，第 630 页。

表1－2 资本－帝国主义侵华的表现

分类	表现
军事侵略	战争：第一次鸦片战争、第二次鸦片战争、中法战争、中日战争、八国联军侵华、英国侵略西藏等边疆危机、抗日战争、朝鲜战争……
	屠杀：日本旅顺大屠杀（1894）、八国联军的北京屠杀、俄国海兰泡事件、江东六十四屯惨案（1900）、南京大屠杀……
	割占领土：英国割占香港、葡萄牙占澳门、俄国侵占中国领土150多万平方公里、日本割占台湾及附属岛屿……
	赔款：第一次鸦片战争，赔2700万元（银元）；第二次鸦片战争赔1600万两白银；甲午中日战争赔23150万两；八国联军侵华本息合计10亿两之巨……
政治控制	控制中国内政、外交
	镇压中国人民的反抗
	扶植、收买代理人
经济掠夺	控制中国的通商口岸
	剥夺中国的关税自主权
	实行商品倾销和资本输出
	操纵中国的经济命脉：资本垄断、控制财政金融、控制交通、破坏中国农业经济
文化渗透	披着宗教外衣，进行侵略活动
	为侵略中国制造舆论："黄祸论"

西方人自己又是如何看待侵华活动的呢？

20世纪初，美国总统顾问亨利·亚当姆斯以西方文明代言人的口吻说过这样一段话：为保障列强国内的经济秩序和安全，"必须征服亚洲"，"决不能容许中国和亚洲实现工业化和政治上的独立"，"如果容许中国和亚洲独立自主地开发自己的资源"，"如果容许在太平洋彼岸……以无尽藏的黄河流域的生产资料为供应的民族工业的体系成功地组织起来，对西方文明来说，将是不可思议的罪行"①。

日本军国主义理论家福泽谕吉在甲午战争期间，发表《日清战争是文明与野蛮的战争》一文，声称日军是为中国的"文明开放"而战，为中国四百

① 卿斯美：《辛亥革命时期列强对华政策初探》，《纪念辛亥革命七十周年学术讨论会论文集》（中册），中华书局1983年版，第1336页。

余州“迎来文明日新的曙光”。中国人“应当向文明的引导者日本国三叩九拜，感谢其恩”①。

部分传教士一进入中国就带有一种征服者的强势，有的公开扬言要与中国儒家文化为敌：“吾非除旧何由布新？将欲求吾道之兴，必先求彼教之毁。”② 德国圣言会传教士在进入山东时扬言要“在孔孟的家乡向其死敌——儒家思想发起攻击”③。

帝国主义者为制造侵略有理的舆论，还大肆宣扬“种族优劣论”。他们攻击诬蔑中华民族是愚昧落后的“劣等民族”，应该接受“优等民族”白种人的开导和奴役。“黄祸论”，即中国“威胁”论，企图以此论证西方列强侵略、压迫中国有理。

我们又如何看待西方侵略殖民对中国侵略的另一面呢？

鸦片战争后客观上出现了中国传统社会的瓦解，中国的近代化运动启动。这是资本－帝国主义侵略扩张的副产品。在侵略扩张的过程中，殖民主义者确实曾在中国修铁路、开矿山、办企业、设学校，进行了许多似乎“文明”的“建设”；中国人出于救亡的需要和对文明的期盼，也曾长期以西方为师，开启并努力推动中国的近代化进程。然而同为“建设”，二者的性质、作用和历史命运却有着根本的不同。马克思在论及英国对印度的殖民统治时指出：“在印度人自己还没有强大到能够完全摆脱英国的枷锁以前，印度人是不会收获到不列颠资产阶级在他们中间播下的新的社会因素所结的果实的。”④ 关键就在这里。中国人是那么渴望文明进步，然而，我们对文明进步的追求，却总是不可避免地与西方在华的所谓文明事业的拓展，即殖民化的加深形成尖锐冲突。当中国资产阶级自觉地为近代化而斗争的时候，西方列强主导的资本主义世界体系已基本形成，该体系的发展是以对世界广大地区的殖民掠夺为基础，以这些地区的停滞或扭曲的发展为代价的。半殖民地半封建的中国，一旦成为独立的近代化资本主义大国，列强不仅将失去一个提供廉价原料和劳动力的产地，一个倾销商品的庞大市场，而且还要面对一个难以对付

---

① 宋小庆、马执斌：《怎样认识近代中国人民的反侵略斗争?》，《求是》2006 年第 6 期，第 49 页。

② ［英］宓克：《支那教案论》，严复译，上海南洋公学译书院 1899 年印本。

③ ［德］赫曼·奥·德·海德：《斯泰尔传教会》，转引自中国义和团研究会编：《义和团运动与近代中国社会国际学术讨论会论文集》，齐鲁书社 1992 年版，第 341 页。

④ 《马克思恩格斯文集》第二卷，人民出版社 2009 年版，第 690 页。

的竞争对手。这是它们无法容忍的。

在近代中国，先有洋务运动的工业救国，后又有戊戌变法的和平改革，但都失败了。暴力流血的辛亥革命，起初看起来是胜利了，可是在帝国主义和本国封建势力的联合绞杀下，最终也没逃脱失败的命运。这说明，一方面，资本－帝国主义客观上产生了逼迫落后地区走向近代化的驱动力量，另一方面，为了保证他们的殖民地位和殖民利益，他们又千方百计地阻碍和破坏落后地区走向近代化的努力。

最后，我们要认识到，西方文明并不是鸦片战争带来的，明朝中后期就已经开始了西方文明所谓的“西学东渐”。西方文明也不是中国近代化运动的唯一思想动力，不能认为中国的近代化就是西方文明传入的结果。侵略战争对中国的传统社会形成了冲击，西方文明也对中国传统社会的解体起到了一定的促进作用，但中国的近代化说到底是中国社会内部变革的结果。从太平天国到洋务运动，从戊戌变法到辛亥革命，先进的中国人的不懈努力追求是中国一步步向着近代社会转化的根本动力。

二、两大历史任务的内涵及其关系

毛泽东曾经指出：“帝国主义列强侵入中国的目的，决不是要把封建的中国变成资本主义的中国。帝国主义列强的目的和这相反，它们是要把中国变成它们的半殖民地和殖民地。”①

中共十五大报告指出：“鸦片战争后，中国成为半殖民地半封建国家。中华民族面对着两大历史任务：一个是求得民族独立和解放；一个是实现国家繁荣富强和人民共同富裕。前一个任务是为后一个任务扫清障碍，创造必要的前提。”

上述两段经典论断，深刻揭示了近代以来西方列强对中国的侵略、中国人民的反侵略斗争以及争取独立、解放、富强的愿景。这正是中国近现代史发展的主线，而两大历史任务的提出和完成正是中国近现代史的“纲”。

---

① 毛泽东：《中国革命和中国共产党》，《毛泽东选集》第2卷，人民出版社1991年版，第628页。

（一）两大历史任务是中国近代社会发展的客观规律的体现

理解两大历史任务是中国近现代史的“纲”，要从近代以来中国社会发展的客观规律入手。两大历史任务是通过对近代中国社会主要矛盾的正确分析提出来的，社会主要矛盾的判断又是以社会性质为依据，认识中国近代社会的性质，就是认识近代中国的基本国情。这是认识近代中国一切社会问题和革命问题的最基本的依据。

中国近现代社会性质并不是一成不变的，而是经历演变发展的。从 1840 年到现在，它经历了两个社会形态，即半殖民地半封建社会和社会主义社会，中间有个过渡时期，即新民主主义社会。

1. **中国半殖民地半封建社会及主要矛盾**（1840—1949）

中国半殖民地半封建社会在时间段上为 1840—1949 年。鸦片战争以后，随着资本 - 帝国主义的入侵，中国社会发生两个根本性变化：其一，独立的中国逐步变成半殖民地的中国；其二，封建的中国逐步变成半封建的中国。半殖民地是相对于独立的封建国家和完全的殖民地而言，鸦片战争前中国是一个独立的封建国家，鸦片战争后，中国开始丧失独立的国家主权，不再是一个完全独立的国家；但是又不同于完全的殖民地，它还继续维持着一个表面上的民族国家政府（先是清政府、后有北洋军阀政府和国民政府），帝国主义列强正是通过这种政府来统治中国人民。这种国家状况，我们称之为半殖民地。半封建社会是相对于完全的封建社会和完全的资本主义社会而言。鸦片战争后中国封建社会的自然经济开始解体，封建生产关系受到冲击；新的经济形态，即资本主义经济开始产生。这是与完全的封建社会不同的地方。但是，封建社会的自然经济虽然受到冲击，仍在中国社会经济中占有主导地位；资本主义经济虽然产生，但受到外国资本主义、本国封建主义和官僚资本主义的压制，没有成为占支配地位的社会经济。这是它与完全的资本主义社会不同的地方。

中国半殖民地半封建社会的主要矛盾是帝国主义与中华民族的矛盾、封建主义与人民大众的矛盾。这两对主要矛盾贯穿于整个半殖民地半封建社会，并对中国近代的发展变化起着决定性的作用。

这两对矛盾是相互交织在一起的，而帝国主义与中华民族的矛盾是最主要的矛盾。这两对矛盾并不是同时占主导地位的，一般来说，当资本 - 帝国主义向中国发动侵略战争时，中国内部各阶级，除一些叛国分子外，能够暂时地团结起来举行民族战争去反对外国侵略。这时，民族矛盾特别尖锐，阶级矛盾暂时降到次要和服从的地位。例如，鸦片战争、第二次鸦片战争、中法战争、中日战争、义和团反帝运动都有过这种情形。而当资本－帝国主义与中国的反动统治阶级结成同盟，用战争以外的形式共同压迫中国人民，尤其是封建主义统治特别残酷的时候，中国人民往往采取国内战争的形式去反对资本－帝国主义和封建主义的同盟，而斗争的矛头主要直接地指向中国的反动政权，这时阶级矛盾就上升为主要矛盾，民族矛盾退居次要地位。例如，太平天国农民战争和辛亥革命，就是这种情况。当国内战争发展到从根本上威胁资本－帝国主义及其代理人中国封建地主阶级统治的时候，外国侵略势力甚至直接出兵镇压中国人民，援助中国的反动派。这时，外国侵略者和国内封建统治者完全公开站在一条战线上。例如，太平天国后期清政府向外国侵略者“借师助剿”，共同镇压太平天国农民战争，就属于这种情况。

2. 新民主主义社会及主要矛盾（1949 年 10 月至 1956 年）

中华人民共和国成立，是新民主主义革命的胜利，新民主主义的社会制度由此在全国范围内确立。新民主主义社会是“属于社会主义体系的和逐步过渡到社会主义去的过渡性质的社会”。主要特征：在经济上是以社会主义国营经济为主导；政治上实行中国共产党领导的、以工农联盟为基础的、各革命阶级联合专政的人民民主专政的国家制度；文化上实行以马克思主义为指导的民族的、科学的、大众的文化。

新民主主义社会的主要矛盾：由于帝国主义对新中国进行政治孤立、经济封锁、军事威胁，在国际上，新中国与帝国主义的矛盾仍然存在；封建地主阶级作为一个阶级已经不存在了，封建主义和人民大众的矛盾也不再是中国社会的主要矛盾，而无产阶级与资产阶级的矛盾则成为国内社会的主要矛盾，这一矛盾也表现为社会主义与资本主义的矛盾。

3. 社会主义社会（1956 年以来）及主要矛盾

1956 年底社会主义改造基本完成，标志着社会主义制度在中国的确立。但是，什么是社会主义？怎样建设社会主义？这个根本性问题长期没有得到很好的解决。从“向苏联老大哥学习”（苏联模式）到“以苏为鉴”的提出，从走自己的路到有中国特色社会主义道路的形成，社会主义建设在不断探索中前进。

如何界定我国的社会主义，中共十三大提出“社会主义初级阶段”理论；1992 年，邓小平发表南方谈话，提出社会主义的本质是解放生产力，发展生产力，消灭剥削，消除两极分化，最终达到共同富裕。

社会主义改造完成之后，剥削阶级作为阶级整体已经不再存在了，因此，阶级矛盾已经不再是社会的主要矛盾。中共八大对于当时社会的主要矛盾作出了科学的判断："国内主要矛盾不再是工人阶级和资产阶级的矛盾，而是人民对于经济文化迅速发展的需要同当前的经济文化不能满足人民需要的状况之间的矛盾。"十一届三中全会后，《关于建国以来党的若干历史问题的决议》又明确指出："在社会主义改造基本完成以后，我们所要解决的主要矛盾，是人民日益增长的物质文化需要同落后的社会生产之间的矛盾。"

（二）两大历史任务是对近代以来中国社会主要矛盾的回答

1. 近代中国（1840—1949）的主旋律是完成民族独立和人民解放

近代中国陷入半殖民地半封建社会，民族不独立，人民遭受帝国主义和封建主义的压迫剥削，社会贫困落后。亡国灭种的阴影笼罩在每个中国人的心头。近代中国人民的斗争，主要是以挽救中华民族的危亡为出发点的。

近代中国社会的主要矛盾是帝国主义与中华民族的矛盾、封建主义与人民大众的矛盾。而要解决这个主要矛盾，答案必然是反帝、反封。近代以来，世界上的主要资本－帝国主义国家，几乎都曾欺凌过中国；而近代中国的反侵略战争，从 1840 年反对英国侵略的战争直到抗日战争以前，无不以中国失败、被迫接受丧权辱国的条约而告终。

究其原因，正如毛泽东所说，"一是社会制度腐败，二是经济技术落后"。正因为如此，为了使中国在世界上站起来，为了使中国人民过上幸福、富裕的生活，我们就必须推翻帝国主义、封建主义联合统治的半殖民地、半封建的社会制度，争得民族独立和人民解放；就必须改变中国经济技术落后的面貌，实现国家的富强和人民的富裕。

怎样才能争得民族独立和人民解放？近代以来的历史表明，必须首先进行反帝反封建的民主革命。因为帝国主义列强不会自己放弃在中国攫取的特权，封建主义势力也决不肯自动放弃自己控制的政权，所以，无论是所谓的洋务"自强"，还是"改良"的方式，都不可能改变帝国主义和封建主义联合统治中国的半殖民地半封建社会制度。近代中国曾有不少人希望通过改良的途径挽救中国的危亡，如维新变法运动以及立宪运动等，但统统行不通。民主革命的先行者孙中山，也是在进行改良的努力失败，对当权者的幻想破灭的情况下，才走上革命道路的。

2. 中华人民共和国成立后的使命是实现国家富强和人民富裕

近代以来，一些爱国人士提出过工业救国、实业救国、教育救国、科学救国等主张，并为此进行过努力，最终对中国近代社会的进步也有一定的贡献。但是，在半殖民地半封建的社会性质没有改变、民族不独立、人民不解放的情况下，这些主张并不能从根本上给中国带来正确的出路。

中华人民共和国成立，中国历史进入新纪元，半殖民地半封建社会结束，人民当家做主时代到来。经过社会主义改造，中国社会的主要矛盾变成了人民日益增长的物质文化需要同落后的社会生产之间的矛盾。我们的主要任务就不再是反帝反封，而是要不断解放生产力，发展生产力，逐渐改变贫穷落后的面貌，不断满足人民群众日益增长的物质文化需要；党和国家的中心工作就要坚决地转移到经济建设上来，为实现国家富强和人民富裕而努力奋斗。

（三）两大历史任务的关系

两大历史任务的关系也可以理解为革命与现代化的关系。两者是紧密相连、辩证统一的。革命是实现现代化的前提和基础；实现现代化是革命的应有目标。

观点辨析

有人认为现在是搞现代化建设，社会变革的主题由“革命”变成“现代化”，主张要淡化革命，用现代化范式完全取代革命范式，甚至“告别革命”。

这种观点的形成有多方面的因素，就思想上的混乱来看，是没有正确认识两大历史任务的关系。由于腐朽的社会制度束缚着生产力的发展，阻碍着经济技术的进步，我们必须首先改变这种社会制度，争得民族独立和人民解放，才能为实现国家富强和人民富裕创造前提，开辟道路。

1. 民族独立和人民解放是一个国家实现现代化不可或缺的重要条件

在近代中国，资本－帝国主义与封建势力相勾结，竭力维护一种落后的半殖民地半封建统治秩序的生产关系，这种生产关系严重阻碍着中国新的生产力的发展，使中国变得越发贫穷落后，生产凋敝。主要表现在三个方面：第一，资本－帝国主义控制中国经济财政命脉，利用特权向中国大量倾销商品和输出资本，压迫中国民族工商业的发展；第二，封建地主土地所有制和专制政治制度，造成农村贫困，农村市场萎缩；第三，民族不团结，社会不安定，中国人民无法集中力量进行经济建设。

正如毛泽东所言："一切革命的历史都证明，并不是先有充分发展的新生产力，才有可能改造落后的生产关系，而是要首先造成舆论，进行革命，夺取政权，然后才改造消灭旧的生产关系。消灭了旧的生产关系，确立了新的生产关系，这样就为新的生产力的发展开辟了道路。"①

2. 没有民族独立和人民解放，妄谈国强民富是不现实的

恩格斯指出："一个大民族，只要还没有民族独立，历史地看，就甚至不能比较严肃地讨论任何内政问题"，而"排除民族压迫是一切健康和自由的发展的基本条件"②。

在经历了多年的革命实践的基础上，毛泽东作了精辟的总结，指出："一个不是贫弱的而是富强的中国，是和一个不是殖民地半殖民地的而是独立的，不是半封建的而是自由的、民主的，不是分裂的而是统一的中国，相联结的。在一个半殖民地的、半封建的、分裂的中国里，要想发展工业，建设国防，福利人民，求得国家的富强，多少年来多少人做过这种梦，但是一概幻灭了。"③

（四）谁来完成两大历史任务：阶级分析

列强的侵略刺激中国人民奋发图强，中国社会内部在孕育重大变化。社会阶级关系在分化重组，新的阶级和新的力量在不断孕育。新的阶级关系的变动刺激着中国社会的新生，新兴的进步的阶级力量将引领中国社会不断奋斗和进步。

近代以来中国社会的阶级关系有着深刻的变动。旧的阶级——地主阶级和农民阶级并没有退出历史舞台；新的阶级——资产阶级和工人阶级产生了，并在社会经济、政治生活中发挥越来越大的作用。

地主阶级继续占有大量的土地，不过，地主阶级本身发生了某些变化，城居地主越来越多，一部分地主将土地剥削获得的货币投资于资本主义工商业，转化为资本家。

农民阶级仍是近代中国社会人数最多的被剥削阶级。其变化有：贫困化、

---

① 《读苏联〈政治经济学教科书〉的谈话（节选）》，《毛泽东文集》第 8 卷，人民出版社 1999 年，第 132 页。

② 《马克思恩格斯文集》第十卷，人民出版社 2009 年版，第 472 页。

③ 《论联合政府》，《毛泽东选集》第 3 卷，人民出版社 1991 年版，第 1080 页。

流民化或流入城市，成为产业工人的后备军。

资产阶级是中国近代新产生的阶级，主要来源于买办、商人、地主和官僚。中国近代资产阶级分为官僚买办资产阶级和民族资产阶级。官僚买办资产阶级是利用政治特权和与外国资本的紧密联系，在剥削劳动人民和挤压民族资本的过程中逐渐形成和发展起来的。

民族资产阶级的特点：在经济上，他们经营的企业由于原始积累不足，大多规模小、设备落后，同时受到外国资本主义和本国封建主义及官僚买办资产阶级的压迫，发展缓慢，始终未能在中国社会经济中占主要地位。在政治上，由于民族资产阶级与外国资本主义、本国封建主义有着千丝万缕的联系，他们在政治上表现出两面性，与外国资本主义和本国封建主义既有矛盾、斗争的一面，又有依赖、妥协的一面。他们在一定条件下可以参加反帝反封建的革命或者在斗争中保持中立，但是没有革命的彻底性，不可能领导中国的民主革命走向胜利。

工人阶级是新兴的被压迫阶级。它的来源主要是城乡破产失业的农民、手工业者和城市贫民。近代中国产业工人是分批产生的：19 世纪 40 年代起在外国资本主义企业中产生了最早的工人；19 世纪 60 年代，在洋务企业中产生了第二批工人；19 世纪 70 年代后，在民族资本主义企业中产生了第三批工人。近代中国工人的特点：第一，革命性最强，受到帝国主义、封建主义和本国官僚资产阶级的三重压迫。第二，分布集中，团结和组织性强。主要集中在沿海、沿江的几个通商口岸，有利于工人阶级的团结斗争。第三，与农民有着天然的联系，便于结成工农联盟。早期中国工人阶级人数不多，却是中国新生产力的代表。它深受帝国主义、封建势力、资产阶级三重压迫，工资低、劳动时间长、劳动条件恶劣，受剥削最深，革命性最强，而且它还有组织纪律强、集中、团结、与广大农民有着天然联系等优点，因此是近代中国最革命的阶级，有能力、有资格完成革命任务。

三、从中华民族意识的觉醒看两大历史任务

列强的侵略行径，和中国反侵略的失败，从反面教育了中国人民，极大地促进了中国人的思考、探索和奋起。中国人民可以具体化为四个阶级中的优秀分子，本着爱国主义的精神积极地探索救亡图存的方案，探索救国救民

的出路。总的方向是：中华民族从睡梦中惊醒，从闭关锁国一步一步走向开放，中国人民的民族意识逐渐觉醒，两大历史任务成为近代以来先进的中国人自觉的追求。

首先要弄清楚“民族意识”这个概念。中国近代最早使用“民族意识”概念的是孙中山于1904年写的《中国问题的真正解决》一文，他在文章中揭露清政府排外政策的原因时说：“这只是因为满洲人立意要由其管辖范围内将外国人排斥出去，并唆使中国人憎恨外国人，以免中国人因与外国人接触而受其启迪并唤醒自己的民族意识。”① 最早对“民族意识”进行解释的是梁启超，他在1922年《中国历史上民族之研究》的讲演中说：“民族成立之唯一的要素，在‘民族意识’之发现与确立。何为民族意识？谓对他而自觉为我。‘彼日本人，我中国人’凡遇一他族而立刻有‘我中国人’之一观念浮于脑际者，此人即中华民族这一员也。”②

“民族意识”实际上是指一种民族认同的意识。值得注意的是，第一，这种民族认同是与近代资产阶级民族主义相联系的。也就是说，这种民族意识不同于中国传统的“夷夏之辨”，这里所讲的民族不是指汉族或国内任何一个单独的民族，而是指中华民族。虽然近代产生了民族意识的人并没有自觉地使用“中华民族”的概念，但已经使用“中国人”的概念。第二，民族意识应该与世界意识相结合。只有正确认识世界其他民族，才能真正认识自己。没有英国人、美国人、日本人作为“他”，就不可能产生“中国人”的“我”。

随着民族意识的觉醒，先进的中国人开始破除中国人传统的“天朝上国”、“华夷之辨”、“四方来贺”等“天下意识”，开始“睁眼看世界”，看到世界民族国家间的弱肉强食，刺激了民族危机意识，产生了“救亡图存”思想，喊出了“振兴中华”口号。而挽救危亡、实现复兴的方法则在于向打败我们的对手学习，向西方学习，从“师夷长技以制夷”开始，开始了艰难的转变。知道危机、愿意向西方学习的人们，在不同阶段，开始了从物质层面、制度层面以及思想文化层面的学习。

---

① 孙中山：《中国问题的真解决》，《孙中山全集》第1卷，人民出版社1981年版，第251页。
② 梁启超：《饮冰室文集》，云南教育出版社2001年版，第3211－3231页。

（一）地主阶级经世派："睁眼看世界"和"师夷长技以制夷"

受到鸦片战争失败的强烈刺激，中国官吏和知识分子中少数爱国的有识之士，开始注意了解国际形势，研究外国史地，总结失败教训，寻找救国的道路和御敌的方法。

林则徐是近代中国睁眼看世界第一人。林则徐在广州主持禁烟期间就意识到西方国家在某些方面比中国先进，他认为要抵抗外国的侵略，就必须了解外国的情况。他组织翻译西文书报，编成《四洲志》等最早介绍外国历史地理的文献。林则徐后来把自己收集的资料和《四洲志》书稿交给好友魏源，魏源则在此基础上编纂成《海国图志》，明确提出了"师夷长技以制夷"的思想。

林则徐和魏源等提出"师夷"的目的是为"制夷"，反映了中华民族与西方列强的民族矛盾。尽管这一朦胧的民族意识还带有明显的"华夷之辨"的痕迹，但其近代因素也是非常明显的。它把中华民族与西方列强的矛盾置于世界大局里来观察，明确承认中国有不如西方的地方，主张学习西方来解决中华民族与西方列强的矛盾，这是传统民族意识所不具备的。

在"师夷长技以制夷"的思想指导下，地主官僚阶级里面的一批优秀分子，如曾国藩、李鸿章等人就开始了洋务运动，学习西方军事技术，实现军事和民用企业的创立，派遣留学生，等等，开始在物质层面向西方国家学习。

（二）资产阶级的民族意识

1. 早期维新思想家的"商战"主张和民主思想

早期维新思想家是指 19 世纪 70 年代以后的一批知识分子，他们曾经积极参与过洋务运动，但是他们对洋务运动的弊端有着比较清醒的认识，他们主张不仅仅要在生产技术和军事装备方面学习西方，而且要在经济、政治制度方面全面学习西方。这些知识分子代表人物有：王韬、郑观应、薛福成、马建忠等。

早期维新派实际提出了反侵略的经济独立、民族独立等爱国思想，初步提出了要建立一个什么样的民族国家的问题。

郑观应在《盛世危言》中提出要大力发展民族工商业、与西方国家进行"商战"等经济主张，同时，又提出了设立议会、实行"君民共主"等政治主张。这些主张具有重要的思想启蒙的意义。

2. 戊戌维新派的"救亡图存"的民族意识

中日甲午战争以后，中华民族面临生死存亡的关头，中国人开始有了普遍的民族意识的觉醒。梁启超说："吾国四千余年大梦之唤醒，实自甲午战败割台湾、偿二百兆以后始也。"接踵而来的瓜分狂潮，更使中华民族的各阶级、各阶层普遍产生了亡国灭种的危机感。在这种条件下，近代民族意识不再是少数知识分子的"精英意识"，而成为一种各阶级、各阶层普遍认同的社会共同意识。

康有为于 1898 年 4 月在保国会的演说中把这种民族意识表达得淋漓尽致。他说："吾中国四万万人，无贵无贱，当今日在覆屋之下，漏舟之中，薪火之上，如笼中之鸟，釜底之鱼，牢中之囚，为奴隶，为牛马，为犬羊，听人驱使，听人割宰，此四千年中二十朝未有之奇变。"①

严复是近代中国重要的启蒙思想家，在唤醒民众民族意识方面有着杰出贡献。1895 年，严复在《救亡决论》一文中，响亮地提出了"救亡"的口号。所谓"救亡"，即救中国在西方侵略面前的亡国危机；"图存"即图中华民族在世界民族之林独立存在的地位。严复提出的这一口号无疑非常明确地表达了近代民族主义的反帝爱国思想倾向，明确揭示了中华民族与西方列强深刻的民族矛盾。1898 年严复的译著《天演论》出版，他用"物竞天择"、"适者生存"的社会进化论思想，为这种危机意识和民族意识提供了理论依据。严复指出，世界上一切民族都在为生存而竞争，"进者存而传焉，不进者病而亡焉"，"负者日退而胜者日昌"，中华民族也不能例外。中国如果不能改革自强，就会"弱者先绝"，亡国灭种。《天演论》对中国人来说无疑是振聋发聩的警世钟！

3. 资产阶级革命派的"振兴中华"口号

几乎是在维新派形成近代民族意识的同时，资产阶级革命派也开始形成了自己的民族意识。孙中山在 1894 年创立兴中会革命团体时，指出："方今强邻环列，虎视鹰瞵，久垂涎于中华五金之富，物产之饶。蚕食鲸吞，已效尤于接踵；瓜分豆剖，实堪虑于目前。有心人不禁大声疾呼，亟拯斯民于水火，扶大厦之将倾。"② 由此，他喊出了"振兴中华"这个口号。这一口号第一次明确地把中华民族视为一整体，标志着中国近代民族主义思想有了独立的表达形式。"振兴中华"成为了当时时代的最强音，也成为中国人民挽救民族危亡、争取民族独立斗争的思想动力。

---

① 《京师保国会第一集演说》，《康有为政论集》（上册），中华书局 1981 年版，第 237 页。

② 《孙中山全集》第 1 卷，中华书局 1981 年版，第 19－20 页。

1895年同盟会成立。孙中山把同盟会的十六字纲领概括为“三民主义”，其中“民族主义”反映了孙中山的现代民族国家观，成为近代民族民主革命的旗帜。三民主义影响深远，中国共产党的新民主主义理论是对三民主义的继承和发展。

课堂讨论

当代大学生如何继承和发展“振兴中华”的优良传统？如何把个人的发展与国家的发展、把个人的命运与中华民族的命运紧密结合在一起？结合历史人物和历史事件进行阐述，并将这种优良传统内化于个人的思想情操，使之成为个人强劲的学习、工作和生活的动力。

教学总结

“中国近现代史纲要”课程寓思想政治理论教育于历史教育之中，具有专业历史课的一般功能，但其性质是思想政治理论课，这一点要始终坚持不动摇。“中国近现代史纲要”的“纲”与“要”，就要突显“两大主题”、“四个选择”、“四个自信”。“两大主题”即两大历史任务——“民族独立与人民解放”、“国家富强与人民富裕”；“四个选择”即历史和人民选择了马克思主义、选择了中国共产党、选择了社会主义、选择了改革开放；“四个自信”即坚持中国特色社会主义道路自信、理论自信、制度自信、文化自信。

邓小平说：“要懂得些中国历史，这是中国发展的一个精神动力。”① 最终让大学生认同体悟这种“精神动力”，应该成为教育教学指向。教师应通过精心策划的教学过程，做到如下几点：一是使课程更“理论”，通过专题授课做到重点突出，并予以理论上的深刻分析，使“中国近现代史纲要”的理论更透彻；二是使课程更“历史”，即从一些历史细节的叙述中看到重大历史事件或理论的源流；三是使课程更“现实”，即有现实针对性。对于近年来产生的形形色色的历史虚无主义的观点，我们的课堂应该进行针锋相对的分析和评论，体现出战斗性。青年大学生对历史普遍感兴趣，但是同时存在着不少的困惑，这些困惑来自于影视的“娱乐化历史”、网络上的一些“虚无化历史”等。这些困惑是无法通过阅读教材去解决的，这需要教师与学生的真正对话。

---

① 《振兴中华民族》，《邓小平文选》第3卷，人民出版社1993年版，第358页。

课后思考

1. 为什么说鸦片战争是中国近代史的开端？
2. 近现代中国的两大历史任务是什么？它们之间是一种怎样的关系？
3. 中国封建社会由盛而衰的表现有哪些？
4. 中国民族资产阶级的特点有哪些？
5. 中国近代工人阶级的特点是什么？
6. 为什么说资本－帝国主义的侵略是近代中国落后的总根源？
7. 资本－帝国主义对中国进行文化渗透的目的和表现是什么？
8. 近代中国反侵略战争失败的原因是什么？
9. 严复为什么提出“救亡”口号？
10. 孙中山为什么提出“振兴中华”口号？

推荐阅读

1. 沙键孙：《关于开设“中国近现代史纲要”课程的若干思考》，《思想理论教育导刊》，2005 年第 6 期。

2. 沙键孙、龚书铎主编：《“中国近现代史纲要”课疑难问题解析》，高等教育出版社 2007 年版。

3. 胡绳：《从鸦片战争到五四运动》，人民出版社 1998 年版。

4. 陈旭麓：《近代中国社会的新陈代谢》，上海社会科学院出版社 2006 年版。

5. ［法］托克维尔：《旧制度与法国大革命》，冯棠译，商务印书馆 1992 年版。

6. 蒋廷黻：《中国近代史》，上海古籍出版社 2004 年版。

7. ［美］费正清等：《剑桥中国晚清史》，中国社会科学院历史研究所编译室译，中国社会科学出版社 1993 年版。

8. ［美］吉尔伯特·罗兹曼编：《中国的现代化》，江苏人民出版社 2003 年版。

9. ［清］魏源：《海国图志》，岳麓书社 1998 年版。

10. 茅海建：《天朝的崩溃——鸦片战争》，三联书店 1995 年版。

11. 李侃、李时岳：《中国近代史》，中华书局 1994 年版。

12. 钟叔河主编：《走向世界丛书》（全 10 本），岳麓书社 2008 年版。

专题二

对国家出路的早期探索

问题引领

本专题的重点是了解和掌握太平天国运动、洋务运动、戊戌维新运动，并思考三个问题：农民阶级的平均主义为什么不能使中国走向民族独立和国家富强之路？官僚地主阶级的“中体西用”方案为什么行不通？资产阶级维新派的君主立宪方案失败的原因是什么？

➤ 逻辑结构

正确认识和理解近代中国社会产生的三大运动：太平天国运动、洋务运动、戊戌维新运动。三大运动反映了不同阶级及其代表人物前赴后继地，对国家出路进行了有益的早期探索，并提出了各自的主张和方案。由于历史和阶级的局限性，农民阶级、地主阶级和资产阶级改良派的探索都不能完成近代中国的两大历史任务。但是，三大运动在中国近代史上有着重要的历史地位，我们既不能搞历史虚无主义，也不能刻意拔高它们的历史地位，而应该实事求是地去总结它们失败的经验教训。

太平天国运动：略述太平天国运动的发展经过，重点讲述太平天国的方案，进而理解农民阶级在回答中国“怎么办”问题时，实际上是走传统的老路。

洋务运动：弄清楚标榜“自强”、“求富”的清政府的“自救”运动是如何进行的？有哪些内容？重点要讲清楚洋务运动的指导思想的局限性，洋务运动失败的根源是封建体制的束缚。

戊戌维新：维新派在指导思想上“取法乎上”，康有为、梁启超、谭嗣同、严复对“上法”各自的贡献是什么；维新派在行动中不断妥协，结果是“得乎其下”。要深刻认识到维新派的政治改良主义必然失败。

一、农民阶级走向传统老路

随着资本－帝国主义的入侵，中国的民族危机和社会危机日益加深，社会各阶级都面临着“怎么办”的问题。农民阶级、地主阶级、资产阶级他们从各自的阶级立场出发，对国家出路进行探索，先后提出了自己的主张和方案。农民阶级企图用传统的农民战争和农民改革方案来改造社会。近代以来，农民战争此起彼伏、大大小小，是非常频繁的。其中最大的一次是洪秀全领导的太平天国运动。

（一）太平天国运动爆发的原因

洪秀全的崛起是时代造就的，正所谓时势造英雄。太平天国运动的爆发，是阶级矛盾激化的必然结果，而外国资本主义的侵略则进一步激化了国内的阶级矛盾。

1. 传统因素：官僚地主阶级对农民阶级的压迫和剥削

到了晚清，历史上的王朝末现象再次出现，表现为：土地兼并严重，地租剥削苛重，农民与地主阶级的矛盾激化；苛捐杂税猛如虎，官逼民反，农民与官府之间矛盾激化。再加上自然灾害，导致民不聊生，农民揭竿而起。

2. 新因素：外国资本主义入侵激化阶级矛盾

列强的军事侵略强迫清政府巨额赔款，这些赔款又摊派在老百姓身上；日益严重的鸦片贸易造成白银大量外流，白银外流又导致银贵钱贱，这是严重影响国家财政和国民经济的货币现象。外国商品输入瓦解了男耕女织的自然经济。旧经济方式瓦解，新经济方式尚未确立，人民确实很痛苦。

3. 广西社会的混乱提供了一个起义的温床

广西是一个移民社会，原本是贫困地区，田少山多。日益增多的外来移民必然与原有土著争夺有限的资源，从而产生日益严重的“来土矛盾”。“来土矛盾”是指外来人与土著之间的矛盾。所谓“来人”，即从外省搬来的外地人，主要是从广东、湖南、福建等省迁徙而来的客家人。“土人”就是原来的土著居民。“来人”与“土人”之间因为利益之争，如争水、争山等，经常发生械斗，造成社会不安。

广西社会存在较多天地会组织。天地会“反清复明”，与官府矛盾尖锐。由于广西贫困，地方政府没有足够的财力和兵力来镇压，正因为镇压不了，地方政府采取了得过且过的放任政策。

广西资源贫乏，民众生活困苦，紫荆山区矿工和流民众多，这为起义准备了群众基础。广西为大风暴的兴起提供了一片沃土。民间已有谶言：“以岁在丁未，应红羊劫谶”，“红羊”正应了“洪、杨”之谐音。这种无厘头的言论，明智之人本应不屑一顾，但放在特定的历史时刻，却有着一定的影响力，天下兴亡在半梦半醒之间演绎。

观点辨析

有人称洪秀全为“造反英雄”，有人称洪秀全是“乱贼”，你怎么看？

4. 洪秀全的拜上帝教

1843 年，洪秀全撷取原始基督教教义中反映下层民众要求的平等思想和某些宗教仪式，从农民斗争的需要出发，加以改造，创立了拜上帝教，并利用它来发动和组织群众。

拜上帝教提倡“凡信教者皆为上帝子民，凡男子皆兄弟，凡女子皆姊妹”。朴素的平等思想迎合了中国的江湖文化，“四海之内皆兄弟”。

1844 年，洪秀全把自己家中所供奉的偶像牌位毁掉，又与表弟冯云山打掉村塾中供奉的孔子牌位，这种激烈的“大逆不道”遭到本村父老的反对与抵制。洪秀全和冯云山决意出走广西传教，拜上帝教在广西流传。

观点辨析

太平天国的拜上帝教与正统基督教有很大区别，所以有人说它是“邪教”。提问：你们认可这种观点吗？

不认可。如果认同这种观点，可能就等于认同洪秀全的太平天国运动是一场邪教运动。

洪秀全在起义过程中，的确加入了很多神秘主义的东西，包括封建迷信。洪秀全接触的基督教读物，都是低层次的通俗读本，中译本的翻译很差，他也不可能有很高的神学素养。但是，如果仅从教义上来看，基督教的许多异端与其主流的差异，并不比拜上帝教小。拜上帝教基本上是遵循基督教的教义的。洪秀全毕竟跟美国新教牧师罗孝全在教堂里学了 3 个月，在香港的教堂里待了一段时间。

由于洪秀全在科举考试中屡考屡败，所以他对于儒家的四书五经非常反感，“曾贬一切古书为妖书”，要完整禁绝，出现了焚书和丢到茅坑的情况。这种情况也让中国的知识分子对拜上帝教很是反感。

（二）太平天国运动的兴亡

洪秀全在家乡的传教是失败的，他和冯云山来到广西，却是如鱼得水。冯云山在紫荆山区的传教非常成功，他在这里结识了杨秀清、萧朝贵、韦昌辉等一批骨干成员。

1851 年，洪秀全率领拜上帝教会众在金田起义，起义队伍不断壮大，发展迅速。

1852 年，永安建制，分封五王。

1853 年 1 月，攻占武昌。

1853 年 3 月，攻下南京，改名天京，并建都于此，建立起与清政府长期对峙的政权。经过北伐、西征后，太平天国在军事上达到全盛时期。

1856 年，太平天国发生了自相残杀的天京事变，由此太平天国由盛转衰。

1864 年，天京的陷落标志着太平天国运动的失败。

气势磅礴，但又哀其不胜。这场起义可以用悲壮和悲剧来形容。

有人说，太平天国是“乌合之众”，真的如此吗？亲历太平天国运动的英国人呤俐（F. A. Lindley）曾比较太平军与清军的区别，他说：“太平军的行为则与之相反，他们的纪律的严明，成功的神速，以及对于人民的爱护，约束部属不得犯甚至在文明国家中也常有的各种罪行，这一切措施都深深获得广大人民的爱戴。援军从四面八方涌来；一切地方起义军，一切被暴虐专制所迫害的人们，一切不满异族统治的人们，一切燃烧着爱国之火的人们，都奔集到天王的旗下。"①

（三）太平天国运动的方案

1.《天朝田亩制度》

洪秀全的太平天国运动是有政治理想的。定都天京之后，太平天国颁布了一系列有关政权建设的文献，建立各种制度，试图在人间建立起一个理想主义的"天堂"。在太平天国颁布的各项文献中，《天朝田亩制度》集中体现了农民阶级的平均主义理想和对理想社会的追求。

（1）性质：《天朝田亩制度》是农民阶级提出的以解决土地问题为中心的纲领性文献。中心思想是建立一个"有田同耕，有饭同食，有衣同穿，有钱同使，无处无均匀，无人不饱暖"的理想社会。

（2）主要内容：

第一，规定了土地等级与平分土地的办法。将土地划分为九等，土地按人口平均分配，不论男女都分得土地，不满十六岁减半。

第二，圣库制度。财产归公，按需分配："天下皆天父上主皇上帝一大家，天下人人不受私，物物归上主，则主有所运用，天下大家处处平匀，人人饱暖矣。"

第三，规定了社会基层组织的日常生产和生活管理。规定：每二十五家设圣库，一个礼拜堂，由两司马督率伍长管理这二十五家的生产和生活。关于社会基层的社会生产，它规定：各地都要种桑，妇女要"蚕绩缝衣裳"；每家要养五只母鸡、两头母猪；新收获的谷子除了满足二十家生活所需外，其余的要交给国库。

（3）评价：

积极意义：从内容上看，《天朝田亩制度》大胆地否定了封建土地所有制，反映了广大农民反对地主阶级剥削的思想和迫切获得土地的愿望。因此，它在一定范围内起到了动员农民反对封建势力的历史作用，打击了封建统治势力，具有革命性的一面。《天朝田亩制度》所设计的相关制度和政策为太平天国的政权建设起到了一定的作用。

---

① ［英］呤俐：《太平天国革命亲历记》，中华书局1986年版，第60页。

消极方面：第一，它反映的是一种绝对平均主义的思想，脱离了社会现实。它规定设立“国库”，将一切多余的生产物缴纳国库，这一做法必将挫伤农民生产的积极性，甚至使农民的简单再生产也难以维持。

第二，在资本主义迅速发展的近代世界，它却想恢复男耕女织的自给自足的小农经济生产方式，违背了社会经济发展的客观要求。

第三，实际上无法实现。《天朝田亩制度》的核心内容——平均分配土地的制度，太平天国并没有实行。定都天京后，太平天国在安徽、江西等地实际执行的土地政策是“照旧交粮纳税”。这无疑承认了地主占有土地，允许收租。不过，太平天国在统治区域还是采取过一些打击封建地主的政策。

《天朝田亩制度》的某些制度，如职官设置、社会基层组织制度等事实上得到了执行。特别是乡官制度的推行对太平天国基层政权的建设起了一定作用。在财产公有的政策之下，太平天国也曾推行“圣库制度”、取消商业，结果因不适应现实社会的需要，最终只好取消。其宗教文化政策虽得到执行，但是在天京事变后，宗教热情退潮，所以也不可能取得好的效果。

因此，《天朝田亩制度》既具有革命性，又具有落后性。这一矛盾是由农民小生产者的经济地位所决定的。因为，农民在封建社会中处于被压迫的地位，所以他们有要求平等、要求分得土地的愿望；但是，他们的视野狭隘，又不是先进生产力的代表者，不可能提出全新的社会革新方案，只能从已有的思想材料中寻求依据。如《天朝田亩制度》的平均思想主要来自农民的平均主义思想、儒家的大同和均平等思想以及西方基督教的某些平等思想；与此同时，它又不可避免地受到了传统的封建主义思想的影响。《天朝田亩制度》的这种特点也影响到了它的执行，在太平天国统治的后期，广大群众已经失去对《天朝田亩制度》的热情。

2.《资政新篇》

1859 年，洪仁玕来到天京，被封为干王，他针对太平天国所面临的问题，提出了一个统筹全局的方案——《资政新篇》，提出一系列学习西方、改革社会的措施。

洪仁玕当年没有赶上金田起义，辗转到了香港，同外国传教士有往来，他对西方社会、对香港有了较为深入的了解。所以他提出了一个学习西方的方案，提倡发展近代的工矿、交通、邮政、银行、学校、医院等；对外关系方面，提出了要和外国自由通商、平等竞争的主张，正所谓“与番人竞雄”。

这一方案虽然得到了天王洪秀全的批准，但它毕竟不是农民战争的产物，也没有得到太平天国将领和广大民众的支持，加之缺乏和平建设的环境，所以《资政新篇》最终未能发挥作用。

但是，它是中国近代史上第一个发展资本主义的方案。洪仁玕也因此在中国近代思想史上占有一席之地。太平天国的死敌曾国藩的幕僚赵烈文看完《资政新篇》后，感叹："贼中有人。""留学生之父"容闳称洪仁玕是"远东大规模现代化计划的先驱"。传教士富礼赐称洪仁玕是"最开通的中国人，他极熟悉地理，又略识机械工程，又承认西洋文明之优越"。

（四）太平天国运动的历史意义

1. 太平天国运动是中国旧式农民战争的最高峰

太平天国运动是中国历史上规模最大的一次农民战争。它组织了自己的军队，建立了自己的政权，提出了革命纲领。其革命纲领提出了农民的土地要求，《天朝田亩制度》目标直指封建地主土地所有制。

另外，太平天国后期提出《资政新篇》，这是近代历史上第一个比较系统的发展资本主义的方案。它反映了向西方学习、寻求真理的一种努力，具有强烈的近代化色彩。

2. 沉重打击了清王朝的统治

太平天国运动坚持战斗了 14 年，转战 18 省，攻克 600 多个城镇，扫荡了大半个中国。其规模之大、历时之长、影响之深远、对封建制度打击之沉重，都是历史上任何一次农民战争所无法比拟的。

清朝统治秩序加速瓦解。清朝高度的中央集权大为削弱，中央权力缩小，地方势力逐渐坐大，终会形成尾大不掉的格局。通过镇压太平天国运动，有军功的汉族官僚力量大大增强，原来满族官员占优势的格局不复存在。在镇压太平天国的过程中，湘、淮军得以崛起，许多湘、淮军的将领先后充任总督、巡抚等地方大员，他们掌握了地方的用人权、财权、军权、司法权。这不仅改变了原有的制度，而且导致了这些权力的下移；这不仅改变了督抚旗人为多的状况，而且导致了外重内轻局面的形成，进一步加剧了统治阶级内部矛盾的发展（满汉矛盾、中央和地方矛盾），加速了清王朝统治的崩溃。

太平天国对 19 世纪 50、60 年代中国人民的反清斗争起了极大的推动作用。许多地方的起义就是在太平天国运动的影响下爆发的。许多地方的人民起义都愿意归属太平天国，并以太平天国的旗号进行反清斗争。太平天国的革命斗争在一定程度上支援了许多地方的革命斗争（如小刀会起义、张秀眉领导的苗民起义、西北回民起义等），使清政府不能集中兵力迅速镇压各地的起义。太平天国提出的平分土地、男女平等等主张，为后来中国民主革命斗争的发展提供了宝贵的启示。太平天国一代的英雄业绩也鼓舞着许多后来的反清志士。孙中山少时曾自称是“洪秀全第二”，黄兴等许多参加辛亥革命的志士，走上革命的最初启示都来自于太平天国。此外，在镇压太平天国的过程中，湘军中出现了名为“哥老会”的组织。太平天国失败后，湘军大量裁撤，许多人迫于生计，参与和组织了哥老会，哥老会由此兴盛和活跃起来。所以，在太平天国的活动区域中，后来的会党活动十分活跃，他们在反洋教斗争和辛亥革命中起了积极作用。

3. 太平天国起义冲击了孔子和儒家经典的正统权威

太平天国视孔子为“妖人”，斥儒家经典为“妖书”，这在一定程度上削弱了封建统治的精神支柱，不过，对传统文化也产生了一些破坏性的影响。

4. 打击了西方侵略者

太平天国同入侵中国并成为中华民族凶恶敌人的外国资本主义侵略者进行了英勇的斗争。太平天国不承认外国侵略者强加给中国的不平等条约，不承认外国侵略者在中国享有特权，坚决维护国家主权和民族利益。太平天国运动有力地推动了亚洲殖民地半殖民地国家的革命斗争。

5. 世界影响

19 世纪中期，亚洲兴起了第一次民族解放运动的高潮，其中太平天国的规模最大、时间最久。尽管太平天国与亚洲其他国家的民族解放运动没有直接的联系，但是，它们在反对国际资本主义侵略问题上是一致的，太平天国运动吸引了列强的注意力，在客观上支持和推动了其他国家革命斗争的兴起和发展。

（五）太平天国运动失败的原因

1. 客观原因是敌人的势力相当强大

太平天国面临着三大敌人：清军、汉族地方武装、外国侵略者。从军事上看，清政府拥有大量的军队，湘、淮军是战斗力很强的军队。特别是在太平天国革命的后期，曾国藩取得了总揽东南四省军务的大权，镇压太平军的湘军等武装有了集中统一的指挥。而且湘军等军队有充足的粮饷，这是太平军所无法相比的。第二次鸦片战争后，外国侵略者又与清政府相互勾结，共同镇压太平天国革命运动。敌人的势力超过了太平天国的势力，这就更加速了它的失败。

在经济上，清政府有全国的税收，并有海关的大量关税支撑。太平天国统治区内粮食和税收都十分短缺，灾荒、瘟疫等灾害在客观上对太平天国不利。衣食缺乏成为太平天国后期所面临的一个重要问题。此外，灾荒对太平军一些战役的结果也产生了直接影响，灾荒以后往往是瘟疫的流行，其结果又导致大量人民群众的死亡。

2. 阶级的局限性是根本原因

太平天国运动毕竟是一次旧式的农民战争，农民“小生产的特点，使他们的政治眼光受到限制”。他们不代表新的生产方式，无法克服自己的弱点，也提不出正确的革命纲领和正确的社会改革方案。它仍然要回到自给自足的小农经济、男耕女织的田园诗歌中的社会。但这种“天堂”在地上并不存在，现实是非常残酷的。

农民提不出新的符合社会发展的方案，只好转向传统的封建王朝，以新王朝代替旧王朝，这种传统做法是换汤不换药。农民阶级的局限性直接体现在它没有科学的革命理论作为指导。洪秀全可以利用宗教来发动和组织起义，但是拜上帝教并不是科学的理论，最终给农民斗争带来危害。

3. 封建化和腐败是失败的重要因素

洪秀全的太平天国并不是为了改造中国社会结构，它只是想取代清王朝，成立一个新的封建王朝。洪秀全定都天京，所建立的制度仍然遵循“君君臣臣父父子子”原则，传统的“三纲五常”仍然发挥作用。

太平天国在定都天京以后就开始腐化变质，领导人奢侈腐化、贪图享受日益严重。太平天国领导层的腐败与清王朝相比较，有过之而无不及。许多王都建有华丽的王府，搜括钱财的人也不在少数。吸鸦片、饮酒、赌博之风盛行。执掌朝政的蒙得恩，就是一个鸦片烟瘾极大的人。腐败不仅使太平天国领导人失去了进取心，而且使其脱离了群众。因为封建化和腐败，必然导致争权夺利、自相残杀，可以共苦难、不可共富贵的悲剧重演。

太平天国前期胜利的取得就在于有一个团结的领导集团，天京事变使领导集团遭到彻底破坏，此后再没有重新建立强有力的领导集团。太平天国的后期，洪秀全任人唯亲，不信外姓，甚至滥封诸王，使各王之间互相并列、彼此牵制，使朝中无人运筹军政大计。各地将领的分散主义也随之抬头，致使上下离心、各行其是。当时，军队将领各自据有地盘，如陈玉成在安庆，李秀成在苏、杭，李世贤在金华，杨辅清在宁国，他们“各顾自己，不顾大局”。

4. 太平天国制定的政策不切实际，甚至有失误

（1）太平天国在文化政策和知识分子问题上也存在很大的失误。笼统地排弃儒家经典，打击和破坏了中国传统文化；对知识分子不信任，遭到了广大知识分子的反对，使他们走到了自己的对立面。这正好为曾国藩所利用，他针对太平天国的反孔禁儒，公开打着“卫道”的旗帜来反对太平天国，恢复和重建封建文化，延揽士人。这样，太平天国失去了知识分子的参与和支持，最终导致人才缺乏。李秀成被审问时被问“官兵某事好，某事不好，贼中某事好，某事不好”，李秀成说“官军多用读书人”，太平军中“无读书人”。

（2）军事策略、战术比较单一。后期太平军成分复杂，纪律废弛，难以得到广大人民的支持。此外，后期太平军接连失利的情况，导致士气不振，许多将领和士兵投敌。这都对其结局产生了影响。

二、洋务运动迈出近代化第一步

学习完太平天国运动，我们要好好研究一下太平天国的对手——曾国藩。曾国藩镇压了太平天国运动，又亲手拉开了洋务运动的序幕。我们讲洋务运动，就从认识曾国藩开始。曾国藩是一个非常复杂的历史人物，历史影响深远。我们在这里问一个问题：曾国藩代表一种什么样的新力量呢？他是汉族官员，他为什么会去挽救清王朝？

（一）从曾国藩的学问到“中体西用”

“天国梦”的破灭意味着农民阶级对国家出路的早期探索失败了。官僚地主阶级开始了一场新的探索，就是洋务运动。在当时，洋务这个概念并不存在，称为“夷务”，筹办夷务，又自称为“自强运动”。

在镇压太平天国运动的过程中，以曾国藩为代表的一股新的力量崛起。曾国藩既是镇压太平天国的统帅，又是洋务运动的开拓者。太平军和湘军虽同为汉人，但是志趣完全不一，形同天敌。我们看他们两军的檄文。

太平军《天讨胡虏檄》：“妖胡虐焰燔苍穹，淫毒秽宸极，腥风播于四海，妖氛惨于五胡，而中国之人，反低首下心，甘为臣仆。”目标直指排满。

曾国藩《讨粤匪檄》骂洪秀全："举中国数千年礼义人伦诗书典则，一旦扫地荡尽。此岂独我大清之变，乃开辟以来名教之奇变，我孔子孟子之所痛哭于九原，凡读书识字者，又乌可袖手安坐，不思一为之所也。"

据此，有日本学者说，曾国藩的湘军并不是勤王之师，其目的全在维持名教。所谓名教，就是孔孟的遗教。在曾国藩看来，这是我民族的至宝。洪秀全要拜上帝，废孔教，那么，洪秀全就是曾国藩的敌人，也就是全民族的敌人。

那么曾国藩就是一个保守分子吗？

曾国藩是理学大家，固守礼教，同时，曾国藩属于儒学中的经世学派，他的学问的宗旨是以礼为归。他说："其修身、齐家、治国、平天下，则一秉乎礼。自其内焉者言之，舍礼无所谓道德；自外焉者言之，舍礼无所谓政事。"他认为学礼就是学"经济之学"；学礼就是学"治世之术"；并且躬行实践，强调"力行"。"力行"就是要脚踏实地，"不说空话，不务虚名，不行驾空之事，不谈过高之理"，"知一句便行一句，实实行之，且常常行之"，注意实效，反对"但凭心所悬惴者为高"。曾国藩还主张要从具体的小事"实用其力"，"近年军中闻历有年，益知天下事当于大处着眼，小处下手"。

因此，曾国藩的学问既要求他守旧，又要求他求新应变。守旧与应变是当时以曾国藩为代表的洋务官僚们的思想主线。洋务派的指导思想逐渐成形。在维护清政府这个政治中心的大前提下，曾国藩力求革新，也就是说，曾国藩要接受西洋文化的一部分，向西方学习。1860 年，曾国藩把魏源的"师夷长技以制夷"的口号重新喊出来。

这个口号已经被冷落了 20 年了。经过曾国藩的大力提倡和洋务派的实践，另一个思想家冯桂芬对洋务运动的指导思想进行了归纳，1861 年，在《校颁庐抗议》一书中，冯桂芬提出"以中国之伦常名教为原本，辅以诸国富强之术"，这可以说是"中学为体，西学为用"思想的最初框架。后来，洋务运动最重要的领导者李鸿章多次阐述过类似观点。在 60 年代至 90 年代洋务运动期间，中体西用的思想成为洋务派运动的指导纲领。

"中体西用"作为一个命题，其实包括两对概念，一是"中学"与"西学"；一是"体"与"用"。所谓"中学"，是以封建伦理纲常为核心的中国封建文化；"西学"则是指体现西方近代文明成果的资产阶级文化，主要是近代科学技术和军事装备。这和现在我们理解的作为文明体系的西学是不一样的，在当时被狭隘地理解为一种道统之外的先进技术及作为技术背景的科学理论。

所谓“体”，就是根本，“用”就是利用。（另外一种说法是“道”与“器”）中体西用论肯定两者的相对价值，即中学具有精神价值，西学具有物质价值；进而肯定两者的功用，即中学用来“治心身”，西学用来“应世事”。在这里，中学和西学的地位虽略有高低之分，如强调中学是“本”、“体”，而西学只是“末”、“用”，但是同时强调两者相补相救，不可偏废。

中体西用突破了“天朝上国”、“奇技淫巧”的思维局限，迈出了“师夷长技以制夷”的实质性步伐，这当然是一种进步。不过，中体西用的实质是在不改变中国固有的制度与道德的前提下，用西方近代工业和技术为辅助，维护和巩固封建统治秩序。

（二）洋务运动的兴起

1. 历史背景

向西方学习是以曾国藩为代表的改革派官僚的主张，而清朝最高统治集团在这个时期也认识到了这一点。天平天国运动期间，英、法联手发动了第二次鸦片战争。1860 年，英法联军攻克北京，火烧圆明园，这给了清朝政府最深刻的教训。恭亲王奕䜣在中央层级力求学习西方的军事技术，初掌权力的慈禧太后放手让曾国藩、李鸿章、左宗棠等人主持洋务事业，也形成了一个了解时局、主张改革的政治派别——洋务派。

2. 代表人物

洋务派主张引进、仿造西方的武器装备和学习西方的科学技术，创设近代企业，兴办洋务。代表人物中央有奕䜣、文祥等。奕䜣提出：“探源之策，在于自强。自强之术，必先练兵。”奕䜣在中央设立总理衙门，统筹洋务事业。地方有曾国藩、李鸿章、左宗棠、张之洞等。

3. 洋务事业的主要内容

起初，洋务派出于镇压国内起义以及抵御外来侵略的长远打算，主张学习西方的先进的军事技术。19 世纪 70 年代，洋务派在继续前期洋务事业的同时，将举办洋务运动的中心由军工转向了民用工业。19 世纪 60—90 年代，洋务派在求强、求富的口号下，除办理外交事务外，主要进行了以下几个方面的洋务活动。

一是创办近代军工企业。洋务派创办近代军事工业开始于 1861 年曾国藩创办安庆内军械所，而真正的近代军事工业是从 1865 年江南制造总局开始。

从1865年到1890年，他们共举办了21个军工局厂，著名的除江南制造总局外，还有福州船政局、天津机器局、金陵机器局、湖北枪炮厂等。

二是创办民用企业。19世纪70到90年代，洋务派共举办了20多个民用企业，涉及采矿、冶炼、纺织、航运、铁路、邮电，代表性的企业有：轮船招商局、上海机器织布局、兰州织呢局、电报总局、开平矿务局等。其经营方式有：官办、官商合办、官督商办，其中官督商办是其主要形式。

三是编练新式海陆军。洋务派起初出于镇压太平天国、捻军的目的，把湘军、淮军、练军等军队先后用洋枪、洋炮武装起来。后来，清政府出于统治和抵御外来侵略的目的，进一步编练陆军。如李鸿章还聘用外国人为教练训练士兵，并改习洋操。19世纪70、80年代，特别是中法战争后，洋务派又大力发展海军，先后建成了北洋、南洋、福建、广东四支海军，修建了旅顺、威海卫、马尾等军港，中国的海军一度"居世界海军第四位"。

四是举办新式文化教育事业。由于洋务派所举办的事业均是新兴事业，不仅需要培养新式的专门人才，而且需要引入新的知识和技术，所以洋务派还兴办了一些文化教育事业。这主要涉及三个方面：（1）创办新式学堂。1862到1894年间，洋务派一共兴办各类学堂24所。其中语言学校有7所，工程、兵器制造、轮船驾驶等类学校有11所，电报、通讯类学校有3所，培养陆军、矿务、军医人才的学校各有1所。语言学堂中比较重要的是同文馆、上海广方言馆、广州广方言馆，军事学堂中比较重要的是福州船政学堂。（2）派遣留学生。当时派遣的留学生有留美和留欧两种，曾于1872—1875年派出四批共120名幼童留美，后因保守顽固势力的反对，被迫于1881年撤回。留欧学生先后于1877、1881、1885年派出三批，主要是到英、法两国学习轮船制造和驾驶。（3）翻译和出版外国书籍。如同文馆和江南制造总局的翻译馆就译出一批有用的自然科学和社会科学书籍。

（三）洋务运动的历史影响

在当时的历史条件下，洋务运动取得了一定的成效，产生了较大的社会影响。

1. 工业化的第一步

洋务运动举办了近代中国由国人自办的最早一批军用和民用近代企业，揭开了中国资本主义生产方式的序幕，对中国民族资本主义的发展起到了重要作用。这是中国工业化或者说近代化的第一步，实现了从无到有的转变。

在一定程度上加强了近代中国的国防力量，同时也抵制了外国的经济侵略。“求强”、“求富”在一定程度上还是有效果的。

2. 中国近代教育的开始

洋务运动，为了培养通晓洋务的人才，开办了一批新式学堂，派出了最早的官派留学生。与此同时，一大批近代自然科学书籍，被翻译成中文，给中国带来新知识，开阔了中国人的眼界。

3. 社会风气、价值观开始变化

传统的“重本抑末”等观念受到冲击，社会风气和价值观念开始变化，工商业者的地位上升。对一部分人来说，西方的各种技术和器物不再是“奇技淫巧”，而是模仿、学习的对象，这有利于社会风气的改变。在社会上，“洋”成为时尚的代名词，“崇洋媚外”也开始了。

然而，这场历时 30 余年的运动并没有能够使中国真正地富强起来。1895 年，中国在中日甲午战争中的失败宣告了地主阶级求强求富的洋务运动的失败。这与大约同期进行的日本明治维新形成了鲜明的对比。

（四）洋务运动失败的原因

1. 洋务运动具有浓厚的封建性

洋务运动失败的根本原因在于封建制度的阻碍。洋务运动是在基本不改变传统政治结构的情况下进行的，因此它很容易遭受到传统官僚政治的束缚。在传统政治结构下，不仅封建顽固势力从政治、经济、舆论等方面进行了钳制和阻挠，而且处于衰败期的中国传统官僚政治也使得许多洋务事业难以有效地进行。与此相反的是，大约与洋务运动同时的俄国大变革是以 1861 年农奴制改革为先导，明治维新是以推倒幕府、还政天皇为开端的，“这样才可能克服巨大的结构性阻力，造成巨大的社会动员。使自上而下的改革成为全国规模的运动”①。

洋务运动的封建本性使得它无法开拓新局面。他们既要发展近代企业，又采取垄断经营、侵吞商股等手段压制民族资本。一直到 1895 年甲午战败之后，才允许民间自由办厂。清王朝既想培养洋务人才，又不愿改变封建科举制度。

---

① 罗荣渠：《现代化新论——世界与中国的现代化进程》，北京大学出版社 1995 年版，第 274 页。

2. 洋务运动对外国具有依赖性

西方列强通过一系列不平等条约侵略和控制中国，他们不希望中国真正强大起来。自强运动年代恰好与外国资本－帝国主义强化的时代相吻合：1874年日本人侵略台湾及1879年吞并琉球群岛；1875年英国试图打开云南大门；1871—1881年俄国强占新疆伊犁；法国攫取安南，引发1884—1885年中法战争；日本侵略朝鲜和发动甲午战争。这一系列事件，不仅分散了政府和洋务派的注意力，还招致了巨额的军费开支和赔款。

外国资本主义当然不希望中国企业真正强大，成为他们的竞争对手。洋务派官员却一再主张对外“和戎”、“以洋制洋”，其所兴办的企业仰赖外国，他们企图依靠外国来达到“自强”、“求富”的目的，这无异于与虎谋皮。

3. 腐败是洋务运动的杀手

自上而下的腐败让人触目惊心。首先是慈禧太后开了坏头，她修建颐和园，就是挪用海军军费。下面的大大小小的官吏都是贪污中饱，贪赃枉法。有句对联形容李鸿章是：“宰相合肥天下瘦，司农常熟世间荒。”

洋务企业的管理也是极其腐朽。管理模式基本是封建衙门式的，经营管理不讲效益，产品质量低下。企业的管理者是官吏，他们是求自己发财的，毫无企业家精神，充斥着营私舞弊、贪污受贿、挥霍浪费等官场恶习。

4. “中体西用”的指导思想具有很大局限性

洋务派在举办洋务事业时所奉行的是“中体西用”，它决定了当时的变革只能是枝节上的变革，根本不可能进行深入的社会变革。

即便如此，洋务派在学习外来文化和进行某些社会变革时，传统守旧势力极力阻挠，守旧势力坚持“祖宗之法不可变”，反对学习外国，理学大师倭仁就声称“立国之道尚礼义不尚权谋，根本之途在人心不在技艺”，有的甚至用迷信的观念来反对新兴事务。因此诸如修铁路、学习西方的天文算学、设工厂、派遣留学生等都遭到了他们的反对。这一切都影响了洋务运动的开展和深入发展。

另外，洋务派官员素质具有很大的缺陷。“洋务派推动现代规划，主要是为了使国家能够抵御外侮、镇压国内动荡并加强他们自己的权位。他们从未梦想要把中国锻造成一个新式国家。事实上，他们竭力巩固而不是取代现存的秩序，全然没有经济发展、工业革命和现代变革的概念。”①

作为最高掌权者的慈禧没有统一规划和领导的能力，她却玩弄权术，利

① 徐中约：《中国近代史》（第6版），世界图书出版公司2008年版，第227页。

用清流派、顽固派来牵制洋务派。她甚至挪用海军军费修建颐和园，这与日本皇室支持革新截然不同。相反，日本的明治维新有统一的领导，形成了以西乡隆盛、木户孝允、大久保利通三人为中心的明治官僚集团，且素质较高，其中有不少是学成归国的留学生。

总之，洋务派在特定的历史环境下，掀起了求强求富的自强运动，取得了一些切实的效果，产生了多方面的社会影响，对近代中国社会的近代化演进客观上有积极的作用。然而，在当时的社会环境中，由于主客观条件的限制，这种在封建体制内所作的枝节性的变革根本不会取得成功。

三、戊戌维新走资产阶级政治改良道路

（一）历史背景

1. 空前严重的民族危机

中日甲午战争以清军惨败告终，中日之间签署《马关条约》，这是一个空前丧权辱国的不平等条约：承认朝鲜“独立”，实际上是承认朝鲜成为日本的殖民地；赔款 2 亿两白银（还有 3 千万两白银的赎辽费），中国割让辽东半岛（后有三国干涉还辽）、台湾全岛及附属岛屿等。清王朝的虚弱无能袒露无遗。西方列强也抓紧了对中国主权的侵犯，划定势力范围、掀起瓜分狂潮。中国的民族危机空前加剧。

2. 中国民族资本主义有了初步发展

新兴的民族资产阶级迫切要求挣脱外国资本主义和国内封建势力的压迫与束缚，为在中国发展资本主义开辟道路。当然，这些要求是通过资产阶级的知识分子提出来的。他们把向西方学习推进到了一个新的高度，即不仅要求学习西方的科学技术，而且要求学习西方资本主义的政治制度和思想文化。在内忧外患的冲击和中西文化的碰撞过程中，人们逐渐形成一个共识，要救国，只有维新，要维新，只有学习西方。就像日本，就是通过明治维新而达到富国强兵的。在这样的历史条件下，资产阶级的改良思想迅速传播开来，逐步形成变法维新的思潮，并发展成为一场变法维新运动。

（二）维新变法的代表人物与主要活动

1. 戊戌维新的代表人物

康有为（1858—1927），广东南海人，出生于一个诗书传家的官僚家庭。

康有为深受其家庭的影响，从小勤敏好学，18 岁拜在理学大师朱次琦门下，深受其“通经致用”思想的影响，三年之后，朱次琦老师就对康有为说，你可以毕业了。康有为回家之后，跑到山里面进修佛学。出山之后，跑到香港，接触西学，做到了学贯中西。所以康有为的变法思想，具有浓厚的中西混合色彩，形式是旧的，立意却是新的。

康有为在 30 岁时就撰写了《孔子改制考》、《新学伪经考》等理论著作。康有为说孔子就是一个大改革家，孔子作《春秋》的目的就是要改革法制。康有为的目的就是要打破传统士大夫不敢质疑传统的典章制度的思想障碍，解放士大夫的思想；既然大成至圣孔子都主张改革，那么全天下的读书人就没有反对变法的理由。康有为的这一招是很有效果的，自此，反对变法的士大夫在理论上就无法驳倒康有为了。

更为重要的是，康有为以托古改制的形式输入他的西方资产阶级的民权学说。他撰写《新学伪经考》，其目的就是为了托古改制，即用君主立宪来代替君主专制。他的《孔子改制考》是确立孔子托古改制的微言大义，他认为，孔子改制，就是托尧舜以行民主，“民者，君之本也。……故民为本而君为末，此孔子第一大义，一部《春秋》皆从此发。”“近世各国行立宪法，以大夫专政，而反为升平之美政者，以立宪之大夫出自公举，得选贤与能之义，非世袭而命之君者也。”所以，在维新运动时期，康有为提出以君主立宪为国家的根本制度，这是变法的根本，其他枝叶之变，无足以救中国。

康有为的变法思想是比较深奥的，大多数人并不了解他的学说，也不知道他的改革的具体方案。不过，他有一位杰出的弟子兼助手：梁启超。

梁启超（1873—1929），广东新会人。“八岁学为文，九岁能缀千言”，17 岁中举。后师从康有为，成为资产阶级改良运动的宣传家。他的政论文章如《变法通议》，以极大的爱国热情呼唤救亡图存，以进化论为武器论证变法的必要性与合理性；明确地提出变法图强就必然要学习西方资本主义国家的政治制度和文化教育制度，主张伸民权、设议院，实行君主立宪，为实现这一点就必然要广开民智，设立学校、学会。梁启超的维新变法思想在当时产生了巨大的反响，起到了思想启蒙的作用，推动了维新运动的发展。

谭嗣同（1865—1898），字复生，号壮飞。湖南浏阳人，出身于官僚家庭。父继洵，官至湖北巡抚。维新运动期间，谭嗣同曾在家乡浏阳、长沙等地创办学堂、学会，讲演变法，后在京参与百日维新，并为变法流血牺牲。《仁学》是其维新变法思想的重要体现。1896—1897 年，谭嗣同完成其代表作《仁学》。该书集中了谭嗣同当时能够接触的中外思想资料，结合中国的客观现实，全面表述了他的宇宙观、历史观以及他对改革现状的政治、经济、思想文化、社会风俗等方面的见解。谭嗣同在书中猛烈地抨击封建君权和伦理纲常，号召“冲决君主之网罗”，“冲决伦常之网罗”，他大力宣传资产阶级民权、平等学说，甚至提出“废君统，倡民主”。谭嗣同的思想在一定程度上超过了改良的范围，带有民主革命的思想色彩，是维新派知识分子中最坚定和最激进的变革者。

严复（1854—1921），字又陵，号几道，福建侯官（今福州市）人，出生于一个世代读书的人家。早年接受传统教育，1866 年考入福州船政学堂，1871 年毕业，在海军中任职。1877 年被派往英国留学，学习海军，对西方资本主义的经济、文化和社会制度有了相当的了解，阅读了大量西方政治经济文化著作。1879 年回国，任福州船政学堂教习。1880 年后任职北洋水师学堂，先后任总教习、会办、总办。甲午战败后，在危局的刺激之下，严复走上了维新变法之路。他的译著《天演论》，第一次比较系统地把西方资产阶级的哲学和社会政治学说介绍到中国。胡适讲：“《天演论》出版之后，不上几年，便风行全国，竟做了中学生的读物了。……在中国屡次战败之后，……这个优胜劣败，适者生存的公式，确是一种当头棒喝，给了无数人一种绝大的刺激。几年之中，这种思想像野火一样，延烧着许多少年的心和血。”①

严复的维新变法思想主要有：（1）宣传进化论；（2）鼓吹民主；（3）提出自强救国三要政，即鼓民力（就是增加人民的血气体力，禁止缠足和吸食鸦片）、开民智（废除八股，提倡西学）、新民德（设立议院，由人民公举地方官吏），三者之中最重要的是开民智。

2. 维新派的基本主张与主要活动

维新派的主张核心主张在与守旧派的论战中体现出来，即：一是“要不要变法”；二是要不要兴民权、设议院，实行君主立宪；三是要不要废八股，改科举和兴西学。

维新派的主张实质上就是要像日本一样实行君主立宪制度。

维新派采取多种方法来宣传他们的主张，包括：（1）向皇帝上书；（2）著书立说；（3）介绍外国变法的经验教训；（4）办学会；（5）设学堂；（6）办报纸。维新派以各种方式宣传变法，制造维新舆论，培养变法骨干，组织

---

① 胡适：《四十自述》，中国言实出版社 2014 年版，第 18 页。

革新力量，而他们的重点则放在争取皇帝及其周围的帝党官员的支持上，希望通过他们自上而下地实现变法主张。

1895 年 4 月 17 日，《马关条约》签订，瓜分危机迫在眉睫。5 月 2 日，康有为联合各省在京应考举人，联名上书光绪帝。这就是著名的“公车上书”。在上书中康有为坚决反对《马关条约》，要求“下诏鼓天下之气，迁都定天下之本，练兵强天下之势，变法成天下之治”，提出“变法成天下之治”以作为“立国自强之策”。上书送到都察院后，都察院说条约已批准，无可挽回，拒绝接受，因此未上达到皇帝手中。“公车上书”是近代中国知识分子第一次群众性的爱国运动，它打破了清政府长期以来对知识分子过问政治的压制，标志着酝酿多年的维新变法思想开始演变为实际的政治运动，产生了广泛的社会影响。“公车上书”也确定了康有为的维新变法运动的领袖地位。

（三）百日维新

康有为的方法，通俗地说，就是两手抓，一手抓孔子，孔子是中国传统思想的核心，抓住了孔子，思想之战就成功了；一手抓皇帝，皇帝是传统中国的政治中心，抓住皇帝，就是抓住了中国政治的关键。

年轻的光绪皇帝一心想有所作为。他想做中国的“彼得大帝”、中国的“明治”，因此，下定决心向慈禧太后索要变法的权力。他通过庆亲王奕劻传话给慈禧太后：“太后若仍不给我事权，我愿退让此位，不甘做亡国之君。”慈禧太后听了传话，起而大怒，说：“他不愿坐此位，我早已不愿他坐之。”奕劻赶紧婉劝。慈禧太后平静了一下心态，心中不屑，嘴里还是说：“由他去办，俟办不出模样再说。”于是，奕劻便以“太后不禁皇上办事”回复光绪帝。

得此允诺的光绪皇帝便想大干一场了。从 1898 年 6 月 11 日至 9 月 21 日的 103 天中，光绪帝共发布 100 多道变法法令，史称百日维新。6 月 11 日到 7 月下旬，光绪颁布的新政主要涉及经济、军事、文教，7 月下旬到 9 月下旬由以上几个方面扩展到政治方面。具体内容如下：

经济方面：设立农工商局保护农工商业，奖励发明创造；设立路矿总局，发展铁路和采矿业；举办邮政，裁撤驿站；改革财政，编制国家预算；等等。

政治方面：裁汰冗员，中央裁撤詹事府、通政司、光禄寺、鸿胪寺、太常寺、太仆寺、大理寺衙门；地方裁撤湖北、广东、云南三省巡抚、东河总督，取消重叠的行政机构；允许官民上书言事；准“旗人自谋生计”；等等。

军事方面：裁减绿营，力行保甲；训练海陆军，各省军队皆使用洋枪，改练洋操；等等。

文教方面：废除八股取士制度，改试策论；取消各地书院，改设学校；创办京师大学堂，设立译书局，翻译外国新书；允许自由创立报馆和学会，派留学生出国；等等。

这些联翩而下的诏书，并没有得到朝廷上下积极的响应。当时，只有湖南巡抚陈宝箴能认真执行、湖北巡抚比较热心，其他各地并未认真执行（反对或观望）。

难点分析

百日维新为什么没有提出实行君主立宪的内容？

百日维新不提开国会、设议院，实行君主立宪的内容，其根本原因在于资产阶级维新派的软弱，把改革成功的希望寄托在光绪帝身上，因而改变了“民权变法”的初衷，走上了“君权变法”之路，不但不希望削弱君权，而且希望强化君权。

客观原因：光绪帝本身是个没有实权的傀儡皇帝，其支持变法的直接目的就是夺取实权，岂容再兴民权削弱君权。其次，改革本身是一项庞大、复杂、漫长的系统工程，康有为所极力推荐的彼得一世改革根本就没有国会议院一说，明治维新也是先从幕府手中夺取政权，确立天皇权威，在天皇主持下进行的、在改革中逐步确立议会机构及地位的（1889 年《大日本帝国宪法》内阁对天皇负责，而不是对议会负责）。英国实行君主立宪，从 1640 年开始革命至 1689 年《权利法案》颁布，确立君主立宪，也经历了半个世纪。要想在中国这样一个有两千年君主专制传统的封建帝国实行君主立宪制，仅凭一纸法令是根本不可能的。这也说明康、梁在这个要害问题上还算“明智”，要在政治、经济基本制度没有改变的情况下骤然召开国会，显然缺乏应有的组织、思想准备，社会物质条件。

我们可以得出一个结论：这是一次资产阶级改良运动。

（四）戊戌政变

改革往往导致利益的重新分配。光绪帝变法固然有使国家富强、不甘做亡国之君的民族意识，但也有通过变法夺取权力的意图。变法开始以后，帝后两党在用人上就进行了争夺，触动了以慈禧为首的保守派的利益。

慈禧太后本人并无政见，但对权力问题却是异常的敏感和专横。她赞成一些洋务自强的变法行为，如兴工务农、兴学练兵等，但是，她不赞同根本的变革，更不允许威胁她的权力基础。

1898 年 9 月 21 日，慈禧太后发动政变，史称“戊戌政变”。百日维新戛然而止，变法失败。

（五）戊戌维新的历史意义

1. 戊戌维新是资产阶级维新派面对 19 世纪末帝国主义阴谋瓜分中国的严重危机而发动和领导的爱国救亡运动

维新派怀着满腔爱国热情，为变法救亡而奔走呼号，他们的行动符合维护民族独立和发展资本主义的历史潮流，显示了中华民族不屈不挠的抗争精神。它激发了中国人的爱国热情，成为中华民族全面走向觉醒的一座里程碑。

2. 戊戌维新是资产阶级学习西方以改变中国落后面貌的政治改革运动

变法所提出的改革措施，如政治上要求“伸民权”、“设议院”，实行君主立宪，经济上要求发展资本主义经济等，都符合了中国走向民主、富强的发展趋势。百日维新期间，光绪帝在维新派的推动下颁发了不少有利于发展资本主义的诏书。戊戌变法作为一场改革运动取得的成效很有限，但是它所提出的改革主题、改革措施，反映了新兴资产阶级以资本主义制度代替封建制度的强烈愿望，对中国政治、经济、军事、教育的近代化都有着积极的推动作用。

3. 戊戌维新是一场思想启蒙运动

它猛烈地冲击了封建主义旧学，在思想领域起到了民主启蒙作用。维新运动期间，资产阶级维新派组织学会，创办报刊，创立学堂，大力宣传西方资产阶级的社会政治学说和思想文化，极大地冲击了封建的旧思想、旧文化。各种政治团体的建立，打破了封建统治者对集会结社的禁例并改变了人们的陈腐观念，以往人们往往将结党与营私、立会与作乱相提并论；进化论的传播促进了一代知识分子世界观的转变，民权、民主、自由等思想的宣传、对封建专制制度的批判，动摇了“天不变道亦不变”的传统教条；打破了数千年来“君权神授”的传统观念，动摇了以“君为臣纲”为核心的“三纲五常”传统伦理观念。在经济领域，它进一步冲击了“重本抑末”、“重农轻商”的传统经济观念。在教育领域，它冲击了封建旧学的正统地位，批判了科举制度，传播了西方资产阶级思想文化，使大批知识分子从封建思想文化的牢笼中解放出来。梁启超说："戊戌维新之可贵，在精神耳。"当然，戊戌维新在思想启蒙方面还存有不足之处，如它尚未能摆脱封建传统的束缚，启蒙的广度不够，"开民智"并没有得到充分的展开。

戊戌维新开创了中国近代文化的新局面。维新运动期间，史学革命、诗界革命、文体革命、小说界革命、戏剧改良等资产阶级新文化运动相继而起。在教育方面，中国人有了自己创办的大学和相当数量的新式中学、小学；在新闻出版方面，中国人创办了一批具有社会影响的报刊和出版机构，为传播新文化开辟了新的途径。

戊戌维新影响了近代中国社会风气和习俗的变迁。维新运动期间，延续千余年的缠足陋习受到社会广泛的抨击，以不缠足、兴女学为起点的中国妇女解放运动由此起步。此外，禁鸦片、讲文明、重卫生、剪发辫、易服装、反跪拜等社会新风尚开始逐步为社会所认同和接受，成为中国社会风俗变迁的重要阶段。

总之，维新运动对中国社会的影响是多方面的，它不仅是一次救亡运动、改革运动，也是近代中国最早的一次思想解放运动和新文化运动。它顺应了历史发展的潮流，是中国近代化的一个重要发展阶段。

（六）戊戌维新失败的原因

1. 客观原因：新旧力量对比悬殊

维新的实力和守旧的实力相比过于悬殊。按照严复的说法，当时的旧势力与新势力的对比是千与一之比。维新势力只是千分之一，而庞大的旧势力他们掌握着政权，还拥有军权、财权。他们集合在慈禧太后周围，拼命地维护着他们的既得利益。改革总是要触及一部分人的既得利益的，尤其是这些满族的大贵族、大官僚的既得利益。在改革官制的时候，要裁掉一些衙门，那些衙门里的官员就没有饭碗了，所以他们就激烈地反对这种改革。裁掉绿营也会波及一些军官和士兵，他们也要反对这个改革。读书人中的八股士人，他们只知道做八股文，一旦取消八股取士，他们就没有办法去当官了，所以这些人也反对这个改革，而且，他们的反对也很凶，甚至有些人说：要杀康梁以谢天下。

还有那些旗人，本来是由国家供养，他们唯一的任务，就是在要打仗的时候到军队里面服役，他们自己并没有生存的技艺。但是现在，规定旗人要自谋生计，等于说国家不管你了，要由你自己去找工作，自己凭自己的技能去生活。这些旗人们也都群起而反对改革，因为对他们来说，自谋生计就等于断了他们的生路。

上面说的这些人，他们之所以反对改革，是因为改革触及他们的既得切身利益，等于是下岗。还有一些大官僚也是反对改革的。比如说，光绪皇帝曾一次就把六个礼部的大官僚（尚书、侍郎）给撤掉了。随之而来的矛盾就可想而知了。

反过来，维新势力是比较弱小的。它的核心是一些知识分子，再加一些帝党官员，就是拥护光绪皇帝的文官。他们想依靠光绪皇帝。然而光绪皇帝本身却是没有实权的，是泥菩萨过河，自身难保。朝廷的大权掌握在慈禧太后手中。

2. 主观原因：资产阶级维新派的软弱性、妥协性

（1）新兴的中国民族资产阶级很软弱，社会基础十分狭小。在维新变法期间，中国的民族资产阶级，也就是资本家，他们很少直接参加这个变法运动，主要是通过资产阶级维新派的这些知识分子来发表意见，参与变法。

（2）维新派本身具有很大的局限性，主要表现在四个方面：

第一，不敢否定封建主义。在政治上不敢根本否定封建君主制度，幻想通过光绪皇帝自上而下进行改良。在经济上，虽然要求发展民族资本主义，但未触及封建主义的经济基础——封建土地所有制。在思想上，他们虽然提倡学习西方，却仍要打着孔子的旗号，“托古改制”。

第二，对帝国主义抱有幻想。他们虽然大声疾呼救亡图存，却又幻想西方列强能帮助自己变法维新。他们幻想“以夷制夷”，在戊戌政变前夕，维新派分别乞求英、美、日公使的支持，结果都落了空。英、日帝国主义表面上同情维新派，实质上只是为了乘机扩大在华侵略势力。

第三，惧怕人民群众。维新派害怕人民革命，害怕人民起来以后会破坏社会秩序。康有为甚至用人民革命来警告光绪皇帝。他对光绪帝说，如果你再不起来维新变法，老百姓就会起来造反。那个时候，你想当一个长安布衣也不行。

维新派没有实力，没有军队，怎么办？他们想找一个有军权的人，后来就找到了袁世凯，想依靠袁世凯去包围颐和园，去推翻慈禧太后，但是袁世凯又是何等的狡猾。因为袁世凯看到，还是守旧派的力量比较大。谭嗣同在就义之前说，“有心杀贼，无力回天”。其实，他没有看到，这个回天之力却是存在于广大的人民群众当中。

第四，在变法策略和措施方面，维新派犯了激进的错误。戊戌变法是一场自上而下的改革，它的每一个步骤、每一个措施不仅应有进步意义，而且应该能够为社会所接受、所承受，必须照顾到社会各阶层的利益。但是康有为和年轻的光绪都缺乏政治斗争的经验，急于求成。他们没有慎重地考虑改革方案，而是主张“大变、全变”，不分主次，不分轻重缓急。在短短的103天中，光绪皇帝先后颁布了上百道新政诏令，社会难以承受。英国人赫德说：“他们把足够几年吃的东西不顾它的胃量和消化能力，在三个月之内都填塞给它吃了。”

相比之下，明治维新的领导人久经政治风浪，富于牺牲精神，精明能干，富于韬略，是杰出的政治家，善于运用政治权术驾驭政治局势。他们从一开始就表现出善于利用时机与善于利用各种力量的能力，对于反对近代化的传统势力以及和各种旧制度相联系的利益集团，他们采取和缓性的赎买政策，从而在一定程度上缓和了传统与近代对抗的程度。

以康、梁为首的维新派是刚刚兴起的中国资产阶级的政治代表。由于资产阶级本身的软弱，他们虽有反帝反封建的强烈愿望，但却不能给维新以强有力的支持。在此情况下，维新派所联络和依靠的只有地主阶级中的开明分子及帝党。以光绪皇帝为首的帝党，在甲午战争后为挽救统治危机和与后党争权，有思变之心，但他们并没有多少实际权力，站在他们对立面的却是掌握实权的封建顽固派和洋务派。双方力量的对比，决定了戊戌变法失败的命运。

四、“平均主义”、“中体西用”、“君权变法”不能救中国

半个世纪以来，中国人历尽千辛万苦，在黑暗中探索国家出路，逐步前进。尽管历次努力都失败了，但留下了深刻的历史经验和教训。为中国以后的四个选择（历史选择了中国共产党、马克思主义、社会主义道路、改革开放）提供了历史的启示。

历史证明，农民没有先进阶级的领导，无法克服本身的局限性，领导革命胜利。太平天国的历史就证明了这一点。洋务派官僚仅仅学习西方的军事科技，不肯改革中国的封建专制制度，是不可能使中国独立富强的，洋务运动的失败充分证明了这一点。资产阶级维新派自上而下的政治改良道路，在中国也是走不通的。

（一）太平天国的绝对“平均主义”理想违背了社会发展的规律

绝对“平均主义”理想主要体现在太平天国的《天朝田亩制度》、“圣

库”制度等一些经济社会制度中，试图做到生产资料和生活资料的绝对平均分配，把社会上一切的生产资料平均分配给个人。在生活资料的分配上，不讲劳动条件、个人贡献，所有人完全享受同样的待遇，吃大锅饭，平均分配社会上的一切财富。太平天国试图建立一个“有田同耕，有饭同食，有衣同穿，有钱同使，无处不均匀，无人不饱暖”的理想社会，这种人世间的“天堂梦”不仅无法实现，而且有害。

绝对“平均主义”理想违反了社会生产力的发展要求。绝对“平均主义”理想建构在自给自足的自然经济基础之上，坐落于男耕女织、“鸡犬之声相闻，老死不相往来”的田园牧歌之中，把生产力的水平限制在分散的、落后的、使用简陋工具的个体小生产的水平。但是，近代迎面而来的是资本主义生产方式，滚滚而来的是商品经济大潮。近代资本主义生产方式强调竞争、市场体系的发展等，这些都与绝对“平均主义”格格不入。在社会上强制推行绝对“平均主义”势必严重地损害劳动者的生产积极性，对社会生产力造成严重破坏。

因此，如果按照太平天国的绝对“平均主义”来寻找中国的出路，只可能使中国维持低下的生产水平，不可能使中国走上富强、民主的工业化国家的道路。

（二）洋务派的“中体西用”是以新卫旧

“中体西用”作为一种思想主张，本质是一种包容发展的思想，它试图兼容封建主义文化和西方资本主义文化。日本明治维新提出“和魂洋才”亦是同工异曲。不过，“中体西用”的总体结果却是失败的。

问题在哪里呢？思想家严复说，“中体西用”就像牛体马用，一头牛怎么能够让它去做马做的事呢？用西方资产阶级的东西怎么能维护封建统治体制呢？显然是不行的。历史学家陈旭麓指出：本来中学有中学的“体用”，西学有西学的“体用”，即封建主义和资本主义有各自的“体用”，移花接木地把西方资本主义的“用”移到中国封建主义的“体”上来，这是近代中国特殊历史条件下的产物，是在中西文化两极相逢的矛盾中第一阶段的结合形式，是以以新卫旧的形式来推动中国社会的新陈代谢的，与同一国度内资本主义对封建主义的斗争既否定又吸收的形式相比，是被逼得变了形的。①

“中体西用”成为一个矛盾体。洋务派官僚试图用西方先进的科学技术和军事装备来改变被动的局面，以达到维护封建统治秩序和封建传统文化的

---

① 陈旭麓：《论中体西用》，《历史研究》1982 年第 5 期。

目的。这就决定了在“中体西用”的思想指导下，洋务运动既不可能真正改变中国半殖民地半封建的社会性质，也不可能把中国真正引上独立、富强和民主的强国之路。洋务运动的破产就证明了这一点。

（三）“君权变法”的改良方案在中国行不通

戊戌维新在宣传上是民权变法，具体操作是“君权变法”，依靠皇帝的权力进行变法，最终实现君主立宪理想。这种温和的改良主义方案不适合中国。

君主立宪的政治制度也是资产阶级国家的政治制度之一，本质是与封建君主制根本对立的。中国几千年来实行君主专制，奉行的是“家天下”，宣传的是“君权神授”，这种制度是绝不会愿意与任何人分享政权的。英国和日本能够实现君主立宪是有前提的，英国发生了1640年的资产阶级革命和1688年的光荣革命；日本则先有倒幕运动，而后有明治维新。

戊戌变法依靠没有实权的皇帝，明显缺乏群众基础和武装力量的支持。在没有武装革命的压力下，即使是腐朽衰败的封建王朝也不会自动退出历史舞台。百日维新昙花一现，证明了君主立宪的温和改良道路在中国行不通，只有用革命手段推翻封建专制制度，才能实现中国的独立、民主和富强。

教学总结

本专题历史人物众多，历史事件轰轰烈烈。在教学过程中，如果教师没有处理好重点和难点，容易出现“横看成岭侧成峰，远近高低各不同”的历史认知，陷入历史细节之中而不能自拔，忽略了思想政治理论课的主旨。当然，在教学中处理三大事件、“三个方案”的侧重点和着眼点可以不同，甚至可以百花齐放。例如，太平天国的方案反映了农民阶级的绝对平均主义理想，旧式农民起义的领袖们往往用平均主义打天下，而以帝王思想来坐天下，体现农民阶级的局限性，在近代社会是不能救国救民族的。处理洋务运动这一部分时，可以从李鸿章“坐知有洋务，而不知有国务”入手，分析洋务运动的指导思想“中体西用”，进而讲述洋务运动的成与败，点透洋务运动的失败根源在于封建体制的束缚。戊戌维新运动是在民族危机空前严重的背景下走向政治改良道路，变法改制之路充满荆棘，“戊戌六君子”血洒菜市口，这些志士是我们理解戊戌维新的一把钥匙，帮助我们真正理解近代中国政治大转型的艰难。

课后思考

1. 如何评价《天朝田亩制度》?
2. 怎样评价《资政新篇》?
3. 如何认识太平天国农民战争的意义和失败的原因、教训?
4. 洋务运动失败的原因是什么?
5. 简述洋务运动的历史作用。
6. 维新派与守旧派论战的主要内容是什么?
7. 试述戊戌维新运动的意义。
8. 如何认识洋务运动的性质和失败的原因、教训?
9. 如何认识戊戌维新运动失败的原因与教训?

推荐阅读

1. 汤志钧:《戊戌变法史论》,群联出版社 1955 年版。
2. 胡绳:《帝国主义与中国政治》,人民出版社 1959 年版。
3. 牟安世:《太平天国》,上海人民出版社 1959 年版。
4. 罗尔纲:《李秀成自述原稿注》,中华书局 1982 年版。
5. 丁文江等编:《梁启超年谱》,上海人民出版社 1983 年版。
6. 茅家琦:《太平天国对外关系史》,人民出版社 1984 年版。
7. 王庆成:《太平天国的历史和思想》,中华书局 1985 年版。
8. 龙盛运:《湘军史稿》,四川人民出版社 1990 年版。
9. 吴廷嘉:《戊戌思潮纵横论》,中国人民大学出版社 1988 年版。
10. 戚其章:《甲午战争史》,人民出版社 1990 年版。
11. 罗尔纲:《太平天国史》,全四册,中华书局 1991 年版。
12. 夏春涛:《太平天国宗教》,南京大学出版社 1992 年版。
13. 夏东元:《洋务运动史》,华东师范大学出版社 1992 年版。
14. [美] 汪荣祖:《走向世界的挫折——郭嵩焘与道咸同光时代》,岳麓书社 2000 年版。
15. [美] 芮玛丽:《同治中兴:中国保守主义的最后抵抗(1862—1874)》,房德邻等译,中国社会科学出版社 2002 年版。

专题三

辛亥革命与君主专制制度的终结

问题引领

辛亥革命结束旧制度，但三民主义在中国并没有真正地建立起来，中华民国徒具招牌。实行了两千多年的君主专制制度终结，说明了近代中国社会矛盾之尖锐、内在“革命”能量之雄厚。但是民主共和的理想很快被军阀专制割据混战的现实碾碎，又说明了资产阶级的软弱性，说明它不能承担领导中国民主革命的任务。毛泽东曾评价辛亥革命：“有它胜利的地方，也有它失败的地方，你们看，辛亥革命把皇帝赶跑，这不是胜利了吗？说它失败，是说辛亥革命只把一个皇帝赶跑，中国仍旧在帝国主义和封建主义的压迫之下，反帝反封的革命任务并没有完成。”① 这里形成了一个历史的悖论：辛亥革命既是一次胜利的革命，又是一次失败的革命。这个悖论就是我们学习和研究辛亥革命的逻辑起点。

---

① 毛泽东：《青年运动的方向》，《毛泽东选集》第2卷，人民出版社1991年版，第564页。

➤ 逻辑结构

从辛亥革命的胜利与失败出发，把这场伟大历史事件的进程解析为三个部分："走革命之路"、"建共和之国"、"共和梦碎"。"走革命之路"是分析革命的原因和革命的旗帜，了解革命的基本含义、革命与改良之间的关系，分析辛亥革命爆发的历史背景，认识中国进行资产阶级革命的必要性、正义性与进步性，深刻理解孙中山的三民主义的基本内容、意义及局限性。"建共和之国"在于通过对资产阶级革命派的活动和辛亥革命过程的学习，了解资产阶级革命派为建立资产阶级共和国、实现民族独立和国家富强的英勇献身精神。"共和梦碎"，重点在于总结辛亥革命失败的历史原因，理解资产阶级共和国方案为什么不能救中国。

一、走革命之路

（一）爆发辛亥革命的历史背景

辛亥革命是在资产阶级革命政党的领导下，在三民主义学说的指导下，以推翻清王朝君主专制制度、建立资产阶级共和国为目的的革命。它既是比较完全意义上的资产阶级民主革命，也是中国旧民主主义革命的主体和高潮。

辛亥革命的发生有其深刻的历史背景，它是革命的客观形势日渐成熟和主体力量发展的必然结果。

1. 民族危机加剧，社会矛盾激化

中国的民族危机空前严重。《辛丑条约》签订后，中国沦为完全的半殖民地。20 世纪初期，列强进一步加强了对清政府内政的控制和干涉，清政府已经完全成为"洋人的朝廷"。他们甚至干预清政府对地方督抚大员的任用。如 1903 年，清政府任命俞廉三为山西巡抚，但列强认为此人应对教案负责，清政府被迫更换，改调杨士骧。

1904 年至 1905 年，日、俄两国为了争夺在华利益竟然在中国东北进行战争。清政府却宣称"局外中立"。经过一年多的厮杀，日本战胜俄国，日俄签订《朴茨茅斯条约》，俄国将所攫得的中国东北南部所有一切侵略特权"转让"给日本。美国、英国企图插足东北，列强在中国东北的侵略争夺最为激烈，东北成了远东的巴尔干。乘日、俄相斗之机，1903—1904 年英国派兵侵入中国西藏地区。德国企图将势力延伸到原属英国势力范围的长江流域，用武力租借洞庭湖和鄱阳湖，英法在西南各省积极活动。

帝国主义国家多方扩展在华经济势力。一是掠夺水陆交通运输权。从1902年至1903年，英、美、日三国先后同清政府签订了新的《通商行船条约》。二是掠夺中国的矿产、铁路资源。三是开办和扩充银行业务，给清政府大量高息贷款，从而操纵和控制中国的财政、金融。

社会矛盾激化。晚清最后十年的民变，无论在次数上还是在广泛性上，都是前所未有的。据统计，从1902年到1911年，各地起伏生灭的民变多达1300余起，平均每两天半发生一次。这些民变席卷全国各地各民族，触及了城乡社会生活的各个方面，因而具有复杂多样的特点。其中，以抢米骚动和抗捐抗税为形式的各种群众反抗斗争十分激烈，比较突出的是1910年4月的长沙抢米风潮和山东莱阳的曲诗文领导的抗捐起义。此外，反洋教的斗争仍旧有不少。与革命相比，民变具有自发性、分散性和落后性，因此二者并不相同。但是全国各地的民变的出现说明群众革命化加强，有力地推进了革命形势。

资产阶级及其知识分子领导了几次大的反帝爱国运动：1903年的拒俄运动、1905年的抵制美货运动、1904—1911年间的收回路矿利权的运动以及1911年广东、湖南、湖北、四川四省人民的保路运动。运动进一步推动了民族资本主义经济的发展，大大激发了社会各阶层的政治热情和爱国热情。尤其是清政府对这些爱国运动的镇压，使运动的许多参与者认识到，救国要首先推翻清政府的统治，这些反抗斗争也推动了资产阶级革命运动的发生和迅速发展。特别是保路运动的兴起，最终成为武昌起义的导火线，直接推动了辛亥革命的总爆发。

2. 清末新政及其破产

面对日益严重的民族危机和社会矛盾，清政府为了摆脱困境，维持统治，也不得不尝试改革。但是，新政非但没有挽救清王朝的统治，反倒激化矛盾，加重危机，为革命的发生创造了有利条件。

1901年1月29日，在逃亡西安期间，清廷在西安发布变法谕旨，宣布参酌中西，实行新政，进行改革。1901年4月21日，清政府在北京成立督办政务处，作为推行新政的专门机构，由此开始了十年新政时期。清末“新政”分1901—1905年、1906—1911年两个阶段。第一阶段：主要是在政治、军事、经济、法制、社会、文化等领域展开了广泛的改革。其广度和深度都超过了洋务运动和戊戌维新。但这一时期的一些改革措施在实施上要大打折扣，并未得到切实执行。因此，这一时期的改革不可能使清政府摆脱政治危机。第二阶段：预备立宪和“皇族内阁”的出台。从 1906 年开始，为了抵制各地愈演愈烈的革命风暴，清政府在资产阶级的压力下，不得不进一步改革，新政进入预备立宪时期。1906 年，慈禧太后下诏预备立宪，1908 年颁布了《钦定宪法大纲》，制定学习日本实现君主立宪的方案，23 条中共有 14 条是维护君上的权力的，规定了 9 年的预备立宪期限。之后清政府不断借立宪之名加强皇权，并且还镇压了立宪派的国会请愿运动。1911 年 5 月，清政府为形势所迫，不得不成立责任内阁，13 名大臣中满族就有 9 人，其中皇族占 7 人，被讥为“皇族内阁”。“皇族内阁”遭到立宪派和一些汉族地主官僚的不满和反对。

新政的进行对清政府来说无异于给自己打开了“潘多拉的盒子”，挖掘了自己的坟墓，同时也为革命提供了一些有利条件：编练新军，有利于推动中国军事近代化进程，但新军并没有起到维护清朝统治的作用，反而成为清王朝的掘墓人。清末新政颁布了一系列奖励和发展实业的经济法规和政策，设置了工商管理的专门机构等，有效地推动中国民族资本主义经济的发展，促进了民族资产阶级力量的发展和壮大。教育改革促进了近代新型知识分子群体的产生，有助于西学和民主革命思潮的传播。

3. 资产阶级革命派阶级基础的发展和骨干力量的形成

甲午战争之后几年，中国的民族工业出现了第一个发展高潮。紧接着，在 20 世纪初年，中国民族资本主义出现了第二次发展高潮。1894 年前 2003519. 1 万元，1895 至 1900 年新增 1042302. 4 万元，1905 至 1911 年新增 3067525. 2 万元。

与此同时，20 世纪初期民族资产阶级的力量和组织都有了很大程度的增强，并已经在社会经济生活和政治生活中产生了很大的影响。预备立宪、拒俄运动、抵制美货运动、收回利权运动和保路运动都有民族资产阶级的积极参加，并且他们发挥了主要的作用。为了发展资本主义，他们也需要自己政治利益的代言人和经济利益的维护者。这正是资产阶级革命派形成的阶级基础。

民主革命的真正倡导者和组织者是资产阶级和小资产阶级知识分子群体。小资产阶级知识分子是资产阶级革命的中坚力量。不同于旧式的封建士大夫，这个知识分子群体中的进步分子，是资产阶级革命的中坚力量，为资产阶级革命政党的诞生作了思想上、组织上的准备。这个知识分子群体的出现，与中国资本主义的初步发展和资产阶级的初步形成相关，但也与戊戌维新运动以及清末新政时期设立新式学堂、鼓励出国留学等措施的实施，尤其是和20世纪初期出现的留学热（尤其是留日热）密切相关。新式学堂出身和留学归国的大多数人，由于接受了资产阶级西学的影响，不少人转化成资产阶级、小资产阶级知识分子。他们接触到了近代西方资本主义的政治思想文化，亲眼目睹了中外的巨大差距，深切感受到了国家的贫弱，于是纷纷著书立说、积极宣传革命，使得民主革命思想得到广泛传播。其中具有代表性的有章炳麟、邹容、陈天华等。章炳麟，又名章太炎，1903年他发表了《驳康有为论革命书》，反对康有为的保皇观点，强调中国人民完全有能力建立民主共和制度。邹容的《革命军》以“革命军中马前卒”的名义热情讴歌革命。湖南人陈天华，他的《警世钟》《猛回头》以湖南歌谣的方式，痛陈帝国主义侵略中国，揭示清政府的腐败，号召人民来推翻清政府“洋人的朝廷”。很多同盟会会员回忆，说自己就是看了陈天华的《猛回头》才走上革命道路的。毛泽东在1936年与美国友人斯诺的谈话中，谈到《猛回头》对自己的影响说：“这本书谈到了日本占领朝鲜、台湾的经过。我读了以后，对国家的前途感到沮丧，开始意识到，国家兴亡，匹夫有责。”

（二）孙中山高举三民主义旗帜

中国民主革命的先行者是孙中山先生。孙中山（1866—1925），出生于广东香山县农家，早年出洋即有“慕西学之心，穷天地之想”的思想，他最初的梦想是学习西医治病救人。但随着列强掀起瓜分狂潮，政府腐败无能，他意识到救几个人不能救中国，当务之急是救政府。他提出“中国现状之危，我人当自救……必须从改革政府入手，否则休谈其他”。并于1894年北上上书李鸿章。但书信石沉大海、杳无音讯。最终，他明白“和平方法、无可复施”，清政府“可以比作一座即将倒塌的房屋，整个架构已经从根本上彻底地腐朽了，难道有人只要用几根小柱子斜撑住外墙就能够使那座房屋免于倾倒吗？”在此认识之下，孙中山毅然走上了革命救国之路，并于1894年11月在美国檀香山成立了中国第一个资产阶级革命团体——兴中会，举起了武装反抗清政府统治的大旗。

革命思想的传播，促进了国内革命团体的建立。1904年2月，黄兴、宋教仁在湖南长沙成立了华兴会，这是国内成立的第一个资产阶级革命团体。

随后，1904 年冬，蔡元培、陶成章在上海成立了光复会，此外还有陈独秀在安徽成立的岳王会、刘静庵等在武昌成立的科学补习所等。这些团体很多都有老乡会的色彩，规模不大，革命工作也多集中在搞些暗杀，不能适应革命形势的需要。为了凝聚革命力量，改变一盘散沙的局面，1905 年孙中山在日本东京成立了中国同盟会，并被推选为总理。

中国同盟会是中国第一个统一的资产阶级革命政党。它制定了“驱除鞑虏，恢复中华，创立民国，平均地权”十六字纲领。在同盟会的机关刊物《民报》的发刊词中，孙中山将此纲领概括为“民族、民权、民生”，后被称为三民主义。

民族主义——内容是“驱除鞑虏，恢复中华”。鞑虏，汉人对满族人的称呼。驱除鞑虏，就是要推翻清王朝的统治，建立汉民族政权，即进行民族革命，将半殖民地半封建的中国变为民族独立的国家。孙中山认为，中国社会陷入“外邦逼之”的境地，主要原因是腐朽清政府对中国的统治。民族主义的提出，最大限度地孤立了清朝统治者，加速了清王朝的土崩瓦解。它是三民主义的前提。

民权主义——内容是“创立民国”，即进行政治革命，建立资产阶级共和国。从这也能看出，辛亥革命与中国历史上的农民起义有着本质的区别，从陈胜、吴广到洪秀全，他们也是以暴力手段推翻政权，但他们建立的政权最终变质为封建专制政权，而辛亥革命不仅要推翻封建专制制度，还要建立一个全新的政治体制，即资产阶级共和政体。这是三民主义的核心。孙中山在《东京〈民报〉创刊周年庆祝大会的演说》中是将民族主义和民权主义紧密结合起来的。他指出：“我们推翻满洲政府，从驱逐满人那一面来说是民族主义，从颠覆君主政体那一面来说是政治革命，而不是要把它分两次去做。”

民生主义——内容是“平均地权”，即进行社会革命。孙中山对劳动人民有深切同情。他遍访欧美，在考察资本主义制度后，认为西方国家所暴露出来的各种弊端和毛病，根本原因在于未能解决土地问题。为防止中国今后出现资产阶级的贫富分化，孙中山主张国家应该核定地价，涨价归公，逐步由国家向地主收买土地，平均地权。他希望政治革命与社会革命能“毕其功于一役”。民生主义是要解决社会问题，是孙中山所说的社会革命。

在当时的历史条件下，这是一个比较完整的资产阶级民主主义革命纲领，在与改良派的斗争中，在推翻清朝统治、建立共和国的革命中，起到了巨大作用。

分组讨论

三民主义的局限性在哪里？

（三）革命的高潮——武昌起义

同盟会的成立与三民主义的提出，团结了革命力量，使中国革命有了领导核心和统一的指导思想，全国革命风潮一日千丈，各地武装斗争此起彼伏。其中较大规模的有：1906 年的萍浏醴起义；1907 年的广东潮州起义、惠州七女湖起义、广西钦州起义、镇南关起义；1908 年的广西钦州、云南河口起义；1910 年广州起义以及 1911 年 4 月的黄花岗起义。这些起义无一例外都以失败告终，直到 1911 年 10 月 10 日武昌起义的爆发。

教学案例

林觉民的《与妻书》

林觉民与秋瑾一样，家境优渥，留学日本。在黄花岗一役中，英勇牺牲，年仅 24 岁。在离别前，他给身怀六甲的妻子留下了一封家书，这就是有名的《与妻书》。在书中，林觉民向妻子道出了不舍之情和选择革命的原因。他说："意映卿卿如晤，吾今以此书与汝永别矣！吾作此书时，尚是世中一人；汝看此书时，吾已成为阴间一鬼。吾作此书，泪珠和笔墨齐下，不能竟书而欲搁笔，又恐汝不察吾衷，故遂忍悲为汝言之。吾至爱汝，即此爱汝一念，使吾勇于就死也。吾自遇汝以来，常愿天下有情人都成眷属；然遍地腥云，满街狼犬，称心快意，几家能彀？吾充吾爱汝之心，助天下人爱其所爱，所以敢先汝而死，不顾汝也。汝其勿悲！"

史学界对于辛亥革命，一直有广义和狭义之分。从广义来看，同盟会成立后的武装斗争，甚至是兴中会成立后的武装斗争都属于辛亥革命的范畴，武昌起义仅仅是其中的一个重要组成部分；从狭义上来看，武昌起义是辛亥革命的起点，是辛亥革命爆发的标志，随后的一系列武装反清活动都属于辛亥革命范畴。不管如何定义，武昌起义都具有里程碑性的意义，是辛亥革命的高潮。

1911 年 10 月 10 日，武汉城内新军第八工程营的革命党人首先发难，打响了第一枪，占领楚望台军械局。起义军一夜之间占领了武昌，三天之内光复了（汉阳、汉口）武汉三镇，成立了湖北军政府。一个月内，武昌起义的星星之火已成为燎原之势，湖南、陕西、山西、江西等13个省份及上海相继宣布起义，纷纷脱离清政府统治，腐朽的清王朝迅速走向土崩瓦解。1911年2月12日，清帝宣布退位，两千多年的封建专制统治宣布结束。而1911年10月10日，被定为中华民国的国庆节。

二、建共和之国

（一）南京临时政府成立

1912年1月1日，孙中山在南京宣誓就职，改国号为中华民国，定1912年为民国元年，成立了中华民国临时政府，采用五色旗为国旗。由红、黄、蓝、白、黑五色横条从上到下依次排列构成，这五种颜色分别代表了当时中国人口较多的五个民族：汉、满、蒙、回、藏，象征着五族共和。

课堂提问

武昌起义成功后，湖北军政府用的是什么旗帜呢？

铁血十八旗，代表当时内地18省人民，表示与清朝对立之中华儿女。为什么不将它定为国旗呢？因为铁血十八旗代表着以汉人为主的十八省，体现了“三民主义”的民族主义思想，即排满，但在辛亥革命胜利后，这一旗帜遭到了以满族人为主的东三省人民的反对。满族人建立的清政府已经推翻，再强调排满，显然不合时宜，最终通过议会投票决定，选用五色旗为国旗。

南京临时政府是什么性质的政府呢？当时政府内部有革命派、立宪派和旧官僚三种势力。领导权掌握在以孙中山为首的资产阶级革命派手中，具有鲜明的资产阶级性质，是亚洲第一个资产阶级共和国。南京临时政府的组成情况如下：临时大总统孙中山，中国同盟会总理，拥有统治全国和统率海陆军之权；临时副总统黎元洪，原清新军协统，未到南京就职；临时政府秘书长胡汉民，中国同盟会会员。临时政府下设九部，各部总长和次长采取“部长取名，次长取实”原则，革命派出任陆军、外交、教育三部总长及各部次长。名单如下：

表 3－1　南京临时政府职官名录

部别	总长姓名和身份	次长姓名和身份
陆军部	黄兴，同盟会会员	蒋作宾，同盟会会员
海军部	黄钟瑛，前清海军军官	汤芗铭，前清海军军官，曾参加同盟会
外交部	王宠惠，同盟会会员	魏宸组，同盟会会员
内务部	程德全，前清江苏巡抚	居正，同盟会会员
财政部	陈锦涛，前清财政专家	王鸿猷，同盟会会员
司法部	伍廷芳，前清外交家	吕志伊，同盟会会员
教育部	蔡元培，同盟会会员	景耀月，同盟会会员
实业部	张謇，立宪派人士	马君武，同盟会会员
交通部	汤寿潜，立宪派人士	于右任，同盟会会员

在作为国家立法机构的临时参议院中，同盟会会员也占多数。当时，参议院共有 43 人，而同盟会会员占有 33 人，有绝对性优势。

南京临时政府成立后，颁布了一系列有利于资产阶级政治、经济、文化发展的法令。

政治方面：宣布各族人民享有选举、参政等公权，居住、言论、出版、集会等私权；通令保护华侨，禁止贩卖华工，禁止蓄奴。

经济方面：奖励保护工商业，鼓励人民兴办实业，鼓励华侨在国内投资，制定了保护私人财产和发展资本主义的政策，废除清朝的苛捐杂税。

文化教育：采取了改进教育制度、革新教育内容的措施。改学堂为学校，监督、堂长一律改为校长，为女子设立中学和职业学校。

社会习俗：改革社会习俗成为重要焦点。这些改革我们可以通过当时的一段民谣来感受一下："新礼服兴，翎顶补服灭；剪发兴，辫子灭；爱国帽兴，瓜皮帽灭；天足兴，纤足灭；阳历兴，阴历灭；鞠躬礼兴，跪拜礼灭……"辛亥革命后社会风俗的变化是从上至下（从剪辫子到女子放足）、由里至外（从称谓到服饰）的。这些变化不仅改变了社会风气，也有助于人们的精神解放。

典型案例

溥仪剪辫子

溥仪想剪辫子，但遭到了太妃们的强烈反对，甚至剪了辫子的"皇亲国戚”们也苦苦劝阻，不允许溥仪剪辫子。直到1919年英国庄士敦聘入宫中教习溥仪英文以后，他的思想发生了变化。庄士敦厌恶中国人脑后的辫子，讥笑说像猪尾巴，这对溥仪无疑是个极大的刺激。为此溥仪命令剃头太监将他辫子剪去，吓得剃头太监面无血色，哀求“皇上”另请高明。溥仪见他吓得浑身哆嗦，二话没说，拿起一把剪子，走向另一个房间，亲手把辫子剪了下来。现今，故宫博物院还珍藏着一条黑色长辫，据说就是溥仪剪下来的辫子。

（二）《中华民国临时约法》

1912年3月11日，临时政府颁布了《中华民国临时约法》，这是一部具有资产阶级共和国宪法性质的法典。

《临时约法》规定“中华民国之主权属于国民全体”，它体现了“主权在民”。中华民国国民一律平等，享有人身、财产、集会、结社、出版、言论等自由。它体现了“自由平等”。

《临时约法》规定，参议院行使立法权，参议员由各省选派。临时大总统代表临时政府总揽政务。国务总理及各部总长被称为国务员，辅佐临时大总统负其责任，法院行使司法权。参议院有权弹劾大总统、国务员。它体现了“三权分立”（行政权、司法权、立法权）的资产阶级民主主义原则。

值得一提的是，《临时约法》对国家政治体制做了一定调整。从总统制变为了内阁制。总统制与内阁制，当今世界比较有代表性的是美国和英国。顾名思义，总统制就是总统具有很大权力，既是国家元首又是政府行政首脑，甚至拥有军权。内阁制则是内阁总揽国家行政权力并对议会负责。这部宪法正式实施的时间是3月11日，袁世凯就任临时大总统是3月10日。显而易见，孙中山领导的南京临时政府为了能限制袁世凯专权、维护共和体制做出了最后的努力。

总体而言，《临时约法》以根本大法的形式废除了两千多年来的封建君主专制制度，确认了资产阶级共和国的政治制度。用毛泽东的话说：“民国元年的《中华民国临时约法》，在那个时期是一个比较好的东西；当然，是不完全的、有缺点的，是资产阶级性的，但它有革命性、民主性。”

（三）辛亥革命引起近代中国的历史性巨大变化

辛亥革命赶跑的是懦弱无能的皇帝、推翻的是腐朽不堪的政府，历史证明已经沦为洋人朝廷的清政府无力挽救社会危机，君主专制制度已经成为阻碍中国社会进步和生产力发展的重要障碍。辛亥革命以迅雷不及掩耳之势，结束了中国延绵两千多年被奉若神明的君主专制制度，是近代中国人民救亡图存、振兴中华的一个里程碑。在打破旧有统治秩序的同时，以孙中山为首的革命党人还成立了中华民国临时政府，这是亚洲第一个资产阶级共和国性质的革命政权，使得新兴的资产阶级民主共和制度开始在中国生根发芽，为中国的进步打开了闸门。除此之外，辛亥革命还在社会经济、思想习惯、社会风俗等方面做出了积极的贡献，使中国发生了历史性的巨变。

课堂思考

自上世纪90年代以来，有“告别革命论”者认为，辛亥革命并没有给中国带来多少进步，甚至认为正因为辛亥革命推翻了清政府和皇帝，中国失去了统治权威，才出现后来的军阀混战、政治动荡，这似乎反而是历史的倒退。对于这一观点，我们应该如何来看待呢？

“告别革命论”者的这种言论把辛亥革命丑化为“洪水猛兽”“只破不立”，认为它“并没有给中国带来多少进步”，这些都是有违基本历史事实的。

1. **“舍得一身剐，敢把皇帝拉下马”**

从秦始皇到宣统帝两千多年的时间里，中国的历史是同皇帝紧密联系在一起的。在漫长的封建社会的发展进程中，中国历史上只有朝代的更换，没有不要皇帝的时期。皇帝在人民心目中被认为是“奉天承运”的“天子”，是至高无上的绝对权威，没有皇帝就像没有天一样，简直是不可思议的事。辛亥革命高举三民主义大旗，以暴力推翻帝制，动摇了几千年来中国人对于封建专制皇权统治的崇拜。曾主张君主立宪的梁启超就这样感叹道：“皇帝的尊严一旦扫地，便永远无法再重新树立；正如一个被扔到茅厕以后的菩萨，便永远无法再得到人民的膜拜一样。”1912年2月12日，随着末代皇帝溥仪下达诏书宣布退位，在中国延续了两千多年的封建帝制最终走向覆灭。

2. **中华民国初建成，民主共和入人心**

中华民国的建立、《临时约法》的出台，初步构建了现代国家的基本雏形。它效仿欧美资本主义，确认国家主权“属于全体国民”，使得中国政治制度发生了翻天覆地的变化。从此神州大地上“帝国”变“民国”，民主共和观念开始深入人心。

孙中山在就职时宣誓遵从“国民之公意”、“为众服务”，一举打破了历代皇帝以“天子”自命，君临天下，高居一切臣民之上的君主专制传统。这种强调平等、民主的思想不仅体现在孙中山的誓言上，而且还写入了宪法，甚至写入了小学课本。我们通过一段文字来了解一下。这是民国时期初小四年级课文《平等》。在课文中这样写着：“共和国无阶级之分，人人平等，受治于同一之法律……虽以大总统之地位，犹必谨守法律，不能恃势以凌人。一旦罢职，即与齐民无异。”这段文字说明了什么呢？说明人人都要守法，人人都要平等。即使是大总统，也不能再享有特权，一经离职，与普通老百姓是一样的。

在强调个人自由平等的前提下，民众关心、参与国家政事的热情大幅度提高。当时，全国各地，大大小小的政党、社团如过江之鲫，纷纷宣告成立。仅广州一地，就有一百多个，上海有八十多个，政党政治的呼声高唱入云。民主共和已经成为了历史潮流，任何人想要逆历史潮流而动，无疑会遭到人们的唾弃。在辛亥革命之后，曾经有两次复辟帝制的行为，但都以失败告终。

至于袁世凯的“洪宪帝国”梦，不仅孙中山发表了《讨袁檄文》、蔡锷领导了“护国运动”进行讨伐，而且还遭到了嫡系心腹冯国璋等人的反对，最终陷入众叛亲离的境地而一命呜呼。“洪宪帝国”梦 83 天就宣告幻灭。张勋复辟。1917 年 6 月，前清官僚张勋率“辫子军”北上，拥废帝溥仪复辟。这场“小丑跳梁”的闹剧持续时间更短，仅 12 天就在全国人民的声讨中破产了。从此“谁再想做皇帝，都做不成了”，敢有帝制自为之，天下共击之！皇冠失去了它的“灵光”，而民主共和开始深入人心。这正如刘少奇所说的那样，辛亥革命使“民主共和深入人心，使人们公认，任何违反这个观念的言论和行动都是非法的”。由此可见，辛亥革命之伟大，不仅仅在于它推翻了一个王朝，而是彻底结束了封建专制制度，使得后来一切恢复帝制的尝试，都只能成为昙花一现的丑剧。

3. 各项举措齐出台，民族工业迎春天

中华民国南京政府成立后，《临时约法》规定“中华民国人民一律平等，无种族、阶级、宗教之区别”，民族资产阶级不再像以前那样居于“四民之末”，地位显著提高。不少实业界人士进入国家政府部门和国会，如南京临时政府实业部总长张謇、交通部总长汤寿潜等，他们都是近代实业界的杰出代表。

与此同时，政府还先后颁布了一系列鼓励发展工商业的政策和法令，废除了封建性专利垄断，激发了民众投资工业的热情，使得民族资本主义有了较大的发展。统计辛亥革命前后历年的设厂数，1910 年为 686 家，1911 年为 787 家，1912 年猛增为 1504 家，1913 年仍有 1378 家。这说明，在辛亥革命后我国出现了一个兴办实业的热潮。到 1914—1918 年第一次世界大战期间，一些帝国主义国家忙于战争，暂时放缓了对中国的侵略，再加上中国人民抵制日货的运动，有力地刺激和推动了民族工业的发展。中国的民族工业，一度出现了“地无分南北，厂无论大小，大都全能获得意外的厚利”的局面。中国民族资本主义发展迎来了短暂的春天。辛亥革命后的 10 年成为中国民族资本主义发展历史上难得的“黄金时代”。

4. 革命思想振人心，亚洲风暴新源泉

辛亥革命以摧枯拉朽之势推翻了清政府的统治，建立起新兴的资产阶级共和国，以崭新的形象呈现于世界，对世界各国特别是亚洲各国产生了深远的影响。列宁说：“四亿落后的亚洲人争得自由，觉醒了起来，参加了政治生活。地球上 1/4 的人口已经从酣睡中清醒，走向光明、运动和斗争了。”这说明“极大的世界风暴的新泉源已在亚洲涌现出来了”。确实，辛亥革命爆发后，一方面，辛亥革命沉重打击了英、日、俄等在华的侵略势力，使他们再也无法在中国建立起比较稳定的统治；另一方面，中国革命的成功，极大地鼓舞和推动了亚洲各国民族解放运动。孙中山的三民主义思想，在泰国、越南、印尼、新加坡、马来西亚等国广泛传播，使这些国家的人民深受启迪，群情激奋。他们或成立革命政党（如越南）、或组织秘密团体（如泰国）、或提出独立的要求（如印尼），并开展了如火如荼的革命斗争。孙中山也曾不遗余力地帮助越南等国建立自己的革命组织，支持他们建立新型的国家。由此可见，辛亥革命的影响已经跨越了国界，波及了亚洲其他国家和世界一些地方。它不仅是中国旧民主主义革命的高潮，也是亚洲人民争取民族独立和民主自由运动的高潮，在亚洲和世界历史上占有十分重要的地位。

三、共和梦碎

1912 年 1 月 1 日成立的南京临时政府，仅仅存在 3 个多月的时间，便随着孙中山让位给袁世凯，从中国的历史舞台上消失了。1912 年 3 月 10 日，袁世凯在北京就任临时大总统，建立了代表大地主和买办资产阶级利益的北洋军阀反动政权，一步一步地破坏资产阶级民主制度。

（一）孙中山让位给袁世凯

南京临时政府是孙中山领导的革命党人通过浴血奋战好不容易建立的政权，政权建立后颁布了那么多令人鼓舞的政令措施，影响深远。这个政权存在了多久呢？仅仅存在了短短三个月。随着孙中山让位给袁世凯这一历史事件的完成，南京临时政府终结了。谈到这里，我们不禁要问，孙中山为什么要让位于袁世凯呢？原因是什么呢？

我们将从四个方面来分析：外部客观环境，内部客观环境，袁世凯的个人因素，孙中山的个人因素。

1. 外部客观因素

在20世纪初的中国，外部客观因素主要是帝国主义列强。他们的态度是这一事件发生的重要原因。自庚子事变后，清政府已经沦为了帝国主义列强统治中国的工具，慈禧曾放言“量中国之物力，结与国之欢心”。从此，列强对中国内政的干涉越来越多。他们的态度对辛亥革命起着至关重要的作用。

列强建议清政府启用袁世凯。袁世凯发迹于朝鲜，甲午战争后归国，从1895年起开始在天津小站练兵。清末新政时，他积极参与，大大扩充了自身实力。到1905年，他北洋六镇成军，每镇12500余人。镇是当时军队的编制。其中，除了第一镇由满族贵族铁良统率外，其他五镇都由袁世凯控制。袁世凯北洋集团实力的发展，对掌握中央权柄的清朝贵族形成了威胁。1907年，袁世凯被调离北洋，解除军权。1909年，摄政王载沣解除了他的一切官职，让他回家养病。武昌起义爆发给袁世凯带来了重大转机。驻华公使们在武昌起义的第二天就召开了会议，多方施加压力。美方代表戴德扬言：“如果清朝获得像袁世凯那样强有力的人襄助，叛乱自得平息。”清政府下诏命袁世凯为湖广总督后，英国公使朱尔典非常不满，认为应该给他更大的权力，“只有这种权力才使他能迅速应付局势”。在列强的支持下，袁世凯先后被清政府授予钦差大臣、内阁总理大臣，重获军政大权。

列强一方面给清政府压力，另一方面也对新生政权南京临时政府施加压力。在南京临时政府成立期间，列强始终不予以承认，并制造舆论说只有袁世凯是统一中国的不二人选。英国公使朱尔典说：“袁世凯拥有列强之信任，只有袁统一南北，才能承认民国。”

列强在财政上支持袁世凯。自晚清以来，连年赔款导致国库空虚，南北对峙时，双方都需要向列强借款来维持。列强在这个时候提出，只有袁世凯可以借款，清政府与南方政府都不行。

2. 革命阵营不少人支持袁世凯

附和革命的立宪派、旧官僚支持袁世凯。辛亥革命成功后，不少立宪派、旧官僚看到清政府大势已去，遂乘机脱离清政府，投向革命阵营，并取得各省政府的要职，如湖北的汤化龙、湖南的谭延闿、浙江的汤寿潜、江苏的张謇等。立宪派是指20世纪初期随着“新政”和“预备立宪”而崛起的由资产阶级上层及其政治代表所组成的政治派别。随着清末新政皇族内阁的出台，他们对清政府非常失望，统治阶级内部矛盾不断加深。这些人虽然表面上拥护革命，但实质上却害怕革命，担心长期下去会形成社会动荡，威胁自身利益。像立宪派首领张謇，虽被选任南京临时政府实业部部长，但他始终未到南京就职。张謇说：“非袁不能统一全国，故南中各省拥护不遗余力。”他还致电袁世凯说：“甲日满退，乙日拥公，东南诸方一切通过。”

部分革命党人支持袁世凯。资产阶级革命派由于自身的阶级局限性、软弱性，加上担心列强对革命的长期干涉，所以在革命党内部也存在着拥护袁世凯的声音。出于加快推翻清王朝的考虑，黄兴甚至直接致电袁世凯说：“以拿破仑、华盛顿之资格，出而建拿破仑、华盛顿之事功。”

南京临时政府所面临的严重财政困难，使得孙中山最终也不得不做出让步。南京临时政府成立前期，当时就有传言说，孙中山会从海外携带巨资回来。所以孙中山先生一到上海，被记者问到的一个问题是什么呢？记者：“孙先生，你带了多少钱来支持革命呢?”未料孙中山这样回答：“予不名一文也，所带者革命之精神耳。”这个不难理解吧。孙中山说我没带什么钱，我带来的是革命精神。革命精神固然重要，但在当时来说，并不能解决南京临时政府的实际困难。

南京临时政府成立后，财政到底有多困难呢？据胡汉民回忆：“一日，安徽都督孙毓筠以专使来，言需饷奇急，求济于政府。先生即拨20万，余奉命至财政部，则金库仅存10大洋。”财政困难的原因，主要还是战争。南京临时政府是1912年1月1日成立的，而清帝退位是1912年2月12日，两个政权对峙了40多天。而要推翻清政府需要大量的军费开支，显然在此过程中南京临时政府已经是捉襟见肘。1月30日，他在给参议院的咨文中说：“中央财政匮乏已极，各项租税亟难整理。”2月5日，他又说：“现在中央财政极感困难，而整军北伐，在在需款，殊深焦虑。”在这种情况下，孙中山不得不对袁世凯作出妥协、退让直至让位。

3. 袁世凯的个人因素

袁世凯不是一个简单的人物，他是清末的重臣，晚清汉族封疆大吏。他之所以能获得列强、立宪派和部分革命党人的认可，还是有自身实力的。袁世凯手握重兵，他控制了晚清最为强大的一支军队北洋军。正是因为他手握重兵，才使得他有与清政府、革命派讨价还价的资格，也获得了列强的青睐。

袁世凯有高明的政治手腕。袁世凯在1909年就被削去了一切官职，赋闲在家，但他一刻也没有放松过对北洋军的掌控。在顺利出山后，他利用南北对峙的局面，一方面借用南方的革命力量来威胁清政府；另一方面，又对革命党人连打带拉，软硬兼施。在北洋军攻克汉口、汉阳后，袁世凯遥控指挥北洋军围而不歼，致电湖北军政府黎元洪，提出和谈，取得了部分革命党人的好感。他的政治手腕可谓是灵活多变。

4. 孙中山的个人因素

孙中山先生为什么主动让位呢？归根结底是因为孙中山有着强烈的爱国主义情怀及崇高的政治理想。这是孙中山不为一己之利主动让位的原因。孙中山最早喊出振兴中华的口号，最早成立第一个资产阶级革命团体“兴中会”，他革命的目的就是实现中华民族的伟大复兴。他曾经这样说过：“革命党倾覆满清，其目的所在，欲使中国为世界最强之国，最富之国，又政治最良之国。”进而使我们的国家达到“为民所治，为民所有，为民所享者也”。从而使我们的民众能“幼有所教，老有所养，分业操作，各得其所”。这不仅是孙中山先生的个人理想，也是当时革命党人的共同理想，就是要使中国实现国家独立、民族富强、人民富裕。

为了能够实现这一理想，孙中山希望早日结束战争，改变各个省份各自为政的混乱局面，实现国家统一。所以，孙中山曾说：“如清帝实行退位，宣布共和，则临时政府决不食言，文即可正式宣布解职；以攻以能，首推袁氏。”

孙中山让位给袁世凯还有策略的考虑。他说：“袁世凯不可信诚然；但我因而利用之，使推翻二百六十余年贵族专制之满洲，则贤于用兵十万。”当然，孙中山为限制袁世凯还想了一些办法，如制定了《临时约法》，希望依靠“法”的力量来维护共和政体。与政治老手袁世凯相比，长期在海外的孙中山先生显得还是比较单纯。

孙中山让位给袁世凯是近代中国历史上的一件大事，产生了深远的影响。

这一事件发生在清末民初的社会转型时期，同时也与孙中山、袁世凯的个人修养品质是分不开的。这一事件发生后，一方面，客观上加速了结束帝制的进程，使得民主共和开始深入人心，从此以后敢有帝制自为之者，天下共攻之；另一方面，却使得政权的性质发生了根本性的变化。袁世凯建立了代表大地主和买办资产阶级利益的北洋军阀反动政权，中国从此进入了长达 16 年的北洋军阀混战时期，之后出现了社会动荡、分裂的政治格局。这一事件，确实也最终说明，资产阶级的软弱性与妥协性使得他们不能领导中国革命取得最终的胜利。

（二）袁世凯称帝

袁世凯上台之后，又一步一步破坏资产阶级民主制度，实现封建军阀官僚专制统治。1913 年 3 月，为阻止国民党领袖宋教仁组建责任内阁，他派人暗杀了宋教仁，制造了震惊全国的“宋案”。1913 年 10 月，在总统选举中，他指使军警、流氓包围国会，强迫议会投票。1913 年 11 月，他下令解散国民党，使国会无法开会。1914 年 1 月，他干脆遣散议员。1914 年 5 月，他公开撕毁《临时约法》，内阁制改为总统制，甚至通过修改《总统选举法》，使大总统不仅可以无限期连任，而且可以推荐继承人。到 1915 年 12 月，他表示接受帝位，下令 1916 年为“中华帝国洪宪元年”，做起了春秋帝王梦。

袁世凯的封建倒逆行为让辛亥革命成果最终流产，共和之梦化为泡影。革命党人邹永成写下绝命诗一首，跳黄浦江自尽：“轰轰革命十余年，驱逐胡虏着祖鞭，不料猿猴筋斗出，共和成梦我归天。”

邹永成的感受，代表了当时很多革命党人的心声。面对这一局面，孙中山也痛感“夫去一满洲之专制，转生出无数强盗之专制，其为毒之烈，较甚尤甚”。为挽救共和，以孙中山为代表的资产阶级革命派再次革命，即二次革命。1913 年针对袁世凯杀害宋教仁，武装反袁，只坚持了两个月就失败了。

护国运动（1915—1916）。针对袁世凯复辟帝制，蔡锷等在云南组织“护国军”，宣布独立，席卷半个中国，袁世凯最终众叛亲离，命丧黄泉。

护法运动（1917—1918）。段祺瑞政府拒绝恢复临时约法，孙中山举起“护法”旗号，但最终护法不成反遭西南军阀的背叛和排挤，护法失败。至此，中国民族资产阶级领导的旧民主主义革命已经陷入了绝境，共和之梦化为泡影。

（三）辛亥革命失败原因探讨

关于辛亥革命失败的原因和教训，早在革命失败后不久，革命的领导者、亲历者均作出了不同程度的反思。

作为辛亥革命的领导者，孙中山在亲身经历了宋教仁被刺杀、袁世凯称帝、张勋复辟、段祺瑞拒绝恢复国会及护法运动等多重失败后，最终指出“革命尚未成功”。对于辛亥革命失败的原因，孙中山从以下几个方面做出了总结：首先，孙中山认为革命政党同盟会组织松懈、派系林立等缺点，是革命失败的重要原因，“所以失败者，非袁氏兵力之强，乃同党人心之涣散”。为此，他加强了政党政治建设，1914 年孙中山在日本组织了中华革命党，但社会影响不大。1919 年，孙中山将中华革命党改名为中国国民党，并于 1924 年吸纳了富有生机和活力的中国共产党，成功改组了中国国民党，使之成为影响近代中国历史的一个非常重要的政党。其次，孙中山认为对帝国主义和封建主义进行了妥协，这是革命失败的另一个原因，“曾几何时，已为情势所迫，不得已而与反革命的专制阶级谋妥协。此种妥协，实间接与帝国主义相调和。遂为革命第一次失败之根源”。孙中山的三民主义并没有提出彻底的反帝反封建的革命纲领，甚至曾幻想以妥协退让来换取帝国主义对中国革命的承认和支持。到 1924 年中国国民党第一次全国代表大会上，孙中山对三民主义作出了新的解释，民族主义特别突出了反帝内容。

辛亥革命的亲历者也在反思。文学家、思想家鲁迅就以此为背景创作了《阿 Q 正传》《药》等作品。在这些作品中，鲁迅以犀利的文字揭露出辛亥革命存在的问题：第一，辛亥革命并没有彻底反封建。在《阿 Q 正传》开头部分，鲁迅写道：“据传来的消息知道，革命党虽然进了城，但还没有什么大异样。知县大老爷还是原官，不过改称了什么。而且举人老爷也做了什么——这些名目，未庄的人都说不明白——官、带兵的人也还是先前的老把总。”可见辛亥革命并没有彻底摧毁封建势力，许多封建官僚摇身一变成了“革命功臣”，混入了革命阵营，成为革命的重大隐患。第二，辛亥革命也并没有完全唤醒普通民众。在《药》这篇文章中，鲁迅无比悲哀地写道：“革命者所喷洒的热血，成为贫农华老栓给儿子治病的‘良药’。”说明许多人并不了解革命为何物。

辛亥革命爆发时，毛泽东 18 岁，还是个学生。受革命的感召，毛泽东参加了湖南新军。后来随着南京临时政府的解散，毛泽东退出了军队，总共当了半年的兵。对于辛亥革命，毛泽东多次进行反思。1919 年，毛泽东在《湘江评论》上发表文章，指出辛亥革命失败最大的原因是脱离群众，没有建立“民众的大联合”，他说：“辛亥革命，似乎是一种民众的联合，其实不然。辛亥革命，乃留学生的发踪指示，哥老会的摇旗唤呐，新军和巡防营一些丘八的张弩拔剑所造成的，与我们民众的大多数，毫没关系。”（注：丘八的意思是兵，即当兵的人）

通过革命领导者和亲历者的反思，我们不难发现，辛亥革命的失败是有着诸多主观原因的。

1. 没有提出彻底的反帝反封建的革命纲领

革命的纲领政策应该是社会发展规律的反映，是争取和组织大多数群众的力量来打击反动势力以解决社会主要矛盾的。因此，革命的纲领政策应该可以说是解决社会主要矛盾的钥匙。以这个原理来衡量三民主义革命纲领，显然是有很大距离的。从革命纲领来看，它在一定程度上触及了中国近代社会的本质，反映了中国近代社会所需要解决的问题的一个方面，即反对封建主义的这一方面。但革命派只强调了反满和建立共和政体，仅仅把推翻封建帝制作为革命的目标，没有认识到必须反对整个封建统治阶级，致使一些汉族旧官僚、旧军官混入革命的营垒，最终葬送革命。更为重要的是，纲领并没有明确提出反帝的问题。同盟会成立的时候，正是帝国主义列强在中国划分势力范围、掀起瓜分狂潮的时候，革命如果不以驱逐帝国主义出中国为首要任务，就绝对不能完成反封建的民主革命的任务，这是中国革命不同于一般资产阶级革命的特殊规律。

2. 不能充分发动和依靠人民群众

由于中国民族资产阶级同封建势力有着千丝万缕的联系，因而不敢依靠反封建的主力军——农民群众。在革命的过程中，资产阶级虽然也曾经联合新军和会党，但这种联合是短暂的。当清政府被推翻后，他们便把群众抛弃了。当时，宣布独立的各个省几乎无一例外地极力压制工农运动，中国民主革命的主力军农民没有被动员起来，革命的根基显得相当薄弱，这是革命最终失败的重要原因。

3. 不能建立坚强的革命政党作为团结一切革命力量的强有力的核心

革命需要一个真正强有力的、统一的组织来进行领导，而当时的革命政党同盟会却还无法胜任此种责任。同盟会组织涣散，仅是各地团体的松散联盟，内部就派系林立、争议矛盾不断，缺乏一个统一和稳定的领导核心。革命形势迅速发展之时，同盟会却显示出分崩离析之势，如章太炎在革命后提出“革命军起，革命党消”，在孙中山就任临时大总统后，宣布脱离同盟会，另组中华民国联合会。又如，湖北部分同盟会会员拥戴黎元洪组织民社，公然攻击同盟会。再加上同盟会没有严格的入会条件，因而会员成分越来越复杂，最后使得各地军权、政权落入军阀、官僚之手，这是革命失败的重要原因。

当然，除了主观原因外，辛亥革命的失败还有其客观原因。辛亥革命发生在20世纪初半殖民地半封建社会的中国，帝国主义为维护自己的既得利益，与反革命势力相互勾结，共同镇压了这场革命。毛泽东说：“帝国主义的侵略打破了中国人学西方的迷梦。……多次奋斗，包括辛亥革命那样全国规模的运动，都失败了。”帝国主义对革命的破坏、干涉是辛亥革命失败的重要原因。武昌起义爆发后，帝国主义列强一方面迅速派大批军舰到武汉江面，向革命军施加压力；另一方面，出兵占领北京和山海关的铁路以阻止革命在华北地区蔓延。在南京临时政府成立后，帝国主义不予以承认，并表示：唯袁做总统，才承认中国的共和制政府。为了使革命党屈服，帝国主义对南京临时政府进行了经济封锁，恣意扣留海关税款，拒绝借款，加重了政府的财政危机。正是在帝国主义与国内旧官僚、立宪派的支持下，袁世凯才能最终窃取革命果实，辛亥革命归于失败。

总之，辛亥革命失败的原因是多方面的。但其最根本的原因，还是在于领导革命的中国民族资产阶级自身的软弱性和妥协性。中国民族资产阶级的诞生较晚，此时欧美资产阶级已经开始进入发展的最后阶段——帝国主义阶段。由于帝国主义和本国封建势力的压迫，中国民族资本主义的发展极其艰难、缓慢，直到辛亥革命前，仍然没有成为中国社会经济的主要形式。中国的民族工业资本主要是由官僚资本、买办资本和商业资本转化而来的，官僚资本和买办资本占其中很大的部分，它们与外国帝国主义和本国封建主义有着千丝万缕的联系，甚至是依从关系。中国资产阶级在国内的政治、文化生活中虽然起了一定的作用，但是他们所想要效仿和膜拜的西方资产阶级民主已经暴露出了许多缺点。所有这些都决定了中国资产阶级不能、不敢也不愿和帝国主义封建主义断然决裂，从而也不会提出彻底的反对帝国主义和反对封建主义的革命纲领。当然，他们也不敢发动人民群众。面对贪婪的帝国主义和根深蒂固的封建势力，最终只能是以失败告终。

辛亥革命是20世纪中国的第一次历史性巨变，它震惊了世界，开启了中国前所未有的社会变革。但由于帝国主义和封建势力的干涉，由于资产阶级自身的局限性，最终还是失败了。孙中山的共和之梦破碎了，中国的民族资产阶级并没有找到救国救民的真正出路。但是，革命先驱者们不屈不挠的斗争精神，特别是孙中山“革命尚未成功，同志仍需努力”的遗愿，成为激励后来人继续革命的力量和源泉。正如胡锦涛在《纪念辛亥革命 100 周年大会》上的讲话所言：“辛亥革命后，接受这场革命洗礼的中国先进分子和中国人民继续顽强探寻救国救民道路。1921 年，在马克思列宁主义同中国工人运动的结合中，中国共产党应运而生。从此，中国人民有了用先进理论指导的马克思主义政党的领导，中国革命出现焕然一新的面貌。”习近平总书记在《在纪念孙中山先生诞辰 150 周年大会上的讲话》中高度评价孙中山：“1911 年，在他领导和影响下，震惊世界的辛亥革命取得成功，推翻了清王朝统治，结束了统治中国几千年的君主专制制度。由于历史进程和社会条件的制约，辛亥革命虽然没有改变旧中国半殖民地半封建的社会性质，没有改变中国人民的悲惨命运，没有完成实现民族独立、人民解放的历史任务，但开创了完全意义上的近代民族民主革命，打开了中国进步闸门，传播了民主共和理念，极大地推动了中华民族思想解放，以巨大的震撼力和影响力推动了中国社会变革。”

由此可见，辛亥革命既是旧民主主义革命的最高峰，又是中国共产党人领导的新民主主义革命的前奏和序曲。正因为如此，每年国庆的时候，天安门广场总要放上孙中山先生的画像，缅怀这位中国民族民主革命的先行者，追思这场对近代中国历史产生了巨大影响的伟大革命。

教学总结

“辛亥革命的胜利与失败”这个历史悖论是出发点，而落脚点就是资产阶级共和国方案在中国行不通。因此，本专题教学的关键点在于理论的说服力。从“革命”的概念入手，深度分析“三民主义”方案的意义与理论局限性。从近代中国社会的发展规律寻找辛亥革命失败的根源。中国封建社会长达两千多年，形成了世界上最为完备也最为顽固的封建主义生产关系，阻碍着中国资本主义的发展；西方资本－帝国主义也不希望中国成为独立发展的资本主义国家。中国资产阶级先天不足，后天失调，在夹缝中生长，左右摇摆，虚弱不堪。民族资产阶级的政治代表在彷徨、探寻，中国革命的出路何在？中国革命将会由什么思想指导？将由什么阶级领导？将走上什么发展道路？这是中国历史必须作出的回答。

课后思考

1. 试述三民主义学说的基本内容和意义。
2. 简述革命派与改良派论战的主要内容。
3. 简述辛亥革命胜利的历史意义。
4. 辛亥革命为什么失败了？它的失败说明了什么？

推荐阅读

1. 孙中山：《孙中山全集》第1卷，中华书局1981年版。
2. 章开沅、林增平：《辛亥革命史》，人民出版社1980年版。
3. 金冲及、胡绳武：《辛亥革命史稿》，上海人民出版社1985年版。
4. 金冲及：《孙中山与辛亥革命》，广东人民出版社1996年版。
5. 贺觉非等：《辛亥武昌起义史》，湖北人民出版社1985年版。
6. 田伏隆、饶怀民：《辛亥革命与中国近代社会》，岳麓书社2003年版。
7. [美] 史扶邻：《孙中山和中国革命的起源》，中国社会科学出版社1981年版。
8. 丁文江、赵丰田编：《梁启超年谱长编》，上海人民出版社1983年版。
9. [美] 周锡瑞：《改良与革命》，中华书局1982年版。
10. 沙健孙、龚书铎主编：《走什么路——关于中国近现代历史上的若干重大是非问题》，山东人民出版社1997年版。

专题四

中国革命的指导思想

问题引领

二十世纪初，中国社会思潮纷繁复杂，自由主义、无政府主义等甚嚣尘上。为什么一部分知识分子会认同并选择马克思主义？他们又通过什么样的途径将自己认同的理论向中国社会广泛传播，最终使其成为改造中国社会的指导思想？本专题以五四新文化运动前后马克思主义在中国的传播为历史背景，使学生真正理解二十世纪初中国先进知识分子选择马克思主义作为改造中国社会的思想武器的依据，从而在学理层面认同马克思主义是实现民族复兴的指导思想。

➤ 逻辑结构

为完成近代历史赋予中国社会的两大历史重任，实现国家的独立、统一、和平、民主，几代中国人先后尝试了“平均主义”、“中体西用”、“君权变法”以及资产阶级“民主共和”等方案，无一不以失败而告终，以至于二十世纪初的中国社会弥漫着“报国无门”、“救国无路”的悲观绝望气氛。但难能可贵的是，即使如此，中国的仁人志士们仍然没有停止对中国社会发展道路的探索。诚如鲁迅先生所赞叹的那样：“我们从古以来，就有埋头苦干的人，有拼命硬干的人，有为民请命的人，有舍身求法的人，……这就是中国的脊梁。”五四新文化运动前后，一批先进的知识分子作为民族“脊梁”，在探索民族独立与人民解放、国家富强与人民富裕的道路上取得了重大进展。这就是选择马克思主义作为“改造中国与世界”的思想武器。

但要证明马克思主义是近代中国社会的必然选择，必须从历史和逻辑上解决两个问题：先进知识分子为什么会认同马克思主义；为了使马克思主义成为中国社会变革的思想武器，先进知识分子通过怎样的途径传播马克思主义，从而扩大马克思主义理论的影响力。

一、先进知识分子认同马克思主义的依据

“一年以来，社会主义底思潮在中国可以算得风起云涌了。报章杂志底上面，东也是研究马克思主义，西也是讨论鲍尔希维主义（即布尔什维主义——引者注）；这里是阐明社会主义底理论，那里是叙述劳动运动底历史，蓬蓬勃勃，一唱百和，社会主义在今日的中国，仿佛有‘雄鸡一鸣天下晓’的情景。”①

《东方杂志》第18卷第4号上的文章生动地描述了二十世纪二十年代初马克思主义在中国传播的盛况。对于现在的青年学生来说，一个深深的疑问是：诞生于西方资本主义社会背景下的马克思主义理论，为什么会在纷至沓来的“新思潮”中独领风骚，得到中国先进知识分子的认同与青睐？它的思想魅力究竟何在？

（一）马克思主义理论契合二十世纪初的中国社会需求

马克思在《〈黑格尔法哲学批判〉导言》中说：“理论在一个国家实现的程度，总是决定于理论满足于这个国家的需要的程度。”二十世纪初，中国社会最根本的需求无疑是挽救民族危亡，实现国家的独立、统一、和平、民

① 潘公展：《近代社会主义及其批评》，《东方杂志》第18卷第4号，1921年2月25日。

主。能最大限度地切合上述需求的理论，自然就会成为中国社会的首选。马克思主义理论进入先进知识分子的视野并为他们所认同、接受，就是这一思维逻辑的结果。

马克思主义理论之所以成为中国早期马克思主义者分析、思考中国问题的思想武器，从根本上说，就是因为马克思主义理论的价值目标，正是他们所追求的中国社会改造的目标。关于马克思主义理论的价值追求，马克思、恩格斯在《共产党宣言》中有全面、集中的表述：

"共产党人可以把自己的理论概括为一句话：消灭私有制。"

"代替那存在着阶级和阶级对立的资产阶级旧社会的，将是这样一个联合体，在那里，每个人的自由发展是一切人的自由发展的条件。"

"共产党人不屑于隐瞒自己的观点和意图。他们公开宣布：他们的目的只有用暴力推翻全部现存的社会制度才能达到。让统治阶级在无产主义革命面前发抖吧！无产者在这个革命中失去的只是枷锁，他们获得的将是整个世界!"

透过上述表述，我们不难发现两个明确的信息：第一，马克思主义理论所追求的价值目标是社会的民主、自由、公平、正义；第二，实现价值目标的唯一途径是社会革命。马克思主义理论描绘的以自由人的"联合体"为特征的未来社会蓝图对于中国人来说有一种特殊的文化认同感与思想亲近感。中国传统文化中的国家观念是"天下为公"、"世界大同"。《礼记·礼运》中提出："大道之行也，天下为公，选贤与能，讲信修睦。故人不独亲其亲，不独子其子，使老有所终，壮有所用，幼有所长，矜、寡、孤、独、废疾者皆有所养。……是故谋闭而不兴，盗窃乱贼而不作，故外户而不闭，是谓大同。"大同思想在中华文化中具有深厚的历史积淀。在近代中国社会，洪秀全的《天朝田亩制度》、康有为的《大同书》以及孙中山的三民主义，尽管在理论构建与制度设计上存在着致命的缺陷，但都表现出对"大同"的强烈憧憬。

对于苦苦寻觅民族救赎与国家发展之路的中国先进知识分子来说，马克思主义理论所展示的社会发展目标及实现目标的手段极具吸引力。尤其让他们眼前为之一亮、精神为之一振的，是唯物史观和阶级斗争学说。唯物史观以社会生产方式的变化揭示社会发展规律，相对于进化论"物竞天择、适者生存"的结论，其科学性、真理性不言而喻；相对于以往的"君权变法"、"民主共和"等方案，阶级斗争学说在中国先进知识分子看来，无疑是一种最实用、最有效的思想武器。于是，摒弃其他学说、思潮，接受马克思主义理论，成为他们的不二选择。

对于身陷半殖民地半封建深渊的中国先进知识分子而言，马克思主义理论的吸引力至少体现在两个方面：一是作为一种社会理想，共产主义契合中国传统文化所推崇的大同世界理想，是动员广大民众进行社会变革以谋求自身彻底解放的思想武器；二是作为一种社会思潮，马克思主义对资本主义的批判以及力主推翻资本主义制度、改变资本主义现实的态度，符合身处灾难之中的中国人民对于国家独立、民族解放的渴求，是挽救民族危亡的理论旗帜。

（二）资产阶级民主共和之梦的破灭

马克思主义进入中国知识分子的视野，与十九世纪末二十世纪初资本主义发展所面临的困境有着直接的因果关系。

近代中国社会对西方资本主义的感受可谓五味杂陈。一方面，一次次的侵略战争及上千个不平等条约使中国陷入深重灾难，国家、民族饱受掠夺与屈辱。就民族情感而言，中国社会对资本主义充满了恐惧与仇恨。但在渗透与反渗透、掠夺与反受掠的较量中，中国社会又充分感受到了西方资本主义势力的强大与资本主义文明的优势，因而在探索中国社会发展的道路、选择拯救民族危机的方案时，我们的视线始终没有离开过西方资本主义。“自从一八四〇年鸦片战争失败那时起，先进的中国人，经过千辛万苦，向西方国家寻找真理。”①“师夷长技以制夷”、“中学为体，西学为用”的理念，君主立宪、民主共和的方案等，反映了近世几代中国人的心路历程。

但这种心态在二十世纪初发生了明显的变化。“西方资产阶级的文明、资产阶级的民主主义、资产阶级共和国的方案，在中国人民的心目中，一齐破了产。”之所以如此，首先是因为“先生老是侵略学生”，中国走资本主义道路、实现资产阶级民主共和的“迷梦”屡屡被帝国主义的侵略行为惊醒。中国资产阶级民主革命失败的经历使先进的知识分子逐渐醒悟：西方资本主义世界不会允许一个业已衰落、沉沦的文明古国华丽转身，变成能与西方世界分庭抗礼的竞争对手。为阻止中国社会走向资产阶级民主共和，他们可以采用一切手段，如扶植中国封建残余势力、直接干涉中国革命等。

---

① 毛泽东：《论人民民主专政》，《毛泽东选集》第4卷，人民出版社1991年版，第1469页。

同样重要的是，资本主义发展到帝国主义阶段、特别是十九世纪末二十世纪初以后，社会弊端凸显，社会矛盾激化，腐朽性特征暴露无遗。伤亡总人数超过2800万、无数财富被毁灭的第一次世界大战证明资本主义的发展已经进入死胡同，除了战争和相互毁灭之外，资本主义世界已找不到解决矛盾和纷争的有效手段。世界大战所形成的破坏与灾难，造成了资本主义世界的倒退，而且满目疮痍的现状与暗淡的发展前景，更极大地动摇了东西方社会对资本主义制度的信心。一时间，人们对资本主义的前途、资本主义文明的价值充满了疑问和忧虑。

“此次战争，使欧洲文明之权威大生疑念。欧人自己亦对于其文明之真价，不得不加以反省。”① “自竞争人权之说兴，机械资本之用广，其害遂演而日深。政治之不平等，一变为社会之不平等；君主贵族之压制，一变为资本家之压制，此近世文明之缺点，毋庸讳言者也。”② 早期马克思主义者群体正是基于对资本主义建国方案在中国的可行性的强烈质疑，才会想到要另辟蹊径，重新探索挽救中国危亡的方案，转而接受马克思主义，成为中国共产主义运动的先驱。

中国国内的文化保守主义者则满怀信心地断言，世界大战的爆发及其灾难性后果，标志着“西方文明已经破产了”，以至于“全社会人心都陷入怀疑、沉闷、畏惧之中，好像失了罗针的海船遇着风遇着雾，不知前途怎生是好”③。

第一次世界大战前后，特别是俄国十月革命以后，“新思潮”在中国社会竞相涌现，纷繁复杂，但最吸引人们眼球的非社会主义莫属。除以李大钊为代表的早期马克思主义者外，包括自由主义者、文化保守主义者在内，都热衷于谈论社会主义。如梁启超在《欧游心影录》中就明确提出：“讲到国民生计上，社会主义自然是现代最有价值的学说。国内提倡新思潮的人渐渐地注意研究它。也是很好的现象。”更有人断言“社会主义是现时和将来的人类共同思想”。尽管国内思想界对什么是社会主义还莫衷一是，但正是在这样的争论、比较中，一部分先进的知识分子接受了马克思主义，完成了向马克思主义者的转变。

---

① 李大钊：《东西文明根本之异点》，《李大钊全集》第2卷，人民出版社2006年版，第218页。

② 陈独秀：《法兰西与近世文明》，《独秀文存》卷一，安徽人民出版社1987年版，第12页。

③ 梁启超：《欧游心影录·新大陆游记》，东方出版社2006年版，第20页。

（三）俄国十月革命的成功范例

“十月革命一声炮响，给我们送来了马克思列宁主义。十月革命帮助了全世界的也帮助了中国的先进分子，用无产阶级的宇宙观作为观察国家命运的工具，重新考虑自己的问题。”① 毛泽东同志的这个论断十分准确地指明了马克思主义在中国广泛传播、并为早期马克思主义者所认同的关键。

客观地讲，在中国最早接触并介绍马克思学说的并非李大钊等早期马克思主义者。在中国首次介绍马克思生平及其学说的，是1898年吴贻谷翻译、上海广学会出版的《泰西民法志》（即《社会主义史》）一书（英国人柯卡普著）。1899年，英国浸礼会传教士李提摩太在《万国公报》上发表了《大同学》，称马克思为“百工领袖著名者”、“讲求养民学者”。此后，资产阶级改良派代表梁启超、资产阶级革命派代表孙中山、朱执信、宋教仁、廖仲恺以及无政府主义者刘师培、李石曾、吴稚晖、江亢虎等，都介绍过马克思及其学说。但他们只是把马克思的学说视为西方众多社会思潮的一种，而且在介绍或评论中存在很多误解或偏见。既谈不上对马克思主义的接受，更不可能将其作为改造中国社会的思想武器。

十月革命胜利后，对于一部分先进的知识分子而言，马克思主义已不是一种与其他西方思潮毫无二致的普通学说，而是变革中国社会应当信仰的思想指南。十月革命的胜利，社会主义由理论变为现实，对于寻求救国救民道路的先进知识分子来说有着强大的震撼力。一方面，十月革命向中国社会传递了一个强烈信号：在经济、文化发展相对落后的国家，无产阶级及其政党可以通过暴力革命推翻反动统治，确立新的社会制度与秩序，实现国家独立统一、社会公平正义。马克思主义理论的科学性、可行性在俄国得到了充分证明。另一方面，十月革命胜利后，新生的苏维埃政权两次发表对华宣言，宣布废除沙皇政府与中国政府签订的一切条约，归还“沙皇政府从中国攫取的满洲和其他地区”，“废弃（俄国人在中国境内的）一切特权”。宣言充分体现了苏俄宪法“铲除资本主义侵略主义的精神”，与西方国家在中国的野蛮行径及其给中国带来的灾难形成了强烈反差，使国人普遍感到“无任欢喜”。无产阶级国际主义原则对于饱受西方列强欺凌的中国人来说可谓耳目一新，中国先进的知识分子无论是在情感上还是在理智上都对马克思主义理

① 毛泽东：《论人民民主专政》，《毛泽东选集》第4卷，人民出版社1991年版，第1471页。

论的巨大魅力产生了强烈的感知与认同。

综上所述，我们不难判断，马克思主义传入中国并为先进知识分子接受具有历史必然性。这种必然性首先源于马克思主义自身的价值取向与先进知识分子改造中国社会的理念高度契合，显示出其无与伦比的思想魅力。二十世纪初资本主义世界的衰败与十月革命的成功，使中国先进知识分子看到了中国社会变革的希望，为马克思主义在中国的传播提供了可能。

二、先进知识分子传播马克思主义的途径

从理论上讲，马克思主义为先进知识分子所接受、信仰，确有其历史必然性，但马克思主义理论要成为指导中国社会变革、挽救民族危亡的思想武器，不能仅仅成为先进知识分子的信仰，必须通过相应的途径使马克思主义在中国社会得到普遍了解和广泛认同。于是，围绕马克思主义在中国的广泛传播这一课题，先进的知识分子在促进自身向马克思主义者转化的同时，开辟多种渠道宣传马克思主义理论，扩大马克思主义的社会影响。

（一）在思想解放的大潮中接受马克思主义

到二十世纪二十年代，挽救国家和民族危亡的近80年的探索和尝试无不以失败而告终，特别是辛亥革命失败以后，袁世凯复辟帝制、尊孔复古逆流的沉渣泛起，倒退中的中国社会弥漫着死寂、绝望的气氛。先进知识分子群体在苦闷与焦虑中反思过去的“救亡”之道，逐渐意识到救亡图存不能仅仅依靠少数“先觉”，必须进行“国民性”改造，把国人从封建蒙昧中解救出来。于是，一场以思想启蒙为宗旨的新文化运动在二十世纪初的中国社会兴起。以陈独秀、李大钊、胡适、鲁迅等为代表的激进民主主义者、自由主义者面对辛亥革命失败后中国社会帝制复辟、尊孔复古和思想界万马齐喑的状态，发出思想解放的怒吼。他们以《青年杂志》（从1916年第二卷第一号起改名为《新青年》）为阵地，高擎民主与科学的旗帜，提倡民主，反对独裁，提倡科学，反对迷信，提倡白话文，反对文言文。新文化运动冲破了中国思想界长期以来的沉闷与禁锢状态，形成了思想解放的洪流。

在此，我们的重点不是对新文化运动的历史细节做过多的铺陈和解读，而是要对新文化运动与马克思主义传播的关系进行必要的梳理。

新文化运动以五四运动为界限分为两个阶段。五四运动前的新文化运动尽管属于资产阶级民主主义新文化反对封建主义旧文化的范畴，但民主与科学的旗帜、“破除迷信”的口号、“冲决过去历史之罗网，破坏陈腐学说之囹圄”的呐喊等，无异于一声声惊雷震撼着沉寂已久的中国社会，思想解放的洪流冲破人们的思想桎梏，各种新思潮在中国社会竞相涌流，在思想界营造出一种全新的氛围。正是借助于思想解放的洪流，马克思主义得以进入中国社会的视野，为中国知识分子所了解。特别是以陈独秀、李大钊为代表的《新青年》阵营，在批判封建思想、“打倒孔家店”的同时，也因二十世纪初资本主义世界的矛盾与乱象，初步意识到西方资本主义思想文化的缺陷，开始对资产阶级民主主义有所质疑。这种存疑与保留的态度，直接导致他们最终抛弃资产阶级民主主义，转而拥抱马克思主义。

至于“五四”之后的新文化运动，尽管“启蒙”与“救亡”的分歧导致《新青年》阵营的主要成员分道扬镳，但这个阶段的新文化运动，马克思主义理论的研究、宣传无疑是最鲜明的主题。以李大钊、陈独秀为代表的早期马克思主义者组建马克思学说研究会、马克思主义研究会等团体；组织讨论会和专题研究，主办讲演会、纪念会；搜集、整理中外文马克思主义著作；将《新青年》作为宣传马克思主义的阵地，开辟“马克思主义思想研究专号”，系统研究、传播马克思主义。这一时期，唯物史观、阶级斗争学说、剩余价值理论等马克思主义学说在中国思想界广为人知。

在国内进行马克思主义研究、传播的同时，青年知识分子还开辟了一条特殊的渠道——旅欧勤工俭学。1919 年初到 1920 年底，以新民学会、觉悟社等团体为主体，全国各地赴法国勤工俭学的青年达到 1600 多人。他们通过实地体验欧洲社会，感受工人阶级的生活，理解并接受了马克思主义。最后，他们大都转变为马克思主义者，成长为中国的共产主义战士。

在谈及新文化运动与马克思主义的传播时，有两个问题需要继续探讨和总结。

问题一：新文化运动与反传统文化

在新文化运动中，作为先锋的《新青年》阵营曾被指责为全盘反传统，但他们自认为并非如此。“打倒孔家店”等口号看似极端，实际上只是一种策略：矫枉必须过正。近一个世纪以后，在中国特色社会主义文化建设的大背景中，当谈到文化自信这个命题时，有人认为，当代中国社会之所以缺乏文化自信，是因为二十世纪中国曾对传统文化进行过几次彻底批判与全盘否定。其中新文化运动就是一次全盘反传统文化的运动。由此引发出两个话题：一是新文化运动有没有全盘反传统文化？二是怎样看待文化批判中的矫枉过正？

问题二：马克思主义在中国的传播过程中，作为中国最早的马克思主义者，李大钊的贡献无疑最为突出。请根据李大钊在新文化运动期间研究、宣传马克思主义的成果，对其突出贡献进行梳理和总结。

（二）在五四运动的洪流中传播马克思主义

在很多人的认知中，五四运动是由巴黎和会上中国的外交失败引发的爱国救亡运动。这只是认识五四运动的一个视角。实际上，对于马克思主义在中国的广泛传播，五四运动同样具有不可替代的功绩。关于五四运动与马克思主义在中国的传播之间的关系，我们可以从以下几个方面去理解和把握。

首先，五四运动以实际行动对马克思主义社会革命理论做出了初步诠释。

五四运动最鲜明的特质是彻底的反帝反封建。之所以体现出这样的特性，是因为中国人民已经清醒地意识到，西方列强在巴黎和会上的强盗行为表明：帝国主义集团为了维护自身利益可以不择手段，不惜牺牲弱小国家的领土、主权与民族利益、尊严；强权逻辑、丛林法则掩盖下的侵略本质暴露无遗；同时，分赃过程中的明争暗斗彰显了帝国主义集团内部的矛盾与冲突。帝国主义的腐朽性与反动性在中国人民面前暴露无遗。反对帝国主义成为救亡图存的必然选择。这种反对是基于对帝国主义本质的理性认识而非盲目排外情绪的驱使。面对帝国主义的公开掠夺，北洋军阀政府选择屈从，准备在“和约”上签字，表明中国的封建统治者已经沦为帝国主义侵略中国的工具。帝国主义与国内封建统治阶级、官僚买办阶级成为中华民族和中国人民的共同敌人，反帝反封建是中国社会革命的基本任务。

关于中国社会和中国革命的上述认识，使中国人民、特别是先进的知识分子更容易理解也更倾向于接受马克思主义理论。五四运动以后，马克思主义理论在中国的传播具备了更加广泛的社会基础。

其次，五四运动赋予民主与科学以马克思主义的新内涵，使人们对民主与科学的认识达到了更高的层次。

“五四”前的新文化运动对民主的理解是以资产阶级民主主义反对封建主义，虽然在当时反封建思想文化的斗争中起了非常革命的作用，但它无法正确解决中国的出路问题。帝国主义集团在巴黎和会上的掠夺与分赃，已经彻底撕开了资产阶级民主的人道、正义、和平面纱，粉碎了“公理战胜强权”的迷梦。曾经被奉为神灵的资产阶级民主主义在国人心中的地位一落千丈。五四运动以后，中国先进知识分子所追求的民主已经变为马克思主义所倡导的以劳动群众为主体的大多数人的民主。陈独秀明确提出：“十八世纪以来的‘德莫克拉西’是那被征服的新兴财产工商阶级，因为自身的共同利害，对于征服阶级的帝王贵族要求权利的旗帜”。而“如今二十世纪的‘德莫克拉西’，乃是被征服的新兴无产劳动阶级，因为自身的共同利害，对于征服阶级的财产工商界要求权利的旗帜”。① 李大钊则认定：“民众的势力，是现代社会上一切构造的唯一的基础。”“真正的解放，不是要求人家‘网开三面’，把我们解放出来。而是要靠自己的力量，抗拒冲决，使他们不得不任我们自己解放自己。不是仰赖那权威的恩典，给我们把头上的铁锁解开，是要靠自己的努力，把它打破，从那黑暗的牢狱中打出一道光明来。”② “五四”以后，先进知识分子提出的“平民政治”、“民众运动”等，已经是与资产阶级民主相对立、与社会主义相联系的民主政治。更难能可贵的是，五四运动自觉地把争取民主自由、民族独立与反帝反封的政治斗争紧密结合起来。“东交民巷里有我们的太上政府”的断言，形象地揭露了帝国主义与封建军阀统治者之间的主仆关系。因此，“我们应该信赖民族自决的力量，去解决一切纠纷，不可再蹈‘以夷制夷’的覆辙”。对帝国主义，我们既不能抱有任何不切实际的幻想，也不要惧怕威吓。这些观点正确指出了中国人民在反帝反封建斗争中长期存在的认识误区和实践偏差，为近代中国通向民主之路指明了方向。

关于“科学”，“五四”前的新文化运动中，人们的认识局限于近代西方自然科学的科学方法和科学精神，以西方自然科学领域的新成就及其中自发的唯物论思想为武器，批判封建教条、鬼神迷信和宗教唯心主义。但在社会历史观方面仍然停留在进化论、唯心论的认识层面上，以《天演论》为经典、用生物进化论解释社会历史，把物竞天择、适者生存视为社会历史发展的普遍规律。这样的认知尽管对破除“历史循环论”、“道德复旧论”等陈腐观念起过积极作用，但这并不是对社会历史发展规律的科学解释。相反，生物进化论所倡导的“优胜劣汰”、“弱肉强食”等观点，给帝国主义的强权逻

① 陈独秀：《告北京劳动界》，《陈独秀文集》第1卷，人民出版社2013年版，第518页。
② 李大钊：《真正的解放》，《李大钊文集（下）》，人民出版社1984年版，第26页。

辑、强盗行为作了注解，严重误导了国人对帝国主义本质的认识。

“五四”以后，国内思想界的社会历史观发生新的变化，出现了唯物史观与唯心史观的对立、阶级论与进化论的争锋。特别是以李大钊为首的早期马克思主义者，他们准确地把握了历史唯物主义的基本精神，突出社会历史中的经济现象；强调“经济的生活”是一切社会活动的基础，“生产衣食方法的进步与变动”是历史发展的关键力量；肯定阶级斗争是推动阶级社会历史发展的动力，是改造社会的“最后手段”，呼吁“认识民众势力的伟大”、“竖起民众万能的大旗”。

受此影响，国内学术研究、思想宣传呈现出新的气象，开始运用历史唯物主义的基本原理分析中国历史，考察中国社会的实际问题。马克思主义从当时众多的社会思潮中脱颖而出，成为指导社会变革的思想武器，明确提出了“根本解决”中国社会问题的政治主张。

（三）在与其他社会思潮的论战中扩大马克思主义的影响

马克思主义在中国的传播经历了艰难曲折的过程。一方面，马克思主义理论的革命性特征，引发了帝国主义和国内封建军阀政权的极度恐慌。北洋政府从中央到地方，给马克思主义加上“过激主义”等罪名，“严防”和“查禁”宣传马克思主义的团体、报刊。另一方面，在形形色色的社会思潮竞相涌现的时代，具有鲜明的批判性、革命性特征的马克思主义，不可避免地会受到各种非马克思主义、反马克思主义思潮的攻击，甚至被妖魔化。但马克思主义作为一种科学理论，不仅不惧怕攻击与非难，相反，正是在与各种社会思潮的交锋中，真理性越来越为社会所认识和理解。马克思主义的影响力也在与非马克思主义、反马克思主义思潮的论战中与日俱增。

在“五四”前后的新文化运动中，马克思主义与非马克思主义、反马克思主义思潮的激烈交锋主要有三次。

1. 马克思主义者与改良主义者的论争

作为新文化运动主力军的《新青年》阵营，本来就是一个由不同思想观念的人组成的群体。由于在反封建专制、迷信等方面有着共同的思想主张，因此在新文化运动初期，他们结成同盟，成为思想解放运动的先锋群体。但随着运动的深入，他们之间的思想分歧也不断加剧。五四运动以后，由于在《新青年》办刊宗旨上出现巨大分歧，阵营主要成员走向分裂，渐行渐远。其中陈独秀、李大钊等实现了从激进民主主义者向马克思主义者的转变，胡适则服膺美国自由主义哲学家杜威的实验主义哲学，信奉改良主义。于是围绕着中国社会改造之路的选择的问题，展开了公开论争。

1919年7月，胡适在《每周评论》第31号发表《多研究些问题，少谈些“主义”!》，挑起论争。作为回应，先有蓝公武在《国民公报》发表《问题与主义》一文与之商榷，从哲学角度论证“主义”的重要性；后有李大钊在《每周评论》第35号刊登《再论问题与主义》一文进行反驳。针对蓝公武、李大钊的文章，胡适又在《每周评论》第36号发表《三论问题与主义》，撰写《四论问题与主义》（因《每周评论》被北洋政府查禁，文章未来得及公开发表）。

作为实验主义哲学的信徒，胡适不相信社会问题有“根本解决”之道，只能“一点一滴”地改良。他认为中国思想界最严重的弊病，就是“偏向纸上的学说”，“空谈好听的‘主义’”。而那“是阿猫阿狗都能做的事，是鹦鹉和留声机都能做的事”，不仅“没有什么用处”，而且“很危险”。所谓社会问题的“根本解决”只是“自欺欺人的梦话”，是“中国思想界破产的铁证”，是“中国社会改良的死刑宣告”。他呼吁思想界“多提出一些问题，少谈一些纸上的主义”；奉劝思想界应当“多多研究这个问题如何解决，那个问题如何解决，不要高谈这种主义如何新奇，那种主义如何奥妙”。

作为马克思主义者，李大钊声明自己“是喜欢谈谈布尔扎维主义的”，因为“布尔扎维主义的流行，实在是世界文化上的一大变动”，应该加以研究、介绍，“把他的实象昭布在人类社会”。谈论主义与研究问题可以“交相为用”，“并行不悖”，研究问题必须以“主义”为指导。谈主义是必要的，因为社会问题的解决必须依靠社会上多数人的“共同的运动”，必须有“共同趋向的理想、主义”。“我们的社会运动，一方面固然要研究实际的问题，一方面也要宣传理想的主义。”

至于社会问题的解决，李大钊认为，在中国这样一个没有组织没有生机的社会，“必须有一个根本解决，才有把一个一个的具体问题都解决了的希望”。他用马克思主义唯物史观考察中国社会，认定“经济问题的解决，是根本解决”。为此必须以“阶级竞争说”为学理工具，发动阶级斗争，开展“工人联合的实际运动”。

“问题”与“主义”之争尽管属于《新青年》阵营内部同仁间的争论，但它实质上涉及中国社会改造的途径选择。在论争中，李大钊坚守马克思主义理论，论证了在中国社会进行彻底的社会革命的必要性，扩大马克思主义的影响，对于推动马克思主义者进一步探索中国变革的道路具有积极的作用。

2. 马克思主义者与基尔特社会主义者的论战

随着马克思主义在中国社会的影响不断扩大，舆论界对于社会主义的讨论也趋向热烈。1920 年 10 月到 1921 年底，梁启超、张东荪等研究系成员与陈独秀、李大钊、李达等马克思主义者之间，围绕社会主义在中国的必要性与可能性等问题展开了论战。

受罗素的“新实在论”及基尔特社会主义思想的影响，张东荪首先发表《由内地旅行而得之又一教训》、《现在与将来》等文章，在攻击俄国革命的同时，认为中国需要的不是社会主义，而是开发实业、兴办教育、发展资本主义。陈独秀以《关于社会主义的讨论》应战；梁启超则以《复张东荪书论社会主义运动》支持和发挥张东荪的观点；李大钊、李达、蔡和森先后以《中国的社会主义与世界的资本主义》、《讨论社会主义并质梁任公》、《马克思学说与中国无产阶级》等文章参与论战。

这场论战的焦点包括：中国应当走社会主义道路还是资本主义道路；应当实行社会革命还是社会改良；是否需要建立无产阶级政党。

梁启超、张东荪等认为中国的首要问题不是无产阶级与有产阶级的抗争问题，而是有业和无业的问题。中国实业不发达，还没有形成工业劳动者阶级，没有实行社会主义的经济条件和阶级基础，因而不可能创建真正的工人阶级政党，也不可能有真正的社会主义运动。“吾以为社会主义之所以不能实现于今日之中国者，其总原因在于无劳动阶级。”因此需要的是阶级调和，而不是阶级斗争、暴力革命，只要“在劳资协调的状况之下，徐图健实的发展”，“谋劳动团体之产生、发育、强立”，就能“使全国生产之中枢，渐移归公众之手”①。

马克思主义者针锋相对地提出，考察中国是否具备实现社会主义的条件，必须与世界是否具备实现社会主义的条件联系起来。十月革命引发了世界社会主义革命的潮流，无产阶级社会主义革命的道路是中国社会的必然选择。正因为工业不发达、贫穷落后，所以中国不可能用资本主义的方法达到发展实业、增加福利的目的。“今日在中国想发展实业，非由纯粹生产者组织政府，以铲除国内的掠夺阶级，抵抗此世界的资本主义，依社会主义的组织经

---

① 梁启超：《复张东荪书论社会主义运动》，《梁启超选集》，上海人民出版社 1984 年版，第 749、759 页。

营实业不可。”① 作为国际帝国主义的侵略对象，资本主义的私有制和生产的无政府状态只能加剧中国的贫困与落后。中国产业发展虽然落后，但已形成相当数量的无产阶级，而且还在不断发展壮大之中。与欧美国家的无产阶级相比，中国无产阶级所受的压迫更重，命运更为悲惨，因而对革命的要求也更为强烈。只有依靠无产阶级及其政党，运用马克思主义的阶级斗争理论，推翻帝国主义和国内封建军阀的反动统治，走向社会主义，才是中国的真正出路。

在长达一年多的社会主义论战中，马克思主义者尽管在理论上略显稚嫩，但他们以历史唯物论和阶级斗争学说为指导观察中国社会，论证中国社会的变革手段与发展出路，有力回击了反马克思主义思潮对无产阶级政党、社会主义革命的非难，吸引了更多的先进分子了解并接受马克思主义，使马克思主义队伍不断壮大，马克思主义理论的社会影响力也更加广泛、深入。

3. 同无政府主义的交锋

自西方传入中国的众多社会思潮中，无政府主义具有广阔的市场和很大的影响力。这不仅因为中国小资产阶级群体十分庞大，而且在内忧外患、危机四伏的十九世纪末二十世纪初，中国小资产阶级及其知识分子对现状不满、绝望的情绪以及反抗旧社会制度的愿望尤为强烈。以革命面貌出现的无政府主义思潮正好迎合了他们的心态。新文化运动中，无政府主义者在揭露和批判封建军阀的专制统治方面曾起过一定的积极作用。但从其发展缘起看，“无政府主义是绝望的产物。它是失常的知识分子或游民的心理状态，而不是无产者的心理状态”②。其反对一切国家和一切权威、反对一切政治斗争和革命的基本理念，决定了无政府主义在本质上是一种反马克思主义思潮。二十世纪二十年代初，马克思主义在进一步广泛传播的过程中，早期马克思主义者同以黄凌霜、区声白为代表的无政府主义者发生了激烈交锋。

无政府主义者秉持个人主义、绝对自由的信条，推崇“无政府共产主义”，主张取消国家政权，反对组织纪律。黄凌霜宣称无政府主义“以个人

---

① 李大钊：《中国的社会主义与世界的资本主义》，《李大钊文集（4）》，人民出版社 1999 年版，第 85 页。

② 列宁：《无政府主义和社会主义》，《列宁选集》第 1 卷，人民出版社 1995 年版，第 288－289 页。

为万能，因而为极端自由主义，所以，无政府主义乃是个人主义的好朋友”。① 区声白则鼓吹无政府主义社会是“自由组织的，人人都可自由加入，自由退出，所以每逢办一件事，都要得人人同意，如果一个团体之内，有两派的意见，赞成的就可执行，反对的就可退出，赞成的既不能强迫反对的一定做去，反对的也不能阻碍赞成的执行”。② 在抨击中国反动政权的同时，无政府主义者也把矛头指向马克思主义国家学说和无产阶级专政理论，连续发表《我们反对布尔扎维克》、《为什么反对布尔扎维克》等文章，公开向马克思主义宣战。无政府主义的猖狂进攻，对正在组建中的中国共产党产生了严重的危害。以陈独秀为首的马克思主义者同无政府主义者展开了激烈论战。

这场论战集中在无产阶级专政、自由以及生产与分配三个论题上。关于无产阶级专政，针对无政府主义者“反对一切强权”的观念，马克思主义者认为：“强权所以可恶，是因为有人拿他来拥护强制、无道者，压迫弱者与正义。若是倒转过来，拿他来救护弱者与正义，排除强者与无道，就不见得可恶了。”③ 因此，“反对一切强权”的观念是错误的；无产阶级领导人民群众用暴力夺取政权，建立无产阶级专政是完全必要的；巩固和加强无产阶级专政是由资本主义通向共产主义的必由之路。无产阶级专政的最终目标也是消灭国家，但在阶级对立消灭之前，必须强化无产阶级专政。关于自由，马克思主义者认为，在任何历史时代，人的自由都无法摆脱其赖以存在的社会关系，都要与秩序、规范等相对应，因而总是相对的。“真实的自由，不是扫除一切的关系，是在种种不同的安排整列中保有宽裕的选择机会；不是完成的终极境界，是进展的向上行程。”所谓“绝对自由”既不存在，也会严重危害社会。“一个人自有生以来，即离开社会的环境，完全自度一种孤立而岑寂的生活，那个人断没有一点的自由可以选择。”④ 关于生产与分配，无政府主义者从绝对自由观出发，主张实现没有任何形式的“生产自由化”，生产者根据契约自由组合“种种团体机关”，生产活动实现“自由人的联合管理”；在分配领域，无政府主义者提出只有彻底地实行“各取所需”的原则才是真正的平等。“按个人劳动的多寡，来给报酬，那么强有力的，将享

---

① 黄凌霜：《评〈新潮杂志〉所谓今日世界之新潮》，《民国思想文丛·无政府主义派》，长春出版社 2013 年版，第 114 页。

② 区声白：《讨论无政府主义》，《新青年》第九卷第四号（一九二一年八月一日）。

③ 陈独秀：《谈政治》，《独秀文存》卷一，安徽人民出版社 1987 年版，第 364 页。

④ 李大钊：《自由与秩序》，《少年中国》第 2 卷第 7 号（1921 年 1 月 15 日）。

有最高幸福，能力微弱，将至不能生活。”① 马克思主义者认为：只有社会的生产有计划、有组织，才能克服生产的盲目性，使供求相适应，避免生产的无政府状态及“经济危机”。而无视社会发展阶段与生产力实际水平，盲目强调“各取所需”，不仅不切实际，而且会导致社会混乱。

真理总是在与各种谬误的交锋中显现其真理性光芒。正是在与非马克思主义、反马克思主义思潮的论战中，大批知识分子认清了改良主义、基尔特社会主义、国家社会主义、无政府主义等社会思潮的本质与局限性，明确了马克思主义与各种非马克思主义的界限，理解了中国的社会改造必须以唯物史观和阶级斗争学说为指导，走“苏俄工人阶级的道路”。许多以前受非马克思主义思潮影响的知识分子也因此而转向马克思主义。

（四）在与工人群众的结合中认同马克思主义

在中国，最早接触并认同马克思主义的只是一部分先进知识分子，但马克思主义不是书斋中的学问，不是知识分子孤芳自赏的学术。“批判的武器当然不能代替武器的批判，物质力量只能用物质力量来摧毁；但是理论一经群众掌握，也会变成物质力量。”② 马克思主义所以会在中国产生广泛而深刻的影响并最终成为改造中国社会的思想武器，其关键在于先进知识分子在“走向民间”的过程中向工人群众宣传马克思主义理论，提高了中国工人阶级的思想与行动自觉。

五四运动是马克思主义在中国传播的分界点；五四新文化运动是以研究、传播马克思主义为中心的思想运动。各种研究马克思主义和宣传社会主义的期刊和团体大量涌现，马克思主义在中国传播的进程开始加快。中国早期马克思主义者此时将目光集中于两个方面：

一是苏维埃俄国。中国早期马克思主义者力图从十月革命建立无产阶级政权的历史进程中探寻中华民族摆脱列强压迫、实现民族独立和解放的现实途径。1920 年，瞿秋白等人以北京《晨报》、上海《时事新报》特派员的身份赴俄，访问工厂、乡村、机关、部队，实地考察苏俄社会生活，全面介绍苏俄的真实情况。瞿秋白的《赤都新史》、《俄乡纪程》等在国内读者中引起了强烈反响。先进知识分子从十月革命及其所建立的新政权中看到了中国社

① 黄凌霜：《马克思学说的批评》，《新青年》第 6 卷第 5 号。
② 《马克思恩格斯文集》第一卷，人民出版社 2009 年版，第 11 页。

会变革的新希望。

二是工厂和农村。早期马克思主义者在建立马克思主义宣传阵地、翻译和出版马克思主义经典著作、研究马克思主义理论的同时，深入社会基层，对工农群众进行马克思主义理论宣传，启发工农群众的思想觉悟。

从俄国十月革命的胜利和五四运动的声浪中，中国先进知识分子清醒地意识到：生活在社会底层的工农群众中潜藏着巨大的革命能量。中国社会变革没有他们的自觉参与是万难取得成功的。于是，他们在五四运动后把关注重心转向工农大众，开启马克思主义传播的新局面。

深入工厂矿山，了解工人生存状况。1919 年 3 月 9 日，李大钊根据自己的调查，写成《唐山煤厂的工人生活——工人不如骡马》，披露了唐山煤矿工人的生存状况：

“他们终日在炭坑里作工，面目都成漆黑的色。人世间的空气阳光，他们都不能十分享受。这个炭坑，仿佛是一座地狱。这些工人，仿佛是一群饿鬼。”

“骡马的生活费，一日还要五角，万一劳动过度，死了一匹骡马，平均价值在百元上下，故资主的损失，也就是百元之谱。一个工人的工银，一日仅有二角，尚不用供给饮食，若是死了，资主所出的抚恤费，不过三四十元。这样看来，工人的生活，尚不如骡马的生活；工人的生命，尚不如骡马的生命了。”①

1920 年 5 月，湖南《大公报》、《湖南日报》、上海《时事新报》、《星期评论》等对上海厚生纱厂招收湖南女工的情况进行了调查。陈独秀以《上海厚生纱厂湖南女工问题》为题，在《新青年》的劳动节纪念号上选编了 15 篇调查报告，并配发《我的意见》，详细披露了在带有浓厚的封建行会、帮会性质的资本主义企业中劳工所遭受的非人待遇。

发展工人组织，培养工人领袖。在对工人的生存状况的调查中，先进知识分子清楚地看到，工人群众之所以饱受剥削、凌辱，重要原因是缺乏强有力的工人组织和自我保护意识。近万工人的唐山煤矿，“竟没有一个工人组织的团体”，不能把工人团结起来。即便偶尔出现罢工，也是基于“罚了几角钱”而引发的“公愤”，是“没有结合”、“无意识”、“没有效果”的罢

---

① 李大钊：《唐山煤厂的工人生活——工人不如骡马》，《李大钊文集（2）》，人民出版社 1999 年版，第 298、299 页。

工。先进知识分子于是着手工人的组织工作。1920 年 11 月诞生了共产党早期组织领导的第一个工会——上海机器工会。此后，北京、武汉、长沙、广州、济南等地的工会组织相继成立。李大钊、邓中夏等人组织的“平民教育讲习团”，通过在长辛店创办劳动补习学校、长辛店工人俱乐部加强同工人群众的联系，“从工人当中选拔一些领袖”，训练了一大批铁路工人。这些工人组织的建立为马克思主义与中国工人运动相结合提供了重要的平台。

灌输革命理论，启发工人觉悟。为了扩大马克思主义在工人群众中的影响，先进知识分子以五一劳动节为契机，在《新青年》、《每周评论》等刊物上开辟“五一劳动节纪念”专号，宣传“劳工神圣”，提出“反对国际的军阀、财阀的压迫”、“改善工人境遇”、“8 小时工作”等主张；创办平民学校，培养工人队伍。同时，他们面向工人创办了一批宣传马克思主义的通俗刊物，如上海的《劳动界》，北京的《劳动音》、《工人月刊》，山东的《济南劳动月刊》，等等。“工人的运动，就是比黄河水还厉害还迅速的一种潮流。将来的社会，要使他变个工人的社会；将来的中国，要使他变个工人的中国；将来的世界，要使他变个工人的世界。”① 通俗的文章和易懂的语言明确表达出工人的心声，极大地启发了工人的思想觉悟，激发了工人的革命斗志。

教学总结

马克思主义传入中国并为一部分先进知识分子所接受不是一个偶然的历史事件。马克思主义理论所追求的价值目标与中国传统的理想社会目标的“亲近”感，是先进知识分子选择马克思主义的关键；二十世纪初中国资产阶级民主共和之梦的破灭、第一次世界大战造成的严重灾难，引发了中国社会对西方资本主义文明的忧虑与质疑；十月革命的胜利及社会主义国家政权所展现的新风貌、新气象，使中国社会充满期待，从而坚定了以马克思主义理论为指导改造中国社会的决心。

马克思主义在中国从最初的零星介绍到广泛传播，并最终为中国社会普遍接受，成为指导中国社会变革的思想武器，经历了一个较长的时期。在这

① 李中：《一个工人的宣言》，《中国共产党宣传工作文献选编（1915—1937）》，学习出版社 1996 年版，第 190 页。

个过程中，新文化运动、五四运动提供了重要的契机；与各种非马克思主义的论战凸现出马克思主义的光芒；先进知识分子深入工人群众宣传马克思主义，是马克思主义之树在中国生根、开花、结果的关键。

课后思考

1. 论述“五四”前后的新文化运动对民主与科学的不同理解。
2. 五四运动前新文化运动的意义是什么？
3. 李大钊对马克思主义在中国传播的贡献是什么？
4. 论述五四运动对马克思主义在中国传播的作用。
5. 十月革命是如何推动中国的先进分子从资产阶级民主主义转向社会主义的？
6. 五四运动爆发的时代背景与历史条件是什么？

推荐阅读

1. 《李大钊文集》，人民出版社 1999 年版。
2. 《独秀文存选》，贵州教育出版社 2005 年版。
3. 梁启超：《欧游心影录·新大陆游记》，东方出版社 2006 年版。
4. 瞿秋白：《赤都新史》，上海三联书店 2012 年版。

专题五

中国革命的领导核心

问题引领

在庆祝中国共产党成立 95 周年大会上，中共中央总书记习近平同志指出："中国产生了共产党，这是开天辟地的大事变。这一开天辟地的大事变，深刻改变了近代以后中华民族发展的方向和进程，深刻改变了中国人民和中华民族的前途和命运，深刻改变了世界发展的趋势和格局。"为了完成近代以来中华民族的两大历史任务，农民阶级、地主阶级、资产阶级都进行了探索，但无一例外均以失败而告终。20 世纪 20 年代初期，在探索救国道路上中国共产党为什么能够成立，其成立后给中国革命带来了哪些变化？本专题的学习，要使学生认识到中国共产党成立的历史背景及其必然性，了解中国共产党成立的经过及其历史特点，使学生熟悉中国共产党成立后给中国革命带来的一系列新变化。

➤ 逻辑结构

要领导中国革命就必须有一个革命的党，而这个革命的党代表哪个阶级的利益至关重要。在本专题的教学中，主要把握三个内容：一是中国共产党成立的历史必然性。在半殖民地半封建、农民占绝大多数、工业极其落后的中国，中华民族面临内忧外患，社会危机空前深重，中国共产党的诞生不是偶然的，而是具有历史必然性的，其必要性和可能性是什么？二是中国共产党成立的过程及其历史特点。中国共产党是在列宁领导的共产国际的帮助下诞生的，中共一大正式宣告了中国共产党的成立。中国共产党是在特定社会历史条件下成立的，具有其自身的历史特点。三是中国共产党成立后中国革命的新局面。中国共产党的成立是中华民族发展史上一个开天辟地的大事变。毛泽东曾说："自从有了中国共产党，中国革命的面貌就焕然一新了。"那么，这个"新"表现在哪里？以上三个问题都需要在本专题中予以详细阐述。

一、中国共产党成立的历史必然性

课堂思考

在半殖民地半封建、农民占绝大多数、工业极其落后的中国，究竟有没有必要和可能建立中国共产党？

中共中央总书记习近平同志《在庆祝中国共产党成立95周年大会上的讲话》中指出："1921年，五四运动之后，在中华民族内忧外患、社会危机空前深重的背景下，在马克思列宁主义同中国工人运动相结合的进程中，中国共产党诞生了。"中国共产党诞生在20世纪20年代初的中国不是偶然的，具有历史的必然性，是历史和人民选择的必然结果。其必然性表现在以下几点。

（一）中国工人阶级队伍的壮大和工人运动的发展

无产阶级政党的产生，不仅需要一定数量的工人阶级队伍，而且需要有一定程度发展的工人运动。这既是马克思主义产生、发展的物质前提，也是无产阶级政党产生的阶级基础。

中国工人阶级是个新兴的阶级，它的成员是由其他阶级的成员破产转化而来，且大部分来自破产的农民。鸦片战争后，外国资本主义的掠夺和清政府无休止的压榨，使得不少农民濒于破产的境地，加之土地兼并加剧，战争频发，天灾人祸，大量的农民破产，他们中的相当一部分转化为外国资本家船坞或船厂的工人。这就是说，外国资本主义侵入之后，中国开始出现了一个庞大的劳动力市场。这些破产的农民和手工业者成为外国资本家雇佣的对象，中国第一批产业工人出现。从19世纪60年代起，清政府中的洋务派相继举办了一批军事工业和民用工业，又有一批破产的农民和手工业者转化为产业工人；19世纪70年代，中国民族资产阶级产生，他们开始兴办工厂，这又诞生了一批工人。这样，中国工人阶级的队伍逐渐壮大起来。上述情况表明，中国工人阶级不单是伴随着中国近代工业的出现而产生，而且是伴随着外国资本主义的侵入而产生，所以中国工人阶级比中国资产阶级的资格要更老一些。据统计，中国工人阶级的人数，19世纪70年代约有1万人，到80年代增加到4万人，到1894年近代工业中雇佣工人的人数近10万人。第一次世界大战期间，中国民族资本主义乘西方帝国主义国家忙于战争无暇东顾之机，取得了较快的发展，同时，日本和美国也乘机扩大在中国的企业。于是，到五四运动前夕，中国产业工人的人数迅速增加到200万人左右。①

中国工人阶级的产生和发展是随着外国资本主义经济侵略的发生和本国资产主义的发展而来的。起初，在资产阶级领导的革命中，无产阶级是以追随者的角色参加资产阶级领导的革命，在资产阶级领导的革命斗争失败以后，中国无产阶级登上政治舞台并成为中国革命的领导阶级。中国无产阶级和世界各国无产阶级一样，是新生产力的代表者，与先进的经济形式相联系，具有先进的组织性和纪律性。此外，中国无产阶级还有许多突出的优点。如：中国无产阶级受三座大山的压迫和剥削，革命最坚决、最彻底；中国无产阶级人数不多，但却很集中，容易形成强大的力量，具有坚强的战斗力；中国无产阶级大多出身于破产的农民，易于同农民结成巩固的联盟。

中国无产阶级是在中国沦为半殖民地半封建社会的过程中产生、发展和壮大起来的，它的阶级本质和它所处的政治经济地位决定了从它诞生之日起，就以反压迫、反剥削、反侵略为目标进行战斗。随着工人阶级队伍的壮大和工人群众觉悟的提高，早期的工人运动从发展趋势上看，表现出如下特点：(1) 罢工的次数不断增加。据不完全统计，1895年至1913年的18年中，全国罢工116次；而1914年至1919年5月，短短5年多时间里，全国罢工就

① 赵运玺：《中国共产党成立的历史必然性》，《驻马店师专学报（社会科学版）》，1991年第3期，第7页。

达 108 次，比 1840 年至 1911 年 70 多年间的罢工总数还要多。(2) 规模不断扩大。由初期个别工矿的部分工人的分散斗争，发展到厂、矿全体工人的罢工斗争；再发展到若干厂、矿工人联合行动的同盟罢工或总同盟罢工。从 1912 年 1 月至 1919 年 4 月，较大规模的同盟罢工就有六七次之多。(3) 组织程度不断提高。随着斗争规模的扩大，工人也逐渐认识到原来的行帮组织已不适应斗争的需要，开始成立“工团”组织。这就是现代中国工会的萌芽。(4) 罢工斗争开始由经济斗争向反帝反封建的政治斗争发展。19 世纪中叶至 19 世纪末，工人斗争以经济斗争居多，进入 20 世纪初，这种斗争越来越多地集中在反帝反封建的政治斗争上。如 1915 年上海工人反对袁世凯与日本帝国主义签订“二十一条”卖国条约和抵制日货运动。①

有压迫就有反抗，有侵略就有反侵略的斗争。既然西方资本帝国主义的侵略制造了他们的对立面——中国工人阶级，就无法阻止身受三重压迫的中国工人阶级斗争的发展及其政治觉悟的提高。为了民族的解放、国家的独立和自身的生存，中国工人阶级经历了几十年斗争的磨炼，其觉悟程度和斗争水平不断提高。根据《共产党宣言》所揭示的工人运动发展的一般规律，中国工人运动的发展已经达到“汇合成全国性的斗争，汇合成阶级斗争”的水平。“无产者组织成为阶级，从而组织成为政党”就必然成为中国工人阶级的愿望和要求。

（二）马克思主义理论在中国进一步传播

马克思主义是无产阶级政党的思想理论基础，是建立无产阶级政党必备的又一个基本条件。1917 年 11 月 7 日（俄历 10 月 25 日），列宁和布尔什维克党领导的十月革命的胜利，把马克思、恩格斯创立的科学社会主义的理论变成了现实，开辟了人类历史的新纪元，标志着无产阶级革命和民族民主解放运动新时代的开始。十月革命的胜利给摸索中的中国人民照亮了前进的方向。

从鸦片战争到五四运动这 80 年中，中国人民为了挽救民族危亡、反抗阶级压迫，进行了可歌可泣、波澜壮阔的斗争，但都失败了。毛泽东同志总结这段历史经验时说：“从一八四〇年的鸦片战争到一九一九年的五四运动的

---

① 单国新：《试论中国共产党成立的历史必然性——为纪念中国共产党建党 70 周年而作》，《中州大学学报》（综合版），1991 年第 1 期，第 1－2 页。

前夜，共计七十多年中，中国人没有什么思想武器可以抗御帝国主义。旧的顽固的封建主义思想武器打了败仗了，抵不住，宣告破产了。不得已，中国人民被迫从帝国主义的老家即西方资产阶级革命时代的武器库中学来了进化论、天赋人权论和资产阶级共和国等项思想武器和政治方案，组织过政党，举行过革命，以为可以外御列强，内建民国。但是这些东西也和封建主义的思想武器一样，软弱得很，又是抵不住，败阵下来，宣告破产了。"① 就在这种情况下，十月革命的成功首先引起了中国先进的民主主义者的思想大变化，给正在倡导新文化运动的先进分子指明了新出路，使他们迅速地把视线从资产阶级民主主义转向社会主义。毛泽东在 1949 年说："十月革命帮助了全世界的也帮助了中国的先进分子，用无产阶级的宇宙观作为观察国家命运的工具，重新考虑自己的问题。走俄国人的路——这就是结论。"② 在这一批先进的知识分子中李大钊是杰出的代表。他在 1918 年下半年，先后发表了《法俄革命之比较观》、《庶民的胜利》、《布尔什维主义的胜利》等文章。他用马克思主义的原理分析了第一次世界大战的起因和结局，揭露了帝国主义的本质；比较法、俄革命之不同，介绍了十月革命的真实情况和布尔什维克的主张；阐明了十月革命的伟大意义，指出十月革命"是立于社会主义之上的革命"，是"二十世纪中世界革命的先声"。他满怀信心地预见，"试看将来的环球，必是赤旗的世界"。（关于马克思主义在中国的传播在上一专题中已经讲述，这里不再重复）

（三）五四运动促进了中国工人运动和马克思主义理论的结合

马克思主义与工人运动相结合产生无产阶级政党是一条普遍规律。列宁在《怎么办?》一书中指出，工人运动没有马列主义作指导，就不能成为自觉的社会主义运动，党也不能称为先锋队。这是因为，"工人本来也不可能有社会民主主义的意识。这种意识只能从外面灌输进去"③。否则，工人运动会受到各种非无产阶级思想的影响而走工联主义、改良主义道路。因此，从外部向工人灌输社会主义思想，就成为开展工人运动和建立无产阶级政党的重要条件，而承担这个任务的则是具有初步共产主义思想的知识分子。

---

① 《毛泽东选集》第 4 卷，人民出版社 1991 年版，第 1513 - 1514 页。
② 《毛泽东选集》第 4 卷，人民出版社 1991 年版，第 1470 - 1471 页。
③ 《列宁选集》第 1 卷，人民出版社 1995 年版，第 414 页。

马克思主义与中国工人运动的结合开始于五四运动，并且通过五四运动促进了更广泛的结合。1919 年五四运动之前，中国工人阶级的斗争还处于自发的阶段。他们所进行的斗争，往往带有一定的盲目性和自发性，他们还认识不清本阶级的历史任务，觉悟还比较低，进行的那些斗争大部分是经济斗争，他们虽然参加过一些政治斗争，但都是以资产阶级、小资产阶级追随者的面目出现的，还不能独立地提出自己的政治要求，没有形成一支战斗队伍，还处于分散的状态。虽然也有些原始的组织，但未组成统一的现代工会，更没有自己的政党。这时的中国工人阶级仍处在“自在”的阶段，而没有发展为一个“自为”的阶级。1919 年 5 月 4 日，五四爱国运动爆发，青年学生的反帝爱国行为得到全国各界的支持。5 月 4 日下午二时，北京大学、北京高等师范学校以及工业、农业、医学、政法等十几所专科以上学校的 3000 余名学生，高呼“还我青岛”、“取消二十一条”、“外争主权，内除国贼”等口号，冲破反动军警的阻挠，从四面八方汇聚到天安门前，举行抗议集会，并火烧签订“二十一条”时的外交次长、卖国贼曹汝霖的家——赵家楼。反动军警当场逮捕 32 名爱国学生。反动政府的倒行逆施激起了社会各界的义愤，社会各界纷纷支持学生的爱国行动。5 日，北京各大专学校开始总罢课。6 日，天津、上海等 20 多所院校行动起来，声援北京学生。社会名流和各界人士也纷纷谴责反动当局。6 月 1 日，反动政府接连发出两道命令：一道为卖国贼曹汝霖、章宗祥、陆宗舆辩护；一道诬蔑学生爱国斗争为非法行为。卖国竟然有功，爱国反而有罪。反动当局的罪恶行径，刺痛了爱国学生和民众的心，一场更大规模的反帝爱国运动兴起了。6 月 3 日，北京各校学生 2000 余人走上街头，展开反帝爱国演讲，当天有 170 名学生被捕。4 日，4000 多名学生上街演讲，又有 700 余人被捕。消息传到上海，具有光荣革命传统的工人阶级挺身而出，投入到反帝爱国斗争的行列，发起了影响深远的“六五”政治大罢工。至此，五四运动进入了第二阶段。6 月 5 日上午，上海日商第三、四、五纱厂 5000 多名工人在“不替仇人做工”的口号声中首先宣布罢工。下午，陆家嘴、杨树浦一带多家工厂的 2 万余名工人投入反帝爱国大罢工。随后几天，上海各行业的工人积极响应，10 日形成全市总罢工，并发出誓言：“不达惩办曹、章、陆目的，誓不开工。”在此前后，学生罢课，商人罢市，出现了声势浩大的“三罢”高潮。北京、上海的反帝爱国运动迅速波及全国各地，济南、青岛、天津、南京、杭州、宁波、武汉、南昌、扬州、安庆、厦门、广州、西安、沈阳、成都、昆明等 100 多个大中城市，万众一心，同仇敌忾，形成前所未有的反帝爱国浪潮，充分显示了中国人民维护民族尊严、捍卫领土主权的坚强决心。此时五四运动的性质已经发生了重大变化，中心由北京转到了上海，主力由学生转变为工人。尤其值得重视的是，以这次大罢工为标志，中国工人运动已从经济斗争转向政治斗争，中国工人阶级以独立的姿态登上政治舞台，为中国共产党的建立奠定了阶级基础。

五四运动后，在马克思主义与工人运动初步结合的基础上，共产主义知识分子便把筹建无产阶级政党的任务提上了日程。为此，1920 年 8 月，陈独秀等在共产国际的帮助下建立了上海共产主义小组。上海小组担负着发起、筹建中国共产党的任务。到 1921 年上半年，北京、武汉、济南、长沙、广州等地以及日本东京、法国巴黎也陆续建立了共产主义小组。各地共产主义小组建立后，首要任务是进一步加强对工人阶级的宣传工作和组织工作，使马克思主义同工人运动进一步结合起来。其具体活动是创办刊物、开办工人劳动补习学校、帮助工人建立工会、指导工人开展斗争等。如蔡和森在与毛泽东的通信中，明确指出“我意中国于两年内须成立一个主义明确、方法得当和俄一致的党”①。毛泽东也提出“唯物史观是吾党哲学的根据”。上海小组的机关刊物《共产党》用大量篇幅介绍俄国布尔什维克的建党经验和列宁的建党学说。1920 年 1 月，上海小组制定了《中国共产党宣言》，这些说明共产主义者正在按照俄国布尔什维克的榜样筹划建立中国共产党。

（四）中国革命需要无产阶级政党领导

1. 完成反帝反封建的历史任务需要有新的阶级来领导

毛泽东指出：“自从一八四〇年鸦片战争以后，中国一步一步地变成了一个半殖民地半封建的社会②。”在这个过程中，中国社会的主要矛盾不仅有封建主义和人民大众的矛盾，而且有资本主义和中华民族的矛盾，而外国资本主义和中华民族的矛盾，成为各种矛盾中最主要的矛盾。中国革命进入旧民主主义革命时期。这一时期，中国人民举行过无数次艰苦卓绝的反帝反封建斗争，其中规模和影响最大的有四次：一是洪秀全领导的太平天国农民起义；二是康有为、梁启超等领导的百日维新运动；三是义和团运动；四是孙中山领导的辛亥革命。辛亥革命是一次资产阶级民主革命，革命推翻了清王

① 《蔡和森文集》（上），人民出版社 2013 年版，第 58 页。

② 《毛泽东选集》第 2 卷，人民出版社 1991 年版，第 626 页。

朝的统治，推翻了两千多年的封建君主制度，建立了资产阶级民主共和国。但是以孙中山为代表的资产阶级民主派缺乏彻底革命精神，认不清封建余孽、帝国主义扶植人袁世凯的庐山真面目，对其妥协、退让，最终让他篡夺了辛亥革命的胜利果实，中国又处于北洋军阀的黑暗统治之下。中国半封建半殖民地社会的性质并没有改变，反帝反封建的民主革命任务也没有完成。由于中国民族资产阶级的软弱性，他们并没有比较广泛地发动中国人口最大多数的下层劳动群众，没有形成一个领导这场革命进行到底的强有力的政党。辛亥革命的失败，宣告了资产阶级共和国方案的破产。

如毛泽东指出的那样："中国人向西方学得很不少，但是行不通，理想总是不能实现。多次奋斗，包括辛亥革命那样全国规模的运动，都失败了。国家的情况一天一天坏，环境迫使人们活不下去，怀疑产生了，增长了，发展了。"① 这种对西方民主主义、资产阶级共和国政治方案的怀疑，必然导致中国的先进分子提出探索新的救国救民真理的要求。当资产阶级革命派的斗争每况愈下的时候，必然激励人们尤其是青年一代的爱国热情和追求真理的勇气。历史教训深刻地告诉我们：在半殖民地半封建的中国，农民、资产阶级和城市小资产阶级虽有着强烈的反帝反封建的革命要求，并且表现了他们的革命力量，但由于他们的阶级局限性、对敌斗争的软弱性、妥协性以及资产阶级害怕人民群众的劣根性等，都不能领导民主革命到达胜利的彼岸。因此，要推翻帝国主义和封建主义在中国的反动统治，完成资产阶级民主革命的任务，必须有新的阶级来领导，必须有新的思想来指导，这个阶级是谁呢？就是正在兴起的新的生产力的代表者——中国工人阶级。这个指导思想是什么呢？就是从十月革命的故乡俄国传来的马克思列宁主义。

2. 国际共产主义运动的历史表明革命运动需要无产阶级政党的领导

国际共产主义运动的历史表明，无产阶级要达到自己的目的，必须组织起来，建立与一切有产阶级旧政党对立的独立政党。从无产阶级革命运动的实践来看，自无产阶级产生到 19 世纪初期，由于资本主义生产关系还不够成熟，资本主义基本矛盾还没有充分暴露。因此，无产阶级对自己受压迫、受剥削的阶级根源和经济根源还缺乏认识，对自己的历史地位与历史使命认识模糊，因而在反对资产阶级的斗争中还不能作为一个阶级采取共同的自觉活动。十九世纪三四十年代，随着资本主义的发展，资本主义基本矛盾日益尖

① 《毛泽东选集》第 4 卷，人民出版社 1991 年版，第 1470 页。

锐，无产阶级反对资产阶级的斗争进入新阶段。特别是这一时期西欧三大工人运动的兴起，即 1831 年和 1834 年法国里昂纺织工人起义、1837 年至 1848 年英国宪章运动、1844 年德国西里西亚纺织工人起义。这些运动表明，西欧的工人已经由经济斗争转向政治斗争，标志着无产阶级作为一支独立的政治力量登上了历史舞台。但由于缺乏一个以马克思主义理论武装起来的革命政党的领导，结果都先后失败了。即便是 1871 年的巴黎公社建立无产阶级政权的尝试，也缺乏无产阶级革命政党强有力的领导，终因敌我力量悬殊而失败。恩格斯于 1889 年写道："要使无产阶级在决定关头强大到足以取得胜利，无产阶级必须（马克思和我从 1847 年以来就坚持这种立场）组成一个不同于其他所有的政党并与它们对立的特殊政党，一个自觉的阶级政党。"①

二、中国共产党的成立及其历史特点

（一）中国共产党的成立

中国共产党是在列宁领导的共产国际的帮助下诞生的。1920 年初，李大钊、陈独秀等开始了建党的探索和酝酿。1920 年 4 月，经共产国际批准，俄共（布）远东局派维经斯基等一行来华，了解中国的情况。他们先在北京会见了李大钊，后由李大钊介绍到上海会见陈独秀，共同讨论了建党问题。8 月，陈独秀、李汉俊、李达、陈望道、俞秀松等在上海成立了中国共产党的发起组。10 月，李大钊、张国焘等在北京建立了共产主义小组。接着，毛泽东、何叔衡等在湖南，董必武、陈潭秋、包惠僧等在湖北，王晋美、邓恩铭等在山东，谭平山、谭植棠等在广东等地都相继建立了共产主义小组，同时法国和日本留学生中的先进分子也组成了共产主义组织。各地共产主义小组建立以后，开展了多方面的建党活动。为了广泛传播马克思列宁主义，统一建党思想，1920 年 9 月，上海发起组把《新青年》杂志改为党的公开刊物；同年 11 月，又创办了《共产党》月刊，这是中国共产党历史上的第一份党刊。新青年出版社还翻译出版了《共产党宣言》、《国家与革命》等马克思列宁主义经典著作和多种宣传马克思主义的通俗小册子。各地共产主义小组又

① 《马克思恩格斯文集》第十卷，人民出版社 2009 年版，第 578 页。

创办了一批面向工人的通俗刊物，上海有《劳动界》、北京有《劳动音》和《工人月刊》、济南有《济南劳动月刊》、广州有《劳动者》等，对工人进行阶级意识的启蒙教育。在此基础上，各地共产主义小组积极深入工人群众、举办工人夜校、建立工会组织。除此之外，各地还建立了社会主义青年团，使之成为党的有力助手和后备军。

维经斯基回国不久，1921 年 6 月，共产国际派马林等到上海。他们建议召开党的全国代表大会，正式成立中国共产党。上海党的发起组在李达的主持下进行了全国代表大会的筹备工作，并向各地党组织写信发出通知，要求各地选派两名代表出席大会，来自北京、汉口、广州、长沙、济南和日本的各地代表 7 月 23 日前全部到达上海。1921 年 7 月 23 日—31 日，在上海法租界望志路 106 号（现为兴业路 76 号）召开了中国共产党的第一次全国代表大会。由于会场受到暗探注意和外国巡捕搜查，最后一天的会议改在浙江嘉兴南湖的游船上举行。参加会议的代表有李达、李汉俊（上海），张国焘、刘仁静（北京），毛泽东、何叔衡（长沙），董必武、陈潭秋（武汉），王尽美、邓恩铭（济南），陈公博（广州），周佛海（旅日）。包惠僧受在广州的陈独秀的派遣，也参加了会议，他们代表着 50 多名党员。列席会议的有共产国际代表马林和尼科尔斯基。

中共一大开幕时，党的两位最重要的创始人“南陈北李”都没有出席。陈独秀虽然被确定为大会主席，但当时他正在广州担任广东大学预科校长，为筹备校舍经费四处奔忙。李大钊当时任北京大学教授兼图书馆主任以及北京“八校教职员代表联席会议”主席等职，时值学年终结期间，公务繁忙，再加上他正领导八校教职员与北京政府进行索薪斗争，故无法亲自前往上海出席会议。会议临时决定由张国焘担任大会主席，毛泽东与周佛海任会议记录。

大会通过了党纲，确定党的名称为“中国共产党”。党的纲领是“采用无产阶级专政，以达到阶级斗争的目的——消灭阶级”，“废除资本所有制”以及联合第三国际。会议采取无记名投票的方式，选举了陈独秀、李达、张国焘组成中央局。李达因为负责一大的筹备工作，又是上海共产主义小组的代理书记，著译过大量介绍马克思主义的文章，被选为宣传主任；张国焘因为主持召开中共一大，擅长社会活动，被选为组织主任；陈独秀是《新青年》的创始人，又是五四运动和新文化运动的领袖，有很高的声望，被选为书记。这次大会宣告了中国共产党的正式成立。自从有了中国共产党，中国革命的面目就焕然一新了。从此，领导反帝反封建的革命斗争、争取民族独立和人民解放、实现振兴中华的伟大使命，历史地落到了中国共产党的身上。

课堂延伸

出席中共一大会议的人员，中华人民共和国成立后健在并担任党和国家高级领导人的有毛泽东、董必武，在新民主主义革命中牺牲或者病逝的有陈潭秋、何叔衡、王尽美、邓恩铭，后来脱党但仍然保持共产主义信仰的有李达和李汉俊，后来脱党，在国民党政府任职，中华人民共和国成立后仍在的有刘仁静、包惠僧，后来叛党或叛国的有3人，是张国焘、陈公博、周佛海。

从中共一大代表会后不同的人生道路和政治走向，能够体会到什么样的道理？

（二）中国共产党成立的历史特点

1. 中国共产党一开始就是一个以马克思列宁主义理论为基础的党，是一个区别于第二国际旧式社会改良党的新型工人阶级革命政党

无产阶级政党是工人阶级的先进的、有组织的、有觉悟的部队，是工人阶级的最高组织形式，是按照民主集中制原则组织起来的、实行统一的无产阶级纪律的战斗组织，这是列宁提出的建党原则。由于中国共产党产生在十月革命以后，在布尔什维克的样板作用以及十月革命成功经验的影响下，中国早期共产主义者一致认为“要走俄国人的路”，按布尔什维克的榜样来建立中国共产党。李大钊在热情讴歌十月革命的同时，高度评价列宁领导的党；陈独秀指出：“只有俄国共产党在名义上、在实质上都是马克思主义。”蔡和森也提出，要建立一个“和俄一致的党”；毛泽东认为蔡和森“见地极当，我没有一个字不赞成”。

在中国共产党的实际创建过程中，得到了列宁和共产国际的帮助。当中国五四运动的消息传到莫斯科，列宁和共产国际对中国革命的新动向表示了极大的关注和兴趣，并先后多次派人以各种不同的身份来到中国。俄共中共委员会西伯利亚局东方民族部主席布尔曼也亲自从海参崴到天津，会见了李大钊，了解事态发展的情况。1920年4月，共产国际又派维经斯基及他的妻子同俄籍华人杨明斋等人来华，了解情况，促成建党。维经斯基在北京、上海会见了李大钊、陈独秀等人，并与信仰社会主义的进步人士举行多次座谈，具体讨论了中国的建党问题。1921 年初，共产国际又派马林直接来上海，开展了建党的筹备工作。马林建议召开党的成立大会，他作为共产国际代表参加了党的第一次全国代表大会，对中国共产党的创建作出了贡献。

2. 党内出身于小资产阶级的党员占有相当大的数量，思想建设任务艰巨

在半殖民地半封建的旧中国，农民占人口 80%。在当时，工人阶级人数不多，又比较年轻，许多工人不久前仍然是小生产者，现代工业的产业工人数量是很少的。中国的这种社会阶级结构，也就是“两头小，中间大”，即无产阶级和地主资产阶级都只占少数，而绝大多数是农民和小资产阶级，中国共产党是处在小资产阶级的包围之中的。在这种复杂和特殊的社会环境里建立无产阶级政党，是国际共产主义运动中罕见的。

中国当时所处的国内国际环境，使许多小资产阶级出身的人进入党内。从出身的成分来说，早期的共产主义者大都是职员和学生，基本上是由革命知识分子所组成。关于中共一大召开时全国党员的组成情况，包惠僧回忆说：“我们都知道共产党是工人阶级的政党，应该吸收广大的工人群众来参加，但是这一次代表大会共十三个代表都是知识分子，代表各地的党员总共不过五十余人，除了湖北区有两个失业的工人同志外，就没有什么工人，尤其是没有产业工人。这说明我们党还是在软弱无力的幼年时期。”① 为了改变党员的成分，一大提出要把党的工作重点放在工人运动方面，注重在工人中发展党员。这样不久就有工人出身的邓培、史文彬、林祥谦、项英等人先后入党，为党员的构成增加了一批工人的血液。二大前夕，党员人数发展到 195 人，其中工人党员 21 人，占总数的 17%。随着工人运动的发展，一大批经受斗争考验和锻炼的工人加入到党的组织。到 1923 年 6 月，工人党员发展到 164 人，占总党员数的 37.9%。尽管建党初期的几年，各地党组织在吸收工人入党方面作了很大的努力，然而党员人数中工人党员占的比重仍算少。② 这一特点决定了新生的中国共产党不能不受到小资产阶级思想的严重影响，小资产阶级出身的革命分子的大批入党必然会把一些非无产阶级的意识带入党内，成为产生错误思想的重要根源，使党内一些人在政治上、思想上容易左右摇

① 韩泰华：《中共一大和六大时全国党员人数》，《百年潮》，2012 年第 3 期，第 33 页。

② 崔晓庚：《中国共产党产生的历史特点——纪念中国共产党成立 80 周年》，《沈阳教育学院学报》，2001 年第 2 期，第 9 页。

摆，这也是中国共产党在历史上一再出现“左”、“右”倾错误的重要原因。

另外，由于中国共产党是在半殖民地半封建中国的工人运动基础上产生的，中国工人阶级具有坚强的革命性，在这个阶级中不存在欧洲那种工人贵族阶层。所以，中国共产党内没有社会改良主义的阶级基础。

三、中国共产党成立后开创了革命新局面

（一）工人运动的新局面

党的一大决议明确规定：“本党的基本任务是成立产业工会。”① 党成立后，党的工作主要是从事工人运动。在各级党组织的发动和领导下，工人运动开始出现蓬勃兴起的局面。中共二大所确立的群众路线方法，对开展工人运动也起到了推动作用。

从 1922 年 1 月开始到 1923 年 2 月，中共领导的工人运动形成了第一次高潮，前后持续 13 个月之久。香港海员大罢工是这次工人运动高潮的起点。中共二大与工人运动的开展具有密切关系，大会通过了《关于工会运动与共产党的议决案》，要求各级党组织必须领导工人开展政治斗争。党的二大后，工人运动继续高涨。安源路矿工人大罢工是中国共产党成立初期组织的一场大型的罢工运动。京汉铁路工人大罢工是党领导的第一次工人运动高潮的顶点，这次罢工进一步显示了中国工人阶级的力量，扩大了中国共产党在全国人民中的影响。1927 年，北洋军阀政府制造了二七惨案，工人运动暂时转入低潮。

1925 年爆发的五卅运动，是大革命高潮到来的起点。中国共产党领导的五卅运动是中华民族直接反抗帝国主义的伟大运动，积累了领导反帝斗争的经验。1925 年 6 月 19 日，为了支援上海人民五卅反帝爱国运动，广州和香港爆发了规模宏大的省港大罢工。此次罢工由共产党人邓中夏及苏兆征领导，历时 1 年零 4 个月，是世界工运史上时间最长的一次大罢工，这次大罢工有效地打击了英帝国主义在香港经济的统治，并且让广州的金融得到了保障，显示了中国工人阶级的伟大力量和革命精神，在中国革命史上写下了光辉的一页。随着北伐战争的顺利推进，工人运动不断高涨，到 1926 年 12 月，全

---

① 《中共中央文件选集》（1921—1925），中共中央党校出版社 1989 年版，第 7 页。

国总工会会员由北伐战争前的100万人增加到近200万人。

（二）农民运动的新局面

中国共产党成立之后，也派出力量发展和领导农民运动，使之呈现出新局面。中国共产党从创建开始就特别关注占中国人口大多数的农民。《共产党》月刊曾发表《告中国的农民》一文，指出："中国农民占全国人口的大多数，无论在革命的预备时期，和革命的实行时期，他们都是占重要位置的。"① 党的一大后不久，党领导的农民运动开始在浙江萧山、广东海陆丰和湖南衡山等地区逐步兴起。1921年9月，早期共产党员沈玄庐在浙江萧山衙前村建立起反抗地主压迫和剥削的农民协会，这是第一个新型的农民组织。同年冬，四周几十个村庄先后建立了80多个农民协会。被誉为"农民运动大王"的澎湃，在广东海陆丰领导开展的农民运动是建党初期范围广、影响大的一次农民运动。到1922年底，海丰县已有12个县98个乡建立了农会，会员发展到2万户，自然人口近10万人，占全县总人口的四分之一。1923年元旦成立了海丰总农会。到1923年5月，海丰、陆丰、惠阳三县共有70多个县、1500多个乡建立了农会，会员达到20多万人。1923年初，湖南党组织动员党员到白果地区开展农民运动，同年9月成立湖南第一个农民组织——岳北农工会。

另外，国共合作的实现也推动了农民运动开展。在以共产党员为主的国民党中央农民部和国民党中央农民运动委员会的推动下，国民党中央执行委员会于1924年3月初步确定农民运动计划，决定组织农民协会和农民自卫军，从而点燃了农民运动的火焰。为了培养农民骨干，国民党中央执行委员会决定在广州开办农民运动讲习所。从1924年7月起，广州农民运动讲习所在共产党人澎湃、毛泽东等人的支持下，连续举办了六届，为广东等20多个省、区培训了700多名农民骨干，有力地促进了全国农民运动的开展。

北伐军队进入湖南后，在湖南农村掀起了一场迅猛异常的革命大风暴，许多地区的地方政权和武装被打得落花流水。到1926年11月底，湖南有54个县建立了农民协会组织，会员达到107万人。到1927年1月，会员增加到200万人。湖北省农民协会会员由1926年7月的3万多人增加到11月的20万人左右。江西的农民协会会员从1926年10月的6000多人发展到11月的5

---

① 《共产党》月刊第3号，1921年4月7日出版，第3页。

万多人。

毛泽东也十分重视农民问题。1926 年 9 月，他发表《国民革命与农民运动》一文，论述了农民运动与国民革命的关系，指出农民问题是国民革命的中心问题。1927 年 1 月 4 日至 2 月 5 日，毛泽东回到湖南，考察了湘潭、湘乡、衡山、醴陵和长沙 5 县的农民运动，通过广泛深入的调查，写成《湖南农民运动考察报告》。他指出："国民革命需要一个大的农村变动，辛亥革命没有这个变动，所以失败了。现在有了这个变动，乃是革命完成的重要因素。"①

（三）国共合作的新局面

共产党方面：中国共产党最早提出国共合作、建立统一战线的思想和主张。1922 年党的二大通过的《关于"民主的联合战线"的议决案》号召全国的工人、农民团结在共产党的旗帜下进行斗争；同时提出联合全国一切革命党派，联合资产阶级民主派，组织民主的联合战线，并决定邀请国民党的革命团体举行联席会议，共商具体办法。党的二大改变了一大文件中关于不同其他党派建立任何联系的规定。为了贯彻民主革命纲领、建立民主联合战线，中共中央先后派李大钊、陈独秀同孙中山等国民党领导人会晤，商谈国共合作。

1923 年 2 月 7 日，京汉铁路罢工遭到北洋政府的血腥镇压之后，中国工人运动暂时转入了低潮。中国共产党由此认识到，中国无产阶级虽然是一个最有觉悟性和最有组织性的阶级，但是只靠自己一个阶级的力量是不可能取得胜利的。而要胜利，就必须在各种不同的情形下团结一切可能团结的革命阶级和阶层，组织革命的统一战线。所以在二七惨案后，中国共产党决定采取更为积极的步骤去联合孙中山领导的中国国民党。尽管孙中山领导的国民党大体上是代表民族资产阶级和城市小资产阶级的政党，且成分复杂、严重脱离群众，但是中国共产党认为"中国现存的各政党，只有国民党，比较是革命的民主派"，因此首先应当争取同国民党进行合作。

国民党方面：1922 年 6 月，陈炯明叛乱，孙中山在痛苦的失败中不得不重新寻找新的革命同盟者。也就是在这个背景下，苏俄、共产国际与中共代表多次研究国共合作。1923 年 1 月，孙中山会晤苏联政府代表越飞，发表《孙文越飞联合宣言》，确立国民党的联俄政策。

---

① 《毛泽东选集》第 1 卷，人民出版社 1991 年，第 16 页。

在国共合作形式上，孙中山同意共产党员以个人身份加入国民党而不接受党外联合的办法。为了解决这一个问题，根据马林的建议（实行党内合作，即共产党员、共青团员以个人身份加入国民党，把国民党改组成为工人阶级、农民阶级、城市小资产阶级和民族资产阶级的联盟的主张），1922 年 8 月，中国共产党召开杭州西湖会议，决定共产党员以个人身份加入国民党。这次会议是中国共产党关于国共合作政策由党外合作到党内合作的转折点。1923 年 6 月，党的三大就国共合作的方针和办法作出了正式的决定，决定采取共产党员以个人身份加入国民党的方式实现国共合作。

1924 年 1 月，中国国民党一大在孙中山的主持之下在广州召开，这标志着国共合作正式形成。这里重点讲清国共合作的共同纲要，即新三民主义。关于新民族主义，《国民党一大宣言》指出："国民党之民族主义，有两方面之意义：一则中国民族自求解放；二则中国境内各民族一律要从帝国主义的压迫和奴役下解放出来，使中国民族得自由独立于世界。"显而易见，新民族主义明确地提出反对帝国主义的主张，高举起了反对帝国主义的旗帜。这里所讲的"中国境内各民族一律平等"，就是"承认中国以内各民族之自决权"，在反帝反封建革命胜利以后，"国内诸民族宜可得平等之结合"。关于新民权主义，《国民党一大宣言》指出："国民党之民权主义，则为一般平民所共有的，非少数者所得而私也。"孙中山在阐述这个思想时提出："现在是民国，是以民为主的，国家的大事，人人都可以过问。"这种"为一般平民所共有"的共和国，实际上就是建立一个各革命阶级联合专政的国家。关于新民生主义，《国民党一大宣言》指出："国民党之民生主义，其重要的原则不外二者：一曰平均地权；二曰节制资本"。新民生主义的"平均地权"变过去的空洞口号为崭新的内容，《国民党一大宣言》指出："农民之缺乏田地现为佃户者，国家当给以土地，资其耕作。"孙中山后来又将这些内容归纳为"耕者有其田"。"节制资本"的"要旨"是："凡本国人及外国人之企业，或有独占的性质，或规模过大为私人之力所不能办者，如银行、铁道、航路之属，由国家经营管理之，使私有资本制度不能操纵国民之生计。"这就是说，"中国不单是节制私人资本，还是要发达国家资本"。"私人资本"是允许其发展的，但不能让它"操纵国民之生计"。"操纵国民生计"即掌握国民生计的发展方向的只能是"国家资本"。

从新三民主义的基本内容看，经过重新解释的三民主义包含了新的内容和新的革命精神，故称之为新三民主义。新三民主义的政纲同中国共产党的民主革命纲领在基本原则方面是一致的，因而成为国共合作的共同纲领。国民党一大的召开，标志着国共合作的正式形成。这是中国共产党实践民主革命纲领和民主联合战线政策的重大胜利，开辟了国共合作的新局面。

（四）北伐战争的新局面

北伐战争是国共两党合作共同进行的一场革命的、正义的战争。其口号是“打倒列强，除军阀”，目的是推翻帝国主义支持的北洋军阀的反动统治，实现中华民族的独立、自由、民主和统一。完成近代以来民族独立、人民解放的历史任务，这是孙中山多年的愿望，也是全国人民的共同要求。

中国共产党和苏联在华的军事顾问为此做准备，促进了北伐战争新局面的到来。广州革命政府军事总顾问加仑在北伐前就曾认真筹划，1925 年 9 月，他在《今后南方工作展望或曰 1926 年国民党军事规划》中，拟定了军事部署，设想于 1926 年下半年初即可开始北伐。1926 年 2 月中旬，在苏联官方提供的顾问名单上，排名第一的“政治总顾问”鲍罗廷明确提出北伐已“刻不容缓”，并提议北伐必须与农民的土地革命结合起来。1926 年 2 月，中共中央特别会议在北京召开，会议指出：“党在现时政治上的主要的职任，是从各方面准备广东政府的北伐；而北伐的政纲必须是以解决农民问题作主干。”会议还决定建立中央军事委员会，以便加强党的军事工作。随后，中共中央建立了军事部。1926 年 5 月上旬，广东革命政府派遣国民革命军第四军叶挺独立团和第七军一部为北伐先遣队，从广东肇庆出发，挺进湖南，揭开了北伐战争的序幕。

7 月 1 日，广东革命政府在广州誓师北伐。9 日，北伐战争在“打倒列强，除军阀”的口号声中正式开始。参加北伐战争的国民革命军共八个军，约 10 万人，蒋介石为总司令。在北伐军中，一大批共产党员担任各级党代表或政治处长，或者担任基层指挥员、战斗员，如周恩来担任第一军副党代表，李富春担任第二军副党代表，朱克靖担任第三军党代表，罗汉担任第四军党代表，林伯渠担任第六军副党代表，萧劲光担任第二军第六师党代表，等等。同时，中国共产党的各级组织还组织和武装了大批农民自卫军、工人纠察队，用以策应和支援北伐军的行动。7 月 12 日和 14 日，中共中央和国民党中央分别发表《中国共产党对于时局的主张》和《北伐出师宣言》，号召全国人民支持国民革命军的北伐。北伐的主要对象是三支北洋军阀部队：一是直系吴佩孚，占据湖南、湖北、河南三省和河北的一部，约有兵力 20 万；二是由直系分化出来自成一派的孙传芳，割据着江苏、浙江、安徽、江西、福建五省，有兵力20万左右；三是奉系张作霖，控制东北三省、热河、察哈尔、京津地区和山东，约有兵力30多万。从双方总兵力数量看，北洋军阀占有明显优势。对此，加仑将军提出了集中兵力、各个歼敌的战略方针，即首先进军湖南、湖北，消灭吴佩孚所部；待两湖战场取得胜利后，再集中兵力消灭孙传芳；最后消灭张作霖，统一全中国。事实证明，加仑的战略构想是北伐战争取得胜利的一个重要条件。

北伐军首先集中兵力在两湖战场打击吴佩孚所部，北伐正式开始后，国民革命军连克长沙、平江、岳阳等地，8月底取得两湖战场上的关键一战——汀泗桥、贺胜桥战役胜利。10月，北伐军进抵武汉，先后占领武昌、汉阳、汉口，全歼吴佩孚部主力。与此同时，在苏联和中共的帮助下，同年9月17日，以冯玉祥为总司令的国民军在绥远五原誓师，宣布全军加入国民党，并率部进军陕西、河南，有力地配合了北伐军攻击河南。北伐军在两湖战场取得胜利后，转向江西战场进击孙传芳所部。11月起，北伐军向南浔路一带发动攻势，消灭孙传芳部主力，占领南昌、九江，随后又攻占了福建、浙江。1927年3月下旬先后攻占了安庆、南京。3月21日，为配合北伐军进军上海，中国共产党领导上海工人取得第三次武装起义的胜利，占领了上海。至此，长江以南地区完全为北伐军控制。北伐战争是国共两党共同进行的一场革命的、正义的战争。两党团结合作、一致对敌，北伐军将士英勇奋战，以鲜血和生命换来了辉煌战果。在不到10个月的时间里，北伐军从广州打到武汉、上海、南京，打垮两大军阀，歼敌数十万，一场规模空前广大的人民革命战争席卷了大半个中国，在中国革命历史上写下了光辉的篇章。

民众的支援和北伐中的政治工作，也助推了北伐战场的新局面。

人民群众的支援是北伐战争胜利进军的重要基础。北伐军向长沙进军的途中，中共湖南区委发动工农群众参加带路、送信、侦察、运输、扫雷、担架救护、慰劳、扰乱敌军后方等工作，还组织农民自卫军直接参战。长沙战役胜利后，长沙各业工人组成近万人的运输队随军前进。平江、岳州等县的农民和粤汉铁路、安源煤矿的工人，也积极配合北伐军继续北上。湖北党组织成立由共产党员董必武任主任的湖北特种委员会，举办两湖“北伐宣传训练班”，印发宣传品30多种。汉阳兵工厂工人举行总罢工，拒绝给吴佩孚制造枪械。北伐军克复汉阳后，中共湖北党组织在汉口组织罢工、罢市，断绝交通，使北伐军没费一枪一弹便收复了汉口。在江西战场，人民群众“到处与孙军为难”，给其造成“运输粮食困难”，“只给国民革命军种种便利”，包括引路、当侦探、组织运输队等。安源煤矿的工人组织向导队、运输队、破坏队等使北伐军迅速地占领了萍乡。

军队中的政治工作对北伐战争的胜利局面也起了重要作用。据不完全统计，在北伐军中担任政治工作的共产党员，到1926年12月已达1500人左右。北伐出师前，在周恩来的主持下，已建立起北伐军总政治部和各级政治部。中共中央指出：政治工作的主要任务，是宣传国共合作，宣传反帝反封建，改革部队旧的军阀制度，扶助地方工作，通过多种渠道加强对北伐意义的宣传和对政工干部的教育训练。1925年冬，以国民党中央名义主办的政治讲习班共有学员350人。政治讲习班共设20多门政治课，由张太雷、邓中夏、毛泽东等共产党员主讲。共产党人的政治工作对北伐军产生了积极的影响，赴江西前线实地考察的中共中央军事特派员王一飞在给中央的报告中写道：“北伐军的政治工作虽不能尽如人意，但对于人民及本军兵士，多少是有影响的，至少，我军兵士是知‘国民革命’、‘打倒军阀’、‘解放人民’的，所以我军兵士在累次打仗中是非常勇敢的。”① 政治工作在叶挺独立团中也发挥了重要作用，这个团英勇善战、纪律严明，屡破强敌，在历次战斗中都勇于承担最艰巨的任务，为北伐战争的胜利进军立下了不朽功勋。

课堂讨论

大革命是在国共合作的条件下进行的，没有国共合作，不会在短时间内掀起这样一场革命。在这场革命中，中国共产党起着独特而不可替代的作用。可以说，没有共产党，不会有这场大革命。原因是什么？

教学总结

本专题主要讲述了中国共产党成立的历史必然性、中国共产党的成立及其历史特点、中国共产党成立后中国革命的新变化三个内容。通过这一专题的学习，学生要能结合社会环境分析促成中国共产党成立的各种历史因素，对中共一大、中共二大的内容、地位及历史意义进行深度把握；要能结合历

① 中央档案馆编：《江西战争胜利的经过及北伐军东下问题》（1926年12月9日），《北伐战争（资料选辑）》，中共中央党校出版社1981年版，第33页。

史事件分析中国共产党成立后给中国革命带来的新变化，尤其是要能客观准确把握国民党和中国共产党在大革命中所起的历史作用。

课后思考

1. 为什么说中国共产党的成立具有历史必然性？
2. 中共一大的内容有哪些？
3. 中国共产党的成立有哪些历史特点？
4. 中共二大的内容是什么？
5. 中国共产党成立之后，给中国革命带来了哪些新变化？
6. 北伐战争胜利进军的原因是什么？
7. 中国共产党在大革命中的作用如何？

推荐阅读

1. 中共中央党史研究室：《中国共产党历史》，中共党史出版社 2011 年版。

2. 张军锋：《开端——中国共产党成立述实》，江苏人民出版社 2011 年版。

3. 黄修荣、黄黎:《共产国际与中国共产党关系探源》，人民出版社 2016 年版。

4. 杨天石:《崛起与北伐——杨天石评说近代史》，中国发展出版社 2015 年版。

5. 陈惠丰：《国民革命军北伐亲历记》，中国文史出版社 2017 年版。

6. 熊月之、高俊：《历史记忆：中共“一大”的历史空间》，北京师范大学出版社 2013 年版。

7. 曾庆榴：《共产党人与黄埔军校》，广州出版社 2013 年版。

专题六

中国革命的新道路

问题引领

1927年“七一五”政变以后，国民党的南京国民政府和武汉国民政府仍然在一段时间内互相对峙，后经几番周折才实现了宁汉合流。1928年2月，南京国民政府改组，武汉国民政府不复存在。1928年12月，张学良从东北发出通告，宣布“遵守三民主义，服从国民政府，改易旗帜”，北洋军阀不再作为独立的政治力量继续存在，国民党在全国范围内建立了自己独立的统治，变成了代表地主阶级、买办性的大资产阶级的反动集团所控制的政党。国民党统治集团对中国共产党及其领导的革命运动严厉镇压，对于革命应当坚持走什么样的道路，中国共产党人开始了长时间的艰苦探索。在“城市中心论”的影响下，中国共产党领导了南昌起义、秋收起义、广州起义来武装反抗国民党反动统治，但均以失败告终。经过几番曲折，中国共产党最终克服了把马克思主义教条化、把共产国际决议和苏联经验神圣化的“左”倾错误，找到了符合中国实际的革命新道路，创立了农村包围城市、武装夺取政权的理论，使中国革命焕发出新的生机。

➤ 逻辑结构

1927 年大革命失败以后，国民党已经不再是工人、农民、城市小资产阶级和民族资产阶级的革命联盟。国民党政府的统治依然是地主阶级和买办性的大资产阶级的统治，同北洋军阀的统治没有本质的区别，他们推行一党专政和军事独裁统治，进而维护帝国主义、封建主义和官僚资本主义的利益。在本专题的教学中，要突出讲述以下几个问题：一是讲清楚国民党全国政权的性质，这样才能回答大革命失败以后中国共产党为什么要革命、革谁的命的问题；二是弄明白中国共产党对革命新道路探索的艰苦历程，革命新道路是共产党人经历了“城市中心论”的失败和长时期的理论思考之后才找到的新途径；三是“农村包围城市、武装夺取政权”这条革命新道路在土地革命、抗日战争以及解放战争时期都有不同的表现形式，需要结合不同历史时期的社会背景加以理解；四是中国革命的发展道路并不是一帆风顺的，也曾遭遇过一些挫折。在“左”倾教条主义错误的影响下，红军在第五次反“围剿”中惨遭失败，迫使红军退出南方根据地并实行战略转移——长征。本专题的学习，要使学生认识到国民革命失败以后国民党政权性质的变化，认清推翻国民党反动统治的必要性和正义性，掌握“农村包围城市，武装夺取政权”这一革命新道路理论提出的艰辛历程。这一革命新道路理论是中国共产党人集体智慧的成果，其中毛泽东为这一理论的形成做出了重大贡献。

一、国民党全国政权性质的变化

只有认清国民党全国政权的性质，才能回答大革命失败以后中国共产党为什么要革命、革谁的命的问题。1927 年，蒋介石在上海发动“四一二”政变后，于 4 月 18 日在南京建立了“中华民国国民政府”。1927 年“七一五”政变后，国民党南京国民政府和武汉国民政府在一段时间内互相对峙。后经周折实现宁、汉合流。1928 年 2 月，南京国民政府改组，武汉国民政府不复存在。其后，国民党政府的军队继续北伐。1928 年 6 月，奉系首领张作霖在退回关外途中被日军炸死。1928 年 12 月 29 日，张学良从东北发出通告，宣布“遵守三民主义，服从国民政府，改易旗帜”。至此，南京国民政府在形式上完成了国家的“统一”，标志着中国进入了以蒋介石为首的南京国民政府统治时期。

问题思考

为什么在大革命时期国共两党相互合作，是朋友；大革命失败以后，国共两党关系破裂，就成为了仇敌？

判断某一政权的性质，最根本的是要看它的阶级基础和它所实行的内外政策，看其代表哪些阶级的利益、为哪些阶级服务。关于国民党政权的性质，毛泽东当时曾深刻指出：“现在国民党新军阀的统治，依然是城市买办阶级和乡村豪绅阶级的统治，对外投降帝国主义，对内以新军阀代替旧军阀，对工农阶级的经济的剥削和政治的压迫比以前更加厉害……全国工农平民以至资产阶级，依然在反革命统治底下，没有得到丝毫政治上经济上的解放。”①

（一）实行一党专政的军事独裁统治

1928 年 10 月，国民党中央常务委员会通过《训政纲领》，规定：“由中国国民党全国代表大会代表国民大会，领导国民行使政权”；其全国代表大会闭会时，“以政权付托中国国民党中央执行委员会执行之”；指导、监督国民政府重大国务之施行，由中国国民党中央以“政治会议行之”。这样，北洋政府时期还在形式上存在的议会制度也被彻底废除了。

为了镇压人民和消灭异己力量，国民党建立了庞大的军队。据 1929 年 3 月的官方材料统计，“全国军额达二百万”，而实际兵员数远不止此。国民党建立了庞大的特务系统——“中统”和“军统”，其主要任务就是反对共产党，破坏革命运动，绑架或者暗杀革命者和异己分子。为了控制人民、禁止革命活动，国民党还大力推行保甲制度，规定十户为甲、十甲为保，分设甲长、保长。保甲内各户要相互监视、互相告发。另外，为了控制舆论、剥夺人民的言论和出版自由，国民党还厉行文化专制主义。大批进步书刊被查禁，许多进步作家被监视、拘捕甚至枪杀。

（二）大肆发展官僚资本经济

孙中山民生主义的重要思想体现在“节制资本”、“平均地权”、“天下为公”等原则之中，虽然这是一种资本主义的经济形态，但它强调限制大资本的膨胀，鼓励发展中小资本主义，进而实现平等均富的理想社会，体现了对

---

① 《毛泽东选集》第 1 卷，人民出版社 1991 年版，第 47 页。

贫困人民的关怀。而南京国民政府与孙中山的民生主义背道而驰，大肆发展官僚资本，维护少数人的利益。南京国民政府建立后，开始营建以四大家族为代表的官僚资本。概括起来，官僚资本有以下几个特点：

一是鲜明的买办性。这是由中国的社会性质和官僚资产阶级的阶级属性所决定的。四大家族资本的经营活动都仰仗于帝国主义，如国民党的“法币”是英镑和美元的附庸，宋子文、孔祥熙的财富均以美元存放于美国银行。四大家族的商业活动是为帝国主义推销商品，根本没有独立生产经营的自主性。二是浓厚的封建性。四大家族官僚资本虽然属于资本主义的范畴，但是其封建性十分浓烈。蒋、宋、孔、陈本身就是大土地所有者，是中国地主阶级的总代表。孔祥熙不仅在山西拥有大量土地，甚至在南美洲亚马孙河两岸也占有大片土地。在剥削手段上，尤其是在农业上，他们更是采用了田赋、徭役、地租等具有封建色彩的方式。三是高度的垄断性。西方垄断资本主义的发展过程，一般是：自由竞争—垄断—参与政权。但四大家族官僚资本垄断不是生产日益发展的必然结果，而是与国家政权相结合，利用政权强制推行垄断政策，发展模式是：军事独裁—政治专制—金融垄断。这种模式完全违背经济规律，阻碍了社会经济的发展。

基于以上分析，在1927年大革命失败以后，国民党已经不再是工人、农民和城市小资产阶级和民族资产阶级的革命联盟，而是变成了一个由代表地主阶级、买办性大资产阶级利益的反动集团所控制的政党，它阻碍了中国社会的进步和发展。因此，推翻国民党反动统治就成为这一时期中国革命的首要任务。

二、中国共产党对革命新道路的探索

1927年大革命失败后，中国共产党及其领导的革命运动遭到严厉镇压，中国社会处于白色恐怖之中。共产党被宣布为“非法”，加入中国共产党成为最大的“犯罪”，共产党的组织不断遭到破坏，许多共产党员和党的领导干部被捕被杀。从1927年3月到1928年上半年，被杀害的共产党员和革命群众达到31万多人，其中共产党员26000多人。共产党中也有一些不坚定的分子动摇，纷纷声明脱离共产党、共青团。据1927年11月统计，全党党员人数由1927年5月中共五大时的57900多人锐减到10000多人。在严峻的考验面前，许多共产党人用自己的鲜血和生命捍卫了共产主义的信念。全国农民协会秘书长夏明翰就义前的绝命诗中写道："砍头不要紧，只要主义真，杀了夏明翰，还有后来人。"中共湘鄂赣特委书记郭亮在牺牲前写给妻子的遗言是："望善扶吾儿，以继余志。"在革命形势处于低潮的情况下，怎样夺取武装斗争的胜利？革命应该走什么道路？这是中国共产党在领导中国革命中碰到的又一个问题。在一段时间里，党在对中国革命道路的探索上陷入了"城市中心论"的误区。

（一）开展以城市为中心的武装起义

在"城市中心论"的影响下，中国共产党发动和领导了三大起义。1927年8月1日，周恩来、贺龙、叶挺、朱德、刘伯承等人率领北伐军2万多人在南昌举行起义，打响了武装反抗国民党反动统治的第一枪。这是中国共产党独立领导革命战争、创建人民军队和武装夺取政权的开端。9月9日，毛泽东等领导的湘赣边界秋收起义爆发。起义军公开打出了"工农革命军"的旗帜；在攻打长沙遭遇严重挫折之后，起义部队决定南下，向敌人控制比较薄弱的农村区域转移，并于10月7日抵达江西省宁冈县茅坪，开始了创建井冈山农村革命根据地的斗争。12月11日，中共广东省省委书记张太雷和叶挺、叶剑英等领导了广州起义，对国民党发动了英勇反击。从1927年大革命失败到1928年初，中国共产党还先后在海陆丰、琼崖、鄂豫边、赣西南、赣东北、湘南、湘鄂西、闽西、陕西等地区领导了近百次武装起义。

课堂思考

三大起义的共同特点是什么？给予中国革命什么历史启示？

这些以占领中心城市为目标的起义，因为缺乏根基很快就失败了。这些惨痛的教训引起了党内的普遍反思：中国革命的成功是否意味着必须坚持"城市中心论"？这一道路是否符合中国革命的具体实践？这个问题只有遵循马克思列宁主义与中国实际相结合的原则，依靠实践经验的积累，才能够加以回答。

（二）毛泽东"引兵井冈"

毛泽东探索中国革命新道路迈出的第一步，是从湘赣边秋收起义受挫后

"引兵井冈"开始的。在此之前，他已经萌发了到农村开展武装斗争的"上山"思想。毛泽东萌发"上山"思想的时间，可以确定为1927年年中。马日事变后，革命形势日趋紧张，客观上要求中国共产党人寻求新的革命出路。中央和湖南省委的一些同志（如毛泽东、蔡和森、瞿秋白、董必武等），开始提出"上山"问题，但以毛泽东最为突出。第一，他提出"上山"主张早。据目前发现的史料，党内最先提出"上山"问题的，除瞿秋白外，就是毛泽东了，他提出"上山"的概念明确。据袁任远回忆：马日事变后毛泽东在武汉召集湖南来的同志开会，要大家拿起武器，"山区的上山、滨湖的上船，坚决与敌人作斗争，武装保卫革命"。李维汉也回忆：毛泽东同志自1927年马日事变以后，就明确指出，农民在处境不利的情况下即应上山。第二，他对"上山"的态度坚定、一贯。1927年7月4日，中央政治局常委就湖南局势召开扩大会议，在研讨农民自卫军的出路时，陈独秀主张加入国民革命军，毛泽东则表示反对，主张"上山"，并预料"上山"可造成军事势力的基础。在八七会议上，瞿秋白曾建议毛泽东到上海党中央机关工作，毛泽东回答说，我不愿跟你们去住高楼大厦，我要上山结交绿林朋友。在8月9日的临时中央政治局会议上，毛泽东再一次陈述了"上山"的意见。第三，他最先卓有成效地把"上山"付诸实践。1927年9月，他回湖南领导秋收起义，部队受挫后即放弃攻打长沙的计划，把队伍拉上了井冈山，这一举动客观上为开辟中国革命新道路迈出了关键性的第一步。

另外，1927年召开的八七会议总结大革命失败的教训，讨论党的工作任务，确立了实行土地革命和武装起义的方针。毛泽东在发言中除了批评陈独秀的"右"倾错误外，还提出了两个非常重要的问题：一是关于军事斗争问题，提出"以后要非常注意军事，须知政权是由枪杆子中取得的"。这实际上提出了党的工作重心就是开展军事斗争。二是关于农民土地问题。为日后开展土地革命、制定正确的土地革命路线奠定了认识上的基础。在中国革命道路问题上，八七会议前后中共中央领导的几次起义都试图通过以城市为暴动起点的方式推进革命。如秋收起义，中共中央和湖南省委都主张以长沙暴动为起点。湖南省委在给中共中央的信中指出："长沙暴动与秋收暴动是一回事。长沙暴动是秋收暴动的起点。"① 中共中央也认为这在"原则上是对的"。又如广州起义，中共中央认为它"是广东总暴动的开始，是全国各地

① 《湖南省委来信》，1927年8月30日。

工农暴动的信号”①。

（三）中国共产党和军队其他领导人的探索

八七会议后，全国各地党组织在一些地区先后领导了多次武装起义，寻找革命新道路。南昌起义军南下失败后，朱德率领余部领导湘南起义，积极探索中国革命新道路。他从南昌起义的失败中吸取教训，认为南昌起义“失败的主要教训，就是起义军没有和江西的农民运动相结合”，如果“在江西各地开展农民运动，解决土地问题，建立革命根据地，同时也改造起义军本身，那是完全可以站得住脚的”②。朱德率南昌起义军余部从三河坝撤兵后，他首先想到的是如何甩开敌人的重兵，求得起义军余部的生存。具有深邃战略眼光的朱德深刻认识到“我军应当到农村去，不应当去打大城市”③。1927年10月7日，朱德在广东省饶平县上饶镇茂芝村全德学校召开有20多名指挥员参加的会议，对部队的行动方向作出决断。他指出：“我们要保存这支军队，作为革命的种子，就要找到一块既隐蔽又有群众基础的立足点。”他进一步明确指出：“湘粤赣边界地区，是敌人兵力薄弱的地方，是个三不管的地带，这一带农民运动搞得早，支援北伐最得力，我们应当以此为立足点。”④ 这个会议是继1927年9月19日毛泽东在文家市主持召开前委会议，作出把起义军向南转移到敌人统治力量薄弱的农村山区、寻找落脚点的决定之后召开的。两次会议，两个决定，同一个方向，把党领导的人民军队从进攻大城市转向进军农村，这也代表了中国革命道路的正确方向。

八七会议以后的中共中央根据“找着新的道路”的要求，在领导各地武装起义的过程中，也初步提出了寻找机会占领某个县或者几个县、建立革命政权、实行武装割据的思想。1928年6月召开的中国共产党第六次全国代表大会在继续把城市工作的复兴视为革命高潮到来的决定条件的同时，肯定了农村根据地和红军是决定革命新高潮的更大的发展基础和重要力量。1929年6月，中共六届二中全会进一步指出：在中国，找不到一个经济力量能够统治全国的大城市，所以中国革命要胜利，必须要有红军，必须要有广大的苏维埃区域的帮助。周恩来作为当时中共实际的主要负责人，也逐渐认识到

---

① 《中央致广东省委信》，1927年12月18日。

② 《朱德选集》，人民出版社1983年版，第393－394页。

③ 《朱德选集》，人民出版社1983年版，第125页。

④ 《一次重要的军事决策会议》，《饶平党史资料》1982年第1期。

“先有农村红军，后有城市政权”的重要性。同年9月，中共中央给红四军前委的指示信更是指出：先有农村红军，后有城市政权，这是中国革命的特征，是中国经济基础的产物。1930年5月，中共中央机关刊物《红旗》发表署名信件，明确提出共产党应当以大部分力量甚至全部力量去发展乡村工作；认为革命势力占据了广大农村之后，即可以联合起来包围城市、封锁城市，用广大的农村革命势力向城市进攻，这样革命必然可以胜利。

邓小平等领导的百色、龙州起义，借鉴朱毛红军的经验实行工农武装割据，是建立农村革命根据地的又一次重要尝试。此外，刘伯承、贺龙等党和军队领导人都为中国革命新道路作出了有益的探索。

三、中国革命新道路的理论与实践

（一）土地革命战争时期新道路的理论与实践

如前所述，在1927年中国革命的危急关头，毛泽东在一次中央常委扩大会上主张工农武装“上山”，“造成军事势力的基础”①。这一主张不久就为中央接受，中共中央在一个通告中明确指出：工农武装在迫不得已的情况下可以“上山”②。在革命的转折关头，显示了以毛泽东为代表的中国共产党人的远见卓识。这一理论与实践，为大革命失败后党领导武装暴动并转入农村实行“工农武装割据”作了思想上和组织上的准备。

“包围”一词最初是出现在1928年6月中共中央给红四军前委的信中。该信总结广州起义的教训，其中重要的一条是：全省暴动之先必须要有几个重要区域的割据而“向全省的中心区域作包围的发展”才有可能“胜利”③。在井冈山革命根据地时期，毛泽东先后发表了《中国的红色政权为什么能够存在?》和《井冈山的斗争》两篇文章，对中国红色政权存在的必要性和可能性作了全面而深刻的论述，明确提出了“工农武装割据”思想。当然这一思想还不等于是农村包围城市。因为这时，它还是作为城市斗争的配合手段而提出来的，还没有解决以农村为中心的问题。但是，这一思想的提出与阐

① 《中共中央常委扩大会议记录》，1927年7月4日。
② 中央通告：《目前农民运动总策略》，1927年7月20日。
③ 《中央给前敌委员会的信》，1928年6月4日。

明为中国革命新道路的发现奠定了理论基础。

至于以农村为“重心”，是毛泽东、朱德率红四军主力向赣南、闽西进军以后，于1929年3月以前委的名义向中央所作的报告，最先提出党的“一般工作的重心”应放在“红军及小区域苏维埃之创立上”①。4月，毛泽东在《前委致中央的信》（前委来信）中，又提出了从“赣东”、“赣南”、“赣西”、“赣北”四面包围南昌的重要思想。如果这些“包围”、“重心”之说还是从中国革命的局部而言，那么，1929年9月，周恩来在《中共中央给红军第四军前委的指示信》（九月来信）中所指出的“先有农村红军，后有城市政权”，就已具有全局的意义。所有这些都为提出农村包围城市、武装夺取政权的道路作了理论上的准备。

1930年1月，毛泽东给红四军第一纵队司令员林彪的信，即《星星之火，可以燎原》一文，是思考中国革命新道路理论的一篇重要著作。信中指出，中国是许多帝国主义国家相互争夺的半殖民地，由此发生统治阶级内部长期混战的现象，有了红军和游击队存在和发展的可能，有了在四周白色政权中小块红色区域存在和发展的可能；红军、游击队和红色区域（也就是局部地区内的革命政权）的建立和发展，是半殖民地中国在无产阶级领导之下的农民斗争的最高形式和必然结果，并且是促进全国革命高潮的重要因素。他特别强调坚持农村革命根据地斗争的意义，认为：“必须这样，才能树立全国革命群众的信仰，如苏联之于全世界然。必须这样，才能给反动统治阶级以甚大的困难，动摇其基础而促进其内部的分解。也必须这样，才能真正地创造红军，成为将来大革命的主要工具。总而言之，必须这样，才能促进革命的高潮。”② 以上论述，实际上提出了把党的工作重心由城市转移到农村，在农村深入开展土地革命，开展游击战争，建立和发展红色政权，待条件成熟时夺取全国政权的思想。

八七会议以后，毛泽东发动秋收起义，建立了以宁冈为中心的井冈山革命根据地，党领导根据地人民开始了打土豪、分田地的土地革命斗争。1928年12月，毛泽东经过深入农村调查，在总结井冈山革命斗争经验的基础上写出了《井冈山土地法》，它宣布“没收一切土地归苏维埃政府所有”，并规定了主要以乡为单位、以人口为标准分田的具体实施办法，把人民群众在土地

① 《红四军前委给中央的报告》，1929年3月20日。

② 《毛泽东选集》第1卷，人民出版社1991年版，第98－99页。

革命斗争中创造的经验用法律形式固定下来。“这是我党历史上第一个较完整的土地革命经验的总结，具有伟大的历史意义，以后的土地法，大多是在这个土地法的基础上根据实践经验不断完善而成的。”① 但是，由于党缺乏土地革命的经验，《井冈山土地法》存在着一些不成熟和错误的地方。毛泽东后来曾指出它有三条原则错误：“（一）没收一切土地而不是只没收地主土地；（二）土地所有权属政府而不是属农民，农民只有使用权；（三）禁止土地买卖。”② 这几个原则性的错误后来在实践中被逐步加以纠正。《井冈山土地法》规定没收一切土地而不是只没收地主土地进行分配，规定土地所有权归政府而不是农民，其结果就是在否定地主阶级土地所有制的同时也否定了中农和贫农的土地所有权，模糊了农民对地主的阶级意识，以为土地革命不但反对地主阶级，还要反对他们自己。从而搞乱了农村阶级阵线，削弱了土地斗争的力量。

为了更好地总结各根据地土地革命的经验，制定比较符合中国实际情况的土地政策，1928 年 7 月，党在莫斯科召开了第六次全国代表大会。会议讨论了土地问题，通过了《土地问题决议案》和《农民问题决议案》，规定了有关的土地政策：(1) 改正了“没收一切土地”的错误主张，规定“没收地主阶级底一切土地，耕地归农”，从而基本解决了土地斗争中没收对象的问题；(2) 制定了基本上正确的土地革命的阶级路线，即“主要敌人是豪绅地主阶级，无产阶级在乡村中的基本力量是贫农，中农是巩固的同盟者，不要故意加紧反富农的斗争，但绝不应抛弃对于富农的半地主性的阶级斗争”。六大是党在土地政策上的一个重要转折点。

1929 年 1 月，毛泽东、朱德率领红军向赣南、闽西进军，开辟新的根据地。党在领导群众斗争的实践过程中，对土地革命的政策不断进行调整。4 月，红四军前委制定和颁布了《兴国土地法》。该法共八条，根据六大决议精神，将《井冈山土地法》中“没收一切土地”改为“没收公共土地及地主阶级土地”，从而明确了土地革命所打击的主要对象是地主阶级，是消灭封建土地所有制。毛泽东称这是“一个原则的改正”。这反映了中国共产党和毛泽东同志对土地斗争认识上的发展，在正确解决中国的土地问题上有着重大意义。1929 年 7 月在上杭召开的闽西党的第一次代表大会，总结了闽西土

---

① 张永定、赵泉钧：《中国土地改革史》，武汉大学出版社 1985 年版，第 56 页。

② 《毛泽东农村调查文集》，人民出版社 1982 年版，第 37 页。

地斗争的经验，通过了《土地问题决议案》，进一步明确规定“自耕农的田地不没收”，“富农田地自食以外的多余部分，在贫农群众要求没收时应该没收”等，使没收土地的政策渐趋完善。闽西党的“一大”是一次非常重要的会议，使党的土地政策比六大又前进了一步。它所制定的正确政策得到广大群众的积极拥护，闽西根据地很快出现了“收拾金瓯一片，分田分地真忙”的大好形势。在很短的时间中，在长汀、连城、上杭、龙岩、永定纵横300多里的地区内，解决了50多个区、500多个乡的土地问题，约有60万人得到土地。广大农民欢天喜地，积极从事生产，粮食产量增加，生活也得到了改善。

1930年2月，毛泽东召开了红四军前委，赣西、赣南特委，红五军、六军两军委联席会议，即著名的“二七会议”，强调平分土地是当务之急。毛泽东做了一要“分”、二要“快”的两个字的结论，批评了当时出现的主张按耕地作为分配土地的标准及迟迟不分田的右倾错误。到1931年春，中国共产党在土地政策上基本完成了从土地国有到土地农有的转变，进一步解决了土地所有权问题，规定土地一经分定即归农民私有。在分配方法上，也逐步形成了“田地以乡为单位，按人口平分，在原耕地基础上，抽多补少，抽肥补瘦”的做法。至此，中国共产党解决了土地革命中打击对象、阶级路线、土地所有权、分配方法等问题，形成了中国共产党的土地革命路线，即：依靠贫雇农，联合中农，限制富农，保护中小工商业者，消灭地主阶级，变封建半封建的土地所有制为农民的土地所有制。正确的路线和政策的形成，极大地推动了土地革命的开展，而土地革命的深入开展又推动了红军和根据地的扩大。以中央苏区为例，到1931年秋粉碎敌人的第三次“围剿”之后，赣南和闽西之间的白色据点被完全消灭，两个革命根据地连成一片，拥有12个县城约5万平方公里，人口达250多万。历史实践证明，在中国的土地革命中，实行土地归农民私有是正确的。

（二）在挫折中检验中国革命新道路的正确性

中国革命新道路在全党的确立不是一帆风顺的。大革命失败后，在纠正陈独秀右倾机会主义错误的同时，由于对中国情况的复杂性和中国革命的长期性缺乏认识，中国共产党党内开始滋长一种“左”的急躁情绪。从1927年7月大革命失败到1935年1月遵义会议召开之前，“左”倾错误先后三次在党中央的领导机关取得了统治地位。

第一次是1927年11月至1928年4月的“左”倾盲动错误，认为革命形势在不断高涨，盲目要求“创造总暴动的局面”。第二次是1930年6月至9月以李立三为代表的“左”倾冒险主义，错误地认为中国革命乃至世界革命进入高潮，盲目要求举行全国暴动和集中红军力量攻打武汉等中心城市。第三次是1931年1月至1935年1月以陈绍禹（王明）为代表的“左”倾教条主义，其主要错误是：在革命性质和统一战线的问题上，混淆民主革命与社会主义革命的界限，将反帝反封建与反资产阶级并列，将民族资产阶级视为中国革命最危险的敌人，一味排斥和打击中间势力。在革命道路问题上，提出坚决打击富农和“地主不分田，富农分坏田”的主张。在军事斗争问题上，实行进攻中的冒险主义、防御中的保守主义、退却中的逃跑主义。在党内斗争和组织问题上，推行宗派主义和“残酷斗争，无情打击”的方针。

20世纪20年代后期至30年代中期，党内连续出现“左”的错误，而且一次比一次严重，这种现象的出现不是偶然的，而是有着深刻的政治根源和社会历史根源。一是八七会议以后党内一直存在着深厚的“左”倾情绪，始终没有得到认真的清理；二是共产国际对中国共产党内部事务的错误干预和瞎指挥，王明等“左”倾教条主义打着马列主义的旗号，得到共产国际的支持，具有很大的欺骗性；三是全党的马克思主义理论准备不足，理论素养不高，实践经验也很缺乏，对于中国社会的性质、中国革命的特点和规律不了解，还不善于把马克思列宁主义与中国实际全面地、正确地结合起来；四是处于半殖民地半封建社会的中国共产党是在小资产阶级的包围之中，并且在党内小资产阶级出身的党员也占着很大比重。小资产阶级的特点之一就表现为观察问题时的主观性和片面性，党内出现只重书本知识、不注重实际的教条主义。

红军和根据地的存在和发展，使国民党统治当局感到震惊和恐慌。从1930年10月至1932年底，蒋介石向各根据地的红军发动了四次大规模的“围剿”，由于采用了行之有效的战术，反“围剿”战争都取得了胜利。这几次“左”倾错误尤其是以王明为代表的“左”倾教条主义错误，使中国革命受到严重挫折。从1933年9月25日至1934年10月间，蒋介石调集约100万兵力，采取“堡垒主义”的新战略，对中央革命根据地进行大规模“围剿”。这时，王明“左”倾机会主义在红军中占据了统治地位，拒不接受毛泽东的正确建议，用阵地战代替游击战和运动战，用所谓“正规”战争代替人民战争，使红军完全陷于被动地位。经过一年苦战，红军终未取得反“围剿”的胜利。红军在第五次反“围剿”中的失败，使红军和根据地损失了 90%，国民党统治区党的力量几乎损失了 100%。其最大的恶果，就是红军不得不退出南方根据地实行战略转移——长征。

第五次反“围剿”的失败和长征初期的失利，教育了广大共产党员和红军指战员，他们开始对错误领导产生了怀疑和不满。过去跟着毛泽东，红军人数虽然少，但的确是总打胜仗，现在的领导人，号称自己是百分之百布尔什维克，队伍也比过去多了，但总是打败仗，所以战士们特别怀念毛泽东。

残酷的现实使共产党和红军内部对“左”倾领导者的不满情绪日益增长，迫切要求纠正“左”倾冒险主义错误。一些支持过“左”倾错误的中央领导人，比如张闻天和王稼祥同志也改变了态度，转而支持毛泽东的正确主张。1935 年 1 月，红军攻占遵义。1935 年 1 月 15 日至 17 日，中共中央召开了中央政治局扩大会议，这就是著名的遵义会议。遵义会议集中全力纠正了博古等人在军事上和组织上的“左”倾错误，肯定了毛泽东的正确主张；选举毛泽东为中央政治局常委。会后不久，根据毛泽东的提议，决定由张闻天代替博古负总的责任，博古任红军总政治部代理主任，成立了由周恩来、毛泽东、王稼祥组成的三人团，全权负责红军的军事行动。

遵义会议的意义：第一，开始确立以毛泽东为代表的马克思主义的正确路线在中共中央的领导地位，从而在极其危急的情况下，挽救了中国共产党、挽救了中国工农红军、挽救了中国革命，成为中国共产党历史上一个生死攸关的转折点；第二，遵义会议表明，作为一个严肃的、对人民负责的马克思主义政党，中国共产党敢于正视自己的错误，并注意从自己所犯的错误中学习并汲取教训。

遵义会议之后，在毛泽东的领导下，中央红军采取灵活机动的战略战术，四渡赤水河、巧渡金沙江、抢渡大渡河，翻越人迹罕至的夹金山，摆脱了数十万国民党军的围追堵截，赢得了战争的主动权。1935 年 6 月中央红军抵达四川的懋功地区，同 5 月初离开川陕根据地实行转移到达那里的红四方面军会师。之后，中共中央又同红四方面军领导人张国焘分裂中央、分裂红军的严重错误进行了坚决的斗争。10 月 19 日，中共中央率陕甘支队到达陕北吴起镇，同陕北红军会合，有了新的落脚点和战略基地。至此，中央红军的二万五千里长征胜利结束。1936 年 10 月，红二、四方面军先后同红一方面军在甘肃会宁、静宁将台堡会师，三大主力红军长征胜利结束。

课堂思考

红军长征有什么历史意义?

红军长征粉碎了国民党反动派“围剿”红军、扼杀中国革命的企图,使中国革命转危为安;保存了经过千锤百炼的中国共产党和红军的精华;在长征途中,中国共产党宣传了自己的政治主张,广泛播下了革命的火种;翻开了马克思列宁主义基本原理同中国革命具体实际相结合的新篇章;开创了中国革命的新局面,形成了中国革命坚强成熟的领导核心。伟大的红军长征铸就了伟大的长征精神,培育了中国共产党和人民军队的革命精神——长征精神。

习近平总书记《在纪念红军长征胜利80周年大会上的讲话》中指出,长征是一次理想信念的伟大远征,长征是一次检验真理的伟大远征,长征是一次唤醒民众的伟大远征,长征是一次开创新局面的伟大远征。伟大的长征精神,就是把全国人民和中华民族的根本利益看得高于一切,坚定革命的理想和信念,坚信正义事业必然胜利的精神;就是为了救国救民,不怕任何艰难险阻,不惜付出一切牺牲的精神;就是坚持独立自主、实事求是、一切从实际出发的精神;就是顾全大局、严守纪律、紧密团结的精神;就是紧紧依靠人民群众,同人民群众生死相依、患难与共、艰苦奋斗的精神。伟大的长征精神,是中国共产党人及其领导的人民军队革命风范的生动反映,是中华民族自强不息的民族品格的集中展示,是以爱国主义为核心的民族精神的最高体现。

人无精神则不立,国无精神则不强。精神是一个民族赖以长久生存的灵魂,唯有精神上达到一定的高度,这个民族才能在历史的洪流中屹立不倒、奋勇向前。伟大的长征精神作为中国共产党人红色基因和精神族谱的重要组成部分,已经深深融入中华民族的血脉和灵魂,成为社会主义核心价值观的丰富滋养,成为鼓舞和激励中国人民不断攻坚克难、从胜利走向胜利的强大精神动力。习近平总书记指出,每一代人有每一代人的长征路,每一代人都要走好自己的长征路。今天,我们这一代人的长征,就是要实现“两个一百年”奋斗目标、实现中华民族伟大复兴的中国梦。

(三)其他时期中国革命新道路的丰富

抗日战争时期,农村包围城市、武装夺取政权道路的理论达到成熟,党的土地政策发生了很大的变化。1937年7月,日本帝国主义发动了对中国的全面侵略。8月22日至25日,党中央在陕北洛川召开了中央政治局扩大会议。会议通过《抗日救国十大纲领》，决定暂时停止没收一切地主土地归农有的政策，实行减租减息作为我党在抗日战争时期解决农民土地问题的基本政策。这是因为，由于日本帝国主义大举入侵，中日民族矛盾超过国内的阶级矛盾而上升为社会主要矛盾。这个时候，如果不首先驱逐日本帝国主义的侵略势力出中国，那么中华民族就不能生存下去，当然更谈不上中国革命的胜利。民族大敌当前，为了巩固和扩大抗日民族统一战线、减少阻力，争取和团结社会各阶层一致抗日，党的土地政策必须随着主要矛盾和阶级关系的变化做相应的改变。

1942 年 1 月，中共中央政治局通过了《关于抗日根据地土地政策的决定》。其基本原则是：（1）扶助农民，减轻地主的封建剥削，实行减租减息，保证农民的人权、政权、地权、财权；（2）在减租减息之后，实行交租交息；（3）在适当改善雇工的生活条件之下，奖励富农生产和联合富农，但对富农的租息也须照减。减租减息是我党在以民族革命战争为主要内容的特定历史条件下实行的一种特殊的土地政策，即抗日民族统一战线的土地政策。它有利于发动广大农民起来抗日，有利于争取地主阶级的大多数站到抗日民主政权方面，有利于发展生产，有利于抗日战争的胜利。实践结果证明，中国共产党在抗日期间，“将‘耕者有其田’的政策，改为减租减息的政策，这个让步是正确的，推动了国民党参加抗日，又使解放区的地主减少其对于我们发动农民抗日的阻力”①。

在洛川会议中通过的《关于目前形势和党的任务的决定》指出，独立自主的山地游击战是红军的一项作战方针，并且要向平原开展游击战争、建立抗日根据地。1938 年 5 月，针对党内一些人轻视游击战争、轻视抗日根据地的思想，毛泽东写了《抗日游击战争的战略问题》，强调抗日根据地的重要性。1938 年 10 月武汉失守，华北、华中、中南等地相继沦陷，毛泽东从中国国情出发，进一步论证了在日本帝国主义统治的地区也可以走农村包围城市的道路，打败日本侵略者。毛泽东指出：“日本仍然只能占领其中的大城市、大道与某些平地，只要我们能够在每个省中组织大多数乡村中的人民一致武装起来打日本，建立许多的抗日根据地，如像现在已经建立起来了的五台山根据地一样，我们就包围了日本军。”② 从 1936 年 12 月到 1939 年 12 月，

① 《毛泽东选集》第 3 卷，人民出版社 1991 年版，第 1076 页。
② 《毛泽东文集》第 2 卷，人民出版社 1996 年版，第 114 页。

毛泽东在《中国革命的战略问题》、《战争和战略问题》等著作中，从理论上系统论述了农村包围城市、武装夺取政权的必要性与可能性，标志着中国革命新道路理论形态的成熟，成为全党的共识。在《战争和战略》一文中，毛泽东明确指出共产党的任务“不是占领城市后取乡村，即是走相反的道路”①。中国革命的新道路从此完全被确立。

抗日战争胜利后，蒋介石集团在美帝国主义的支持下，积极进行发动反革命内战的部署，全面内战危机十分严重，中国人民同国民党反动政府之间的矛盾重新上升为社会主要矛盾；另外，日本投降以后，农民迫切要求土地，党只有满足农民的土地要求，才能在蒋介石发动全面内战时，发动农民积极参军参战，争取解放战争的胜利。为此，中共中央决定改变在抗日战争时期的土地政策，即由减租减息改为没收地主土地分配给农民。1946 年 5 月 4 日，中共中央发布了《关于清算、减租及土地问题的指示》（即“五四指示”），肯定了农民的土地要求，确定了农民在反奸清算、减租减息斗争中从地主手中获得土地的合法性，亦即把抗日时期的“减租减息”政策改变为没收地主阶级的土地分配给农民，实行“耕者有其田”的政策。1946 年 6 月下旬蒋介石悍然发动了全面内战，人民解放军经过一年的作战，粉碎了蒋介石的全面进攻和重点进攻。在此情况下，需要有一个彻底的土地改革纲领以适应“打倒蒋介石，解放全中国”的新的政治、军事形势。为此，1947 年 7 月至 9 月，中国共产党在河北省平山县召开全国土地会议，总结了“五四指示”以来土地改革的经验，制定了《中国土地法大纲》。《中国土地法大纲》规定在“废除封建性及半封建性剥削的土地制度，实行耕者有其田的土地制度”原则下，按人口平分土地。这是最彻底地消灭封建制度的措施，是完全符合中国国情和广大农民群众要求的土地政策。《中国土地法大纲》颁布后，各解放区的土改运动更深入地开展，不到一年，约有一亿农民获得了土地。土地改革的胜利，加强了工农联盟，巩固了人民民主政权，激发了农民革命和生产的积极性，广大翻身农民掀起了参军参战和支援前线的热潮。1948 年 4 月，毛泽东发表《在晋绥干部会议上的讲话》，完整地提出了“依靠贫农，团结中农，有步骤地，有分别地消灭封建剥削制度，发展农业生产”的土地改革总路线。这既是对党自井冈山开始的 20 年来领导土地改革经验的科学总结，又是十年内战时期土地革命路线的继续和发展。在土地改革总路线的正

① 《毛泽东选集》第 2 卷，人民出版社 1991 年版，第 542 页。

确指引下，各解放区的土地运动更深入地发展，取得了伟大成果，为夺取民主革命的最后胜利奠定了坚实的基础。

解放战争时期，中国人民解放军在全国逐步实现了分块分片包围城市的任务。到 1949 年底，人民解放军夺取的城市已占全国城市的大多数。在中国革命即将取得全国胜利的形势下，党召开七届二中全会，毛泽东对农村包围城市、最后夺取城市的革命道路作了历史总结，指出："从一九二七年到现在，我们的工作中心是在乡村，在乡村聚集力量，用乡村包围城市，然后取得城市。采取这样一种工作方式的时期现在已经完结。从现在起，开始了由城市到乡村并由城市领导乡村的时期。"① 至此，农村包围城市、武装夺取政权的理论与实践圆满完成。建国以后，毛泽东在同音乐工作者谈话的时候，谈到艺术"要有民族形式和民族风格"，并联想到革命形式，再次指出："革命的表现形式一定有许多样子。十月革命和中国革命，就有许多不同。苏联是由城市到乡村，我们是从乡村到城市。"② 认定农村包围城市、武装夺取政权的革命新道路，是中国的一条具有独特的"民族形式和民族风格"的革命道路。

四、中国革命新道路探索的历史启示

1927 年大革命失败以后，中国共产党的主要任务就是探索和开辟农村包围城市、武装夺取政权的革命道路。这条新道路的探索是以南昌起义和八七会议为开端的。因为南昌起义打响了武装反抗国民党反动派的第一枪，标志着中国共产党独立地领导革命战争、创建人民军队和武装夺取政权的开始。紧接其后召开的八七会议，确立了实行土地革命和武装起义的方针，党的工作重心由城市转向农村。中国共产党领导的农村包围城市、武装夺取政权的革命新道路的历史，如果从 1927 年 8 月算起，到 1949 年 3 月党的七届二中全会（会议着重讨论了党的工作重心的转移，即工作重心由乡村转移到城市的问题），前后整整 22 年。讲授 22 年中国革命新道路的历史，为我们今天认识和坚持中国特色社会主义道路，留下了许多极其宝贵的历史启示。因专题篇

---

① 《毛泽东选集》第 4 卷，人民出版社 1991 年版，第 1427 页。
② 《毛泽东著作选读》下册，人民出版社 1986 年版，第 745 页。

幅所限，这里试举一例启示以说明：正确认识国情，是中国革命和建设成功的重要前提。

认清中国的国情，是认清中国革命和建设一切基本问题的前提。中国革命和建设走什么道路，都是建立在对国情正确认识的基础之上。中国搞新民主主义革命，走毛泽东开辟的农村包围城市的道路，是从半殖民地半封建的中国国情出发的。中国共产党人是从中国社会的基本特点中找到了新道路。

一是从敌人力量的异常强大和其内部的不团结、不统一中找到新道路。在半殖民地半封建的中国，革命的敌人异常强大，不仅有强大的帝国主义，而且有强大的封建势力。这种强大的敌人对中国革命力量的镇压又是异常残酷的。据中共六大的不完全统计，从 1927 年 3 月至 1928 年上半年，仅一年多的时间，被杀害的共产党人和革命群众就达 31 万多人。当时的中国，成为"全世界悲惨的白色恐怖的国家"①。因此，"在这样的敌人面前，中国革命的主要方法，中国革命的主要形式，不能是和平的，而必须是武装的，也就决定了。因为我们的敌人不给中国人民以和平活动的可能，中国人民没有任何的政治上的自由权利"②。因为强大的帝国主义及中国的反动军阀长期占据着中国的中心城市，革命要取得胜利，"就必须把落后的农村造成先进的巩固的根据地"，"借以在长期战斗中逐步地争取革命的全部胜利"。③ 这是中国革命走农村包围城市、武装夺取政权道路的最主要和最基本的客观依据。土地革命战争时期，中国共产党开辟的农村革命根据地都是在一省的偏远地带、两省或数省的边界生存和发展起来的。赣南和闽西的中央革命根据地以及湘赣、湘鄂西、闽浙赣、左右江等革命根据地都是如此，从它们的名称上就可以看出这个特点。

二是从农民是中国革命的主力军这一个革命的基本特点中找到新道路。毛泽东指出："农民是中国革命的主力军"④、"中国的革命实质上是农民革命"⑤ 是中国社会和革命的基本特点。"革命的根据地问题" 的 "发生"，也是和这个基本特点密切相关的。⑥ 中国革命的力量和最深厚的源泉存在于农

① 《布尔什维克》第 1 卷，第 69 页。
② 《毛泽东选集》第 2 卷，人民出版社 1991 年版，第 634 - 635 页。
③ 《毛泽东选集》第 2 卷，人民出版社 1991 年版，第 635 页。
④ 《毛泽东选集》第 2 卷，人民出版社 1991 年版，第 637 页。
⑤ 《毛泽东选集》第 2 卷，人民出版社 1991 年版，第 692 页。
⑥ 《毛泽东选集》第 2 卷，人民出版社 1991 年版，第 635 页。

民之中，因此，无产阶级政党必须深入农村，以农村为中心开展革命斗争，以此发动和武装农民。为了达到这个目的，就必须开展土地革命，于是就形成了武装斗争、土地革命和农村革命根据地“三位一体”的“工农武装割据”思想。这种“三位一体”的思想后来和以农村斗争为主或以农村为中心的思想结合起来，就构成了农村包围城市、武装夺取政权革命新道路的基本内容。所有这些都是从“农民是中国革命的主力军”这一命题引发出来的理论。

三是从中国是一个政治经济发展不平衡的大国的客观环境中找到新道路。关于中国的政治经济不平衡，毛泽东在著作中做了如下描述：“微弱的资本主义经济和严重的半封建经济同时存在，近代式的若干工商业都市和停滞着的广大农村同时存在，几百万产业工人和几万万旧制度统治下的农民和手工业工人同时存在，管理中央政府的大军阀和管理各省的小军阀同时存在，反动军队中有隶属蒋介石的所谓中央军和隶属各省军阀的所谓杂牌军这样两部分军队同时存在，若干的铁路航路汽车路和普遍的独轮车路，只能用脚走的路和用脚还不好走的路同时存在。”① 这就是半殖民地半封建社会政治经济不平衡的主要特点，是中国革命走农村包围城市、武装夺取政权道路的政治条件和经济条件。

开辟中国革命新道路，要认清中国的国情；走中国特色社会主义建设道路，也要以中国国情为依据。正如邓小平所说：“过去搞民主革命，要适合中国国情，走毛泽东同志开辟的农村包围城市道路。现在搞建设，也要适合中国国情，走出一条中国式的现代化道路。”② 十一届三中全会以来，我们党正确地判断国情，作出了我国正处于并将长期处于社会主义初级阶段的科学论断，才逐步找到一条中国特色的社会主义建设道路。只有认清了国情，才能争取中国特色社会主义事业的伟大胜利。

教学总结

大革命失败以后，国民党所代表的阶级利益发生明显改变。国民党政府的统治依然是地主阶级和买办性的大资产阶级的统治，推行一党专政和军事独裁，维护帝国主义、封建主义和官僚资本主义的利益。国民党统治集团对

① 《毛泽东选集》第1卷，人民出版社1991年版，第188页。
② 《邓小平文选》（1975—1982），人民出版社1983年版，第149页。

中国共产党及其领导的革命运动严厉镇压，对于革命应当坚持走什么样的道路，中国共产党人开始了长时间的艰苦探索。在探索革命道路的过程中，中国共产党曾走过一些弯路，比如领导的南昌起义、秋收起义、广州起义均以失败告终，但这种失败在客观上也敦促中国共产党人找寻适合中国国情的革命道路。“农村包围城市、武装夺取政权”这条革命新道路是中国共产党克服了把马克思主义教条化、把共产国际决议和苏联经验神圣化的影响后摸索出来的。但中国革命也遭遇过一些挫折，红军在第五次反“围剿”失败后，不得不退出南方根据地并实行战略转移——长征。中国的新民主主义革命，走农村包围城市、武装夺取政权的道路，是从半殖民地半封建的中国国情出发的，是中国共产党人从敌人力量的异常强大和其内部的不团结、不统一中，从农民是中国革命的主力军这一个革命的基本特点中找到的新道路。

课后思考

1. 国民党是怎样实行一党专制的？

2. 中国共产党是如何找到“农村包围城市、武装夺取政权”这条革命新道路的？

3. 简述 1927 至 1935 年党内三次“左”倾错误。

4. 遵义会议的主要内容和意义是什么？

5. 中国工农红军长征胜利的历史意义？

推荐阅读

1. 沙健孙：《毛泽东与中国革命新道路的开辟：土地革命战争时期历史论要》，中国人民大学出版社 2016 年版。

2. 张学兵、武国友：《红流纪事——开创新道路：创建井冈山革命根据地》，吉林文史出版社 2011 年版。

3. 沈谦芳：《亲历南昌起义》，江西人民出版社 2007 年版。

4. 余伯流、陈钢：《井冈山革命根据地史》，江西人民出版社 2014 年版。

5. ［美］索尔兹伯里著：《长征：前所未闻的故事》，朱晓宇译，北京联合出版公司 2015 年版。

6. 中共中央党史研究室第一研究部：《红军长征史》，中共党史出版社 2016 年版。

7. 徐静：《遵义会议精神研究》，社会科学文献出版社 2016 年版。

专题七

中华民族十四年的抗日战争

问题引领

习近平同志指出："70 年前，中国人民经过艰苦卓绝的浴血奋战，打败了穷凶极恶的日本军国主义侵略者，赢得了近代以来中国抗击外敌入侵的第一次完全胜利。""这一伟大胜利，开辟了中华民族伟大复兴的光明前景，开启了古老中国凤凰涅槃、浴火重生的新征程。"习近平同志高度肯定中国人民抗日战争的伟大胜利，并提出了进一步加强抗战史研究的必要性和研究方向，"同中国人民抗日战争的历史地位和历史意义相比，同这场战争对中华民族和世界的影响相比，我们的抗战研究还远远不够，要继续进行深入系统的研究"。"我们不仅要研究七七事变后全面抗战 8 年的历史，而且要注重研究九一八事变后 14 年抗战的历史，14 年要贯通下来统一研究。要以事实批驳歪曲历史、否认和美化侵略战争的错误言论。""深入开展中国人民抗日战争研究，必须坚持正确历史观、加强规划和力量整合、加强史料收集和整理、加强舆论宣传工作，让历史说话，用史实发言，着力研究和深入阐释中国人民抗日战争的伟大意义、中国人民抗日战争在世界反法西斯战争中的重要地位、中国共产党的中流砥柱作用是中国人民抗日战争胜利的关键等重大问题。”

➤ 逻辑结构

从1931年九一八事变开始，中国人民的抗日战争开始了。1937年七七事变后全民族抗日战争爆发，到1945年终于赢得抗日战争的伟大胜利，前后历时十四年。学习十四年中国人民的抗日战争史，就是要了解日本帝国主义对中国侵略不断加深的过程以及给中国人民带来的巨大灾难，中国人民团结御侮，奋起反抗。十四年抗战史可歌可泣，能激发大学生的爱国情感。国共两党合作抗日，形成两个战场的相互配合，只有全民族抗战，才能赢得抗战的伟大胜利。

抗战十四年是中华民族生死存亡的时期，我们学习这段历史，首先就要弄清楚日本是如何侵略我们的，侵华方案是什么？我们中国人是如何抗击日本侵略的，我们的方案是什么？我们是如何一步一步取得胜利的？正确评价国、共两党两个战场的地位与作用。真正理解“中流砥柱”一词，对中国共产党在抗日战争中的历史作用进行客观的、形象的定位。我们要通过抗日战争牢记中国的苦难历史，继承中华民族团结拼搏的伟大精神。

一、日本是第二次世界大战亚洲战场的战争策源地

（一）日本侵华的“大陆政策”

学习抗日战争的历史有很强的现实意义。战争的硝烟散尽，但是在日本国内，仍有一批右翼分子在否定侵略、美化战争。比如：

（1）美化侵略战争，鼓吹所谓大东亚圣战是驱逐白人殖民者、解放亚洲的正义战争。鼓吹所谓的“大东亚共荣圈”。日本右翼教科书居然称抗日战争为“原因不明的泥沼战争”。

（2）否定和抹杀南京大屠杀。日本右翼分子反复强调，战前中国的反日和排日运动等是日本为了保卫自己在大陆的利益而发动战争的原因；强调因为有战俘混入和平市民抵抗，才发生惨案；以考据南京户籍等来否定没杀那么多人；等等。

（3）否定“慰安妇”。日本外务省发布2015年《外交蓝皮书》试图全面否认二战期间日军强征“慰安妇”的史实。美国《纽约时报》就“慰安妇”

问题发表社论，批评安倍政权纵容日本右翼势力利用暴力团开展政治活动，并指出安倍政权与企图掩盖历史的右翼势力志同道合，这是在“玩火自焚”。

我们一定要认识到，日本是亚洲战争的策源地，日本帝国主义是侵略中国的罪魁祸首，它对中国的侵略是谋定而后动、步步蚕食，在中国的土地上犯下了滔天罪行，铁证如山。

日本帝国主义发动侵华战争蓄谋已久。19 世纪 60 年代，日本开始明治维新，全盘西化，实现近代化变革，日本由此走向强国之路，同时也走向扩张之路。

1868 年，明治天皇登基，发表了所谓天皇“御笔信”，鼓吹要继承列祖列宗的伟业，“开拓万里波涛”，“使国威布于四方”，决心用武力使日本成为“八法一宇”的“大日本帝国”。

1885 年，日本近代思想解放的先驱福泽谕吉发表了著名的《脱亚论》。他鼓吹日本人不做落后的亚洲人，而要做先进的西欧人，并给日本人取名为“东洋人”。福泽谕吉说日本经过明治维新，国民精神已从亚洲落后的状态中脱颖而出，“移至西欧文明”，而亚洲的主要国家中国却处于落后地位，并濒临被瓜分的危险。在这种形势下，日本应该果断地脱离亚洲国家的行列，把自己看成一个欧美国家，反过来用欧美列强的办法，也就是用武装侵略来对待亚洲国家，特别是对付中国，根本不要因为这些国家是邻国而不忍下手。所以，他的“脱亚论”实质上就是日本征服亚洲论。

1889 年底，日本军国主义势力的代表人物山县有朋上台，他以内阁总理大臣名义向明治天皇进呈《外交政略论》，提出“主权线”和“利益线”的侵略理论。他认为，国家独立自卫有两条途径：一条是防守主权线不容他人侵犯；第二条是保护利益线不失形胜地位。所谓主权线，是指本国的领土；所谓利益线，是指与主权线安危密切相关的区域。山县有朋强调，如果别国侵入利益线，日本就必须用强力加以排除。至于日本当时利益线的焦点，他具体指出是在朝鲜。循着他的这种逻辑，日本可以借着保护利益线的名义，一步一步地占领朝鲜、中国和其他亚洲国家，最后独霸世界。

山县有朋这种侵略理论的出现，标志着日本对外侵略扩张的“大陆政策”最终形成。所谓“大陆政策”就是用战争手段侵吞中国、朝鲜等周边大陆国家进而征服世界的对外扩张政策。“大陆政策”分五期战略措施，第一期征服中国台湾，第二期征服朝鲜，第三期征服中国“满蒙”地区，第四期征服中国内地和西伯利亚，第五期征服整个亚洲乃至于世界。“大陆政策”是日本军国主义传统的延续，也是日本资本主义扩展市场、开拓殖民地的产物。在这种政策和观念的支配下，日本在近现代历史上发动了系列对外侵略战争。

（二）日本侵华的特点是“蚕食”与“突袭”相结合

日本侵华的特点是以步步为营、得寸进尺的蚕食政策与孤注一掷、突然袭击的军事冒险主义相结合，以侥幸取胜，大获利权。

1. 从甲午战争至九一八事变，以蚕食为主，步步为营

1874 年，日本侵犯中国台湾，随后又强行将中国的藩属国琉球并入日本版图，从而为推进“大陆政策”迈出了重要一步，完成了对华的战略试探。

1894—1895 年，中日甲午战争是日本推行“大陆政策”的重大步骤。中国惨败，中日签订《马关条约》，日本割占中国的台湾、澎湖列岛；获得 2 亿 3 千万白银战争赔款等一系列权利。《马关条约》的签订使日本加入到帝国主义行列，成为东方的一霸。巨额的战争赔款强力刺激了日本帝国主义的发展，日本开始了以军工为中心的近代产业革命，并由此开始实行金本位制，打开了国际市场的大门。日本国内在垄断资本的统治下，以贸易立国、工业立国和称霸亚洲的欲望愈加强烈，其“大陆政策”进一步发展为：不仅要占领台湾，征服朝鲜，而且要攫取我国东北三省，在中国本土上建立起能同列强争雄的势力范围。

1900 年，八国联军侵入中国，日本出兵最多，并通过强迫清政府签订《辛丑条约》获得了在中国北京、天津等地的驻兵权。1904—1905 年，日俄战争使日本夺得了在我东三省的大量权益，并在其控制区内陆续建立起一套完整的殖民统治机构和侵华武装关东军。1914 年第一次世界大战爆发后，日本帝国主义乘西方列强无暇东顾之机，借口对德宣战强夺胶济铁路、攻战青岛，夺取了德国在中国山东的特权。1915 年，日本公然向袁世凯政府提出独霸中国的“二十一条”。日本的贪婪引发了 1919 年的五四运动。第一次世界大战后，日本法西斯随着德、意等国际法西斯的泛滥而迅速崛起。20 世纪 20 年代，日本法西斯特别是军部法西斯的形成，得到部分军部首脑的支持，并从各种渠道影响着日本的基本国策。1927 年南京国民政府成立前后，中日关系不仅没有缓和下来，反而更加趋于危险。因为南京国民政府的建立，意味着一个统一中国的出现，意味着中国逐渐走向强大的开始。这反而刺激日本加快了侵华的步伐。

1927 年 7 月，日本田中义一内阁召开东方会议，制定了《对华政策纲要》，也就是《田中奏折》，其核心内容就是首先把“满蒙”从中国分离出去，提出日本对外扩张的总体战略是“惟欲征服支那，必先征服满蒙，如欲征服世界，必先征服支那”，并详细阐述了“满蒙积极政策”的措施和步骤。东方会议后，日本的侵华动作加快了，两次出兵山东，相继制造了“济南惨案”、“皇姑屯事件”。特别是1930年席卷资本主义世界的经济危机波及日本后，为了摆脱危机，日本更是迫不及待地准备发动对华战争。

2. 从九一八到七七事变，日本侵华的表现为突然袭击，“不宣而战”

日本侵华的“不宣而战”，体现了它的军事冒险主义。1929年到1933年，资本主义世界爆发了破坏空前巨大的世界性经济危机，日本国内阶级矛盾激化，人民生活困苦不堪。其统治集团为了转移人民视线，为了掠夺中国东北的丰富资源来摆脱经济危机，大造“满蒙是日本的生命线”的舆论，急于发动一场侵略东北的战争。

1931年9月18日，日本关东军自行炸毁了南满铁路沈阳北柳条湖附近的一段铁轨，反诬是中国军队有意破坏并袭击日本守备军队，接着以此为借口炮轰东北军驻地北大营和沈阳城。同时，驻扎在南满铁路沿线的日本军队向沈阳、长春、四平等地进攻，这就是日本不宣而战的九一八事变。由于蒋介石对内坚持“剿共”，对外实行“不抵抗”政策，九一八事变发生后，近20万东北军不战自退，一夜之间沈阳城陷入日军之手，仅4个月零18天，日本就占领了东北全境，并在1932年3月1日，制造了伪满洲国的傀儡政权，使其成为殖民统治的工具。

九一八事变是中日战争的开端，从这时起，中国社会的主要矛盾是中日之间的民族矛盾，抗日是中国革命的主要任务。我们只有认清这一点，才能正确认识国共合作最终形成的根源是中日民族矛盾的发展，才能充分认识到中国共产党号召全民族抗战、建立抗日民族统一战线的正确性，才能认识到南京国民政府长期实行的“攘外必先安内”政策的反动性，从而对国民党和共产党在抗日战争中的地位和所起的作用有一个适当的评价。

日本占领东北后，又将侵略矛头指向华北，在对华北进行经济扩张的同时，迫使国民党中央势力退出平津和河北，策动国民党的地方实力派脱离中国，实行华北五省自治。日本一系列策动华北五省自治的行为被称作华北事变。华北五省，指的是河北、山西、察哈尔、绥远和山东。

华北事变后，日本帝国主义加紧了各方面的准备，蓄谋全面发动侵华战争。1937年7月7日，日本在北平西南的卢沟桥附近进行实弹演习，23时左右，演习日军诡称一名士兵失踪，要求进入宛平城内搜查，中国驻军予以拒绝，日军随即炮轰宛平城。驻守在卢沟桥附近的二十九路军奋起抵抗，给日军沉重打击。七七事变标志着日本全面侵华的开始。

七七事变是长期以来日本奉行对外掠夺的既定国策的必然结果。日本为发动侵华战争作了一系列准备，政治上实行天皇制的法西斯体制；经济上进一步军事化；思想上大造战争舆论，宣传战争是为了解决日本人口过剩、天然资源缺乏等问题；在国际上，1936 年与德国签订《反共产国际协定》。由此可见七七事变只是日本发动全面侵华战争的借口。

（三）十四年抗日战争

中国抗日战争从 1931 年九一八事变到 1945 年日本宣布无条件投降，经历了 14 年艰难曲折的斗争。14 年的抗日战争包括局部抗战和全国抗战两个时期。从 1931 年九一八事变开始到 1937 年七七事变为局部抗战时期；从 1937 年七七事变到 1945 年日本投降为全国抗战时期。14 年抗日战争是一个整体，前 6 年局部抗战主要发生在东北、华北及上海等地区，是整个抗日战争的先声和重要组成部分，后 8 年的全国抗战是前期局部抗战的延伸和发展，也是中国以举国之力全面抗击，并最终战胜日本侵略者的决战。

表 7－1　中国抗日战争的历史发展阶段列表

<table>
<tr><th colspan="2">时间</th><th>阶段</th><th>事件</th><th>备注</th></tr>
<tr><td rowspan="2">1931 年 9 月—1937 年 7 月局部抗战时期</td><td>1931 年 9 月—1932 年 12 月</td><td>局部抗战的兴起阶段</td><td>九一八事变；
“一·二八”事变</td><td rowspan="2">国民政府坚持“攘外必先安内”政策</td></tr>
<tr><td>1933 年 1 月—1937 年 7 月</td><td>局部抗战的扩大和发展阶段</td><td>长城抗战；
察哈尔抗战；
绥远抗战</td></tr>
<tr><td rowspan="3">1937 年 7 月—1945 年 9 月全国抗战时期</td><td>1937 年 7 月—1938 年 10 月</td><td>战略防御阶段</td><td>淞沪会战、太原会战、徐州会战、武汉会战；
平型关战役……</td><td></td></tr>
<tr><td>1938 年 10 月—1943 年 7 月</td><td>战略相持阶段</td><td>桂南会战；
枣宜会战；
长沙会战；
百团大战……</td><td>日军对华政策调整；国民党抗日趋向消极，国共摩擦增多。</td></tr>
<tr><td>1943 年 7 月—1945 年 9 月</td><td>战略反攻阶段</td><td>中国远征军入缅作战；“一号作战”；
中国抗战局部反攻。</td><td></td></tr>
</table>

二、全民族抗战中的统一战线和两个战场战略格局

（一）抗日民族统一战线的形成

中国抗日民族统一战线就是以国共两党合作为基础，全国各族人民、各民主党派、各爱国军队、各阶层爱国人士以及海外华侨参加的全民族团结抗日的统一战线。

从七七事变到华北事变，中国的民族危机空前严重，中日民族矛盾上升为中国社会的主要矛盾。在这种形势下，中国各阶级阶层、各派政治势力都必须在日益严重的民族危机面前表明自己的态度。中华民族有一个优良传统，就是每当外部强敌入侵、国家面临灭亡之际，除极少数卖国分子外，绝大多数中国人会团结起来，共同抵抗强敌，“兄弟阋于墙，外御其侮”。

中共方面也对形势和阶级关系的新变动做出了科学的分析和估量，为建立以国共合作为基础的抗日民族统一战线进行了长期不懈的努力，多次呼吁各党派捐弃前嫌、共同抗日。1935 年 8 月 1 日，中共驻共产国际代表团起草了《为抗日救国告全国同胞书》，即“八一宣言”，在同年 10 月 1 日以中华苏维埃政府、中国共产党中央的名义发表，号召停止内战，一致抗日。

1935 年 12 月的陕北瓦窑堡政治局会议上通过了《关于目前政治形势与党的任务决议》，指出在目前的形势下，“只有最广泛的反日民族统一战线（下层的和上层），才能战胜日本帝国主义与其走狗蒋介石”，确定了抗日民族统一战线。1936 年 5 月，毛泽东、朱德发出了“停战议和一致抗日”的通电，主动放弃了“反蒋”口号，第一次公开把蒋介石作为联合的对象，表现出中共为了促成抗日民族统一战线做出的努力。1936 年 12 月 12 日，国民党西北军将领张学良、杨虎城为了迫使蒋介石改变内战政策发动“兵谏”，扣押了蒋介石，史称西安事变。中国共产党从民族大义出发，促成了西安事变的和平解决，为建立第二次国共合作、进行全国性抗战创造了必要前提。

随着民族危机的加深和国内形势的变化，国民党的政策也发生了变化，最终实现了国共合作。

华北事变后华北主权日益丧失，深重的民族危机促使全国抗日救亡运动高涨，日本的侵略又加剧了同英美的矛盾，这些都影响了国民政府对日政策

的调整，促使国民政府逐渐对日本采取比较强硬的政策。1935 年 11 月，国民党第五次全国代表大会决议指出“和平未到绝望之时，决不放弃和平；牺牲未到最后关头，亦决不轻言牺牲”，但是“和平有和平的限度，牺牲有牺牲之决心”。

1937 年 2 月国民党召开五届三中全会，主要讨论了西安事变后国民党及南京国民政府的内外政策，中共是此次讨论的中心问题。虽然国民党还坚持“根绝赤祸”，但是政策由“武力剿共”变成“和平剿共”。这标志着国民党接受了合作抗日的政策，国共合作的抗日民族统一战线初步形成。

七七事变后，国共两党之间进行了 6 次艰难的谈判，终于达成协议。1937 年 9 月 22 日，国民党中央通讯社公开发表了《中共中央为公布国共合作宣言》，次日，蒋介石在庐山发表了《对中国共产党宣言的谈话》，申明国共合作、团结御侮的重要性，承认中共的合法地位，至此，第二次国共合作正式形成。

抗日民族统一战线的建立是大势所趋、人心所向，是中国共产党顺应历史潮流采取正确政策的结果，也是与中国国民党方针政策的转变分不开的。它得到了全国人民、各民主党派和爱国民主人士的欢迎，在大敌当前的紧急关头，产生了巨大的民族凝聚力；它也标志着中华民族的空前觉醒和大团结。从此，中国人民反对日本侵略的战争在抗日民族统一战线的旗帜下进入了一个全民族抗战的崭新阶段。

（二）两个战场的战略格局

中国全民族抗战开始不久，就分成了两个战场：一是由国民党及其军队担负的正面战场，即国民党战场；二是由共产党领导的抗日军队所承担的敌后战场，亦称解放区战场。两个战场的形成与并存，是中国抗战的特点，它构成了中国两个战场的战略格局，极大地影响了中国抗战的进程。

1. 中国两个战场的战略格局是由中国抗战的主客观条件决定的

主观方面：全国性抗战开始后，国民党 200 多万人的军队背靠祖国大后方，在华北和华中漫长的正面战线上奋起抗击敌人。从这个时候起，广阔的正面战场就产生了，所以它主要是如何坚持和发展的问题。而中国共产党领导的人民军队则要脱离国家总后方，把战线伸展到敌人的后方去，发动人民游击战争，创建根据地，开辟敌后战场。因此，敌后战场的开辟便成了两个战场形成的关键所在。没有敌后战场的开辟，也就没有了两个战场的存在。

客观条件：全国抗战爆发后，中国面临着两方面的现实情况：第一，敌强我弱，这决定了中国在军事上单靠正面防御是难以取胜的，还必须到敌后方去发动群众性的游击战争，与正面夹击敌人。由于敌小我大，就决定了敌人在中国占据的地盘越广大，其兵力越不足，只能控制主要交通线和城镇。这样，广大的乡村便成了开辟敌后战场的理想场所。第二，20 世纪 30 年代后期的中国已不同于以往。此时，中国不仅存在着一个掌握着全国政权，控制着绝大部分人力、物力、财力和地区，拥有 200 多万人的军队并处于正面防御地位但脱离人民群众的国民党；而且还存在着一个人少、兵少、地盘小，但代表进步力量，与人民群众有着血肉联系，并善于打游击战，适宜承担敌后游击战任务的共产党。由于实现了第二次国共合作，形成了全国抗日民族统一战线，因此为两个战场的形成和分工奠定了基础。

2. 两个战场战略配合、相互支援和相互依存

两个战场战略格局的形成，特别是敌后战场的开辟，构成了中国抗日战争“犬牙交错”的特殊战争形态。这种特殊形态大体有毛泽东在《论持久战》中所列举的 4 种表现形式，即“内线和外线”、“有后方和无后方”、“包围和反包围”、“大块和小块”。这种犬牙交错的战争形态陷敌于前后牵制、内外夹击和多种包围之中，置敌于四面楚歌的境地，使其难逃灭顶之灾。

两个战场战略配合，相互依存。它既是统一的，又是相对独立的，从总体上讲，统一是主要的。正如毛泽东在 1943 年所指出的：“六年来的作战，实际上是被划为正面与敌后两大战场，这两个战场的作用，是互相援助的，缺少一个，在目前就不能制止法西斯野兽的奔窜，在将来就不能驱逐这个野兽出中国，因此，必须增强这两个战场互相援助的作用。”

在战略防御阶段，两个战场主要是战役配合，八路军参加了平型关战役和忻口会战，有力地配合了国民党军队正面战场的作战。由于正面战场抗战比较积极，因而对敌后战场的配合也是比较好的。1939 年 1 月，毛泽东总结说：“友军的协助是明显的，没有正面主力军的英勇抗战，便无从顺利地开展敌人后方的游击战争；没有同处于敌后的友军之配合，也不能得到这样的大的成绩。”

进入战略相持阶段，两个战场是战略配合。1940 年底，共产党领导的抗日武装部队发展到 50 万人，创建了 16 块抗日根据地，有效地开展游击战争，牵制了日军对正面战场的进攻，日军逐步将主要兵力用于打击敌后战场的人民军队，以保持和巩固其占领地。

1944 年春季，敌后战场人民军队转入攻势作战，抗击着全部侵华日军

64%的兵力。这两个战场体现了国共合作的抗日精神，谱写了中华民族团结御侮的重要篇章。

两个战场在抗日战争中发挥了各自不同的作用，为抗战的胜利作出了不同的贡献。但由于它们所处的战略环境、人心向背，特别是执行的路线、方针、政策不同，因而在各个发展阶段所处的地位和所起的作用也不一样。

在战略防御阶段，国民党正面战场是主战场，粉碎了日军“速战速决”中国的梦想；敌后战场主要起配合作用。进入相持阶段之后，国民党的政策发生了一些倒退，实行消极抗战、积极反共，正面战场的地位则不断下降，但仍保持着与敌对峙局面；敌后战场逐步上升为主战场。在战略反攻阶段，国民党军队没有太多的精彩，反而有重大挫败，这使得国人对国民党抗战大失所望；敌后战场则成为实施战略反攻、夺取抗战最后胜利的决定性因素。

三、中国共产党成为抗日战争的中流砥柱

教学疑问

国民党军队在抗战初期是抗战的主要力量，国民党军队在正面战场打了22场会战，重要战斗1100余次，小规模战斗38000余次，消灭日军100余万人，阵亡将士380余万人，内有少将以上军官150余名，团、营、连、排数万，付出了惨重代价，牺牲了大量的国民党军队将士。可为什么还说共产党是抗战的中流砥柱呢？

这些数字说明，为取得抗战胜利，国民党付出了巨大代价，国民党将士为中华民族的抗战作出了重大贡献。历史将铭记这一切。但是，抗日战争的历史证明：中国共产党及其领导的人民武装力量是抗日的民族先锋，是全民族利益的最坚定的维护者，是团结抗战的中流砥柱，是取得抗战胜利的决定性力量。

（一）中国共产党率先举起抗日旗帜

中国共产党率先举起了抗日的光辉旗帜，成为救亡图存的民族先锋。① 九一八事变发生后的第三天，中国共产党就发表《为日本帝国主义强暴占领东三省事件宣言》，揭露了日军侵华的罪行，号召中国工农兵士劳苦民众一

① 本书编写组：《国际共产主义运动史》，人民出版社、高等教育出版社2012年版，第233页。

致反对日本帝国主义强占中国东三省。中国共产党领导的东北抗日武装力量在白山黑水之间开展游击战，沉重打击了日本侵略者，鼓舞了全国人民抗日斗争的信心和勇气。1933 年初，日军侵占山海关，进犯热河和长城各口。1 月 17 日，中国共产党和中国共青团联合发表《中共中央、共青团中央为日本帝国主义占领山海关和进攻华北告全国人民书》，号召工人以及劳苦群众组织反日义勇军，以民众武装的民族革命战争驱除日本帝国主义。中国共产党帮助国民党西北军将领冯玉祥在张家口组织察哈尔抗日同盟军，300 多名共产党员加入同盟军，并成为同盟军的核心力量。察哈尔抗日同盟军收复了数座县城、包围并攻占了多伦重镇，狠狠打击了日军的嚣张气焰。

1936 年夏，日本帝国主义企图吞并华北，中国共产党发表了《中国苏维埃政府、中国共产党中央为抗日救国告全体同胞书》（即《八一宣言》），号召全体同胞“为民族生存而战!”。这个宣言在中国社会各阶层中引起了强烈反响，有力地推动了全国抗日救亡运动的发展。12 月 9 日，中国共产党领导北平大中学生举行游行示威，反对日本帝国主义策划的“华北自治”，促进了中华民族的觉醒，抗日救亡运动的烈火在全国各地熊熊燃烧起来。卢沟桥事变发生后的第二天，中共中央通电全国，号召全国人民团结起来，筑成民族战线的坚固长城，抵御日寇的侵略。中国共产党领导的红军和南方八省红军游击队改编为国民革命军第八路军和新四军，开赴抗日的最前线。1937 年 9 月 25 日，八路军在平型关设下埋伏，重创日军板垣师团一部，歼灭日军 1000 多人，取得了中国军队抗战以来的第一个大胜利，极大地鼓舞了全国人民抗战的勇气。

（二）中国共产党制定全面抗战路线和持久战战略方针

中国共产党明确提出并坚持全民族全面抗战和持久抗战的战略总方针，为夺取抗日战争的胜利指明了正确的方向。

1. 提出全面抗战路线

抗战爆发后，国共两党在如何抗日的问题上一开始就存在严重的分歧，有着两条不同的抗战路线。国民党政权主张片面抗战路线，实行单纯政府和军队的抗战。中国共产党提出全面抗战路线，即人民战争路线。中国共产党认为争取抗战胜利的力量的最深厚的根源是在广大人民中，只有动员和组织人民才能抵御强敌，使抗日战争成为真正的人民战争。毛泽东讲，要让日本侵略者陷入人民战争的汪洋大海之中。

全面抗战路线是洛川会议制定的，体现在《抗日救国十大纲领》之中。1937 年 8 月，中国共产党在陕北洛川召开了中共中央政治局扩大会议，会议通过了《抗日救国十大纲领》，制定了全面持久抗战的方针，确定党在抗日战争时期的任务和各项政策，阐明了党在抗日战争时期的基本主张。毛泽东曾说："军队须和民众打成一片，使军队在民众眼睛中看成是自己的军队，这个军队便无敌于天下。"这支党领导的、与人民打成一片的抗日武装，从抗战开始时的不足 5 万人迅速发展到中期的十几万、几十万人，直到后期的 120 万人，成了坚持抗战、争取抗战胜利的中坚力量，"成了中国抗日战争的主力军"。历史表明，中国共产党倡导和实行的人民战争路线，确实是战胜日寇的法宝。

2. 坚持持久战的战略方针

那么，如何打赢这场战争呢？中国应当如何争取抗战胜利？许多人感到困惑，中共认为这场战争必将是持久的战争。1938 年 5 月，毛泽东发表《论持久战》，阐明中国共产党关于抗日战争的军事战略方针。

首先，它有针对性，"亡国论"和"速胜论"在人民群众中造成混乱，影响着抗战的顺利进行。持久战战略就反驳了这两种观点。

《论持久战》的内容主要有：三个阶段、四个特点、一个必胜。三个阶段，即中国抗战将经历战略防御、战略相持和战略反攻阶段，最后胜利属于中国。

为什么是持久的？这是由四个特点决定的，即敌强我弱、敌小我大、敌退步我进步、敌寡助我多助四个基本特点。敌强我弱特点决定了中国人民的抗日战争是长期的、残酷的，是持久的战争。其他三个特点，特别是中国处在历史上进步的阶段，进行的是进步的、正义的战争，这决定了最后的胜利属于中国而不属于日本，亡国论和速胜论都是没有根据的。

中国共产党的持久战理论揭示了抗日战争的发展规律，为争取抗日战争的胜利指明了方向和具体道路，从理论上、思想上武装了全国人民，极大地鼓舞了全国人民争取抗战胜利的信心和决心。中国共产党提出来的这套抗战的路线和军事战略方针得到了国民党的认同，使双方达成了共识，起到了非常好的作用。

（三）中国共产党积极组织与维护抗日民族统一战线

除了中共在战场上的表现外，中共的中流砥柱作用还体现在政治上的领导。这就是指中国共产党在抗日民族统一战线中起了主导作用，是全民族抗战的核心，为抗日战争的胜利奠定了坚实的政治基础。

一部中国近代史，大多数篇章都离不开“战争”二字，而在抗战之前，每次战争都以割地赔款、签订丧权辱国的条约而告终。除了落后，我们挨打的原因还有什么？就是缺少凝聚力。抗战爆发后，共产党高举抗日民族统一战线的大旗，凝聚了人心和力量，提高了全民族抗战的动员和组织能力，这种作用是不可估量的。一些台湾学者也承认这一点。抗战胜利的决定因素在于中国共产党为苦难深重的中华民族带来了其渴望已久的政治组织力。

日本之所以悍然发动侵华战争，主要是看到中央政府软弱无能、不断退让，地方势力割据而治、你争我夺。但他们没有料到，恰恰是中华民族的空前觉醒和大团结，从根本上决定了战争的进程和结局。这种觉醒和团结从哪里来？就来自中国共产党倡导的抗日民族统一战线。从这个角度说，中流砥柱是国家、民族赋予中国共产党的历史担当。

如前所述，中国共产党是抗日民族统一战线的倡导者，在抗战时期，中国共产党始终坚持和维护统一战线，坚持抗战、团结、进步的方针。

抗日战争相持阶段到来后，国际、国内出现复杂形势，日本对华政策出现了一些新变化，国民党内部也出现一些动摇、妥协的倾向。国民党提出“防共、溶共、限共、反共”方针，国共之间的摩擦不断增多，先后发生了三次反共高潮，最严重的事件是皖南事变。

皖南事变：1941 年 1 月 6 日，驻皖南新四军 9000 多人北移到达泾县茂林时，遭国民党军 7 个师 10 万多人突然袭击。新四军除千余人突围外，大部分壮烈牺牲。军长叶挺被扣押，副军长项英遇害。这就是震惊中外的“皖南事变”。

面对相持阶段形势的变化和国民党的反共高潮，中共中央坚持抗战、团结、进步的三大方针，极力维护抗日民族统一战线。

首先，坚持抗战。中共中央领导根据地军民广泛开展游击战争，坚决抗击日本侵略者的军事进攻，开展反对国民党投降妥协的斗争。

其次，坚持团结。在团结问题上，中共不是无原则的团结，而是有策略有方法的。中国共产党在抗日民族统一战线中的策略总方针是“发展进步势力，争取中间势力，孤立顽固势力”。对于国民党军队向根据地的进攻，共产党及人民军队依据“人不犯我，我不犯人，人若犯我，我必犯人”的原则，站在自卫的立场上坚决反击，决不轻言让步。中共中央认为，只有进行坚定而恰当的斗争，才能维护抗日统一战线，争取时局的好转。

中国共产党从抗日大局出发，极力维护抗日民族统一战线，对国民党采取“有理、有利、有节”的方针。

教学疑问

当时国民党是握有统治权的政党，它不参加，全民族抗战是无法实现的。可为什么共产党能有效动员社会资源进行抗战，而处于执政地位的国民党却做不到？

事实表明，中国共产党是抗日民族统一战线的倡导者、促成者和极力维护者。正是在中国共产党的努力下，中华民族达到了空前的大团结，为抗日战争的胜利奠定了坚实的基础。

（四）敌后战场逐渐发展成为抗击日军的主要战场

1. 游击战争的作战方针

中共提出全国抗战和持久抗战的路线和战略方针，那么具体的作战形式是什么呢？毛泽东写了《论持久战》之后，很快又发表了《抗日游击战争的战略问题》，毛泽东把共产党的作战方针发展为“基本的游击战，但不放松有利条件下的运动战”，首次把游击战提高到战略地位。这在世界军事史上都是一个创举。

2. 人民军队深入敌后，坚持独立自主的游击战争

抗战爆发后，中共中央决定：在敌后放手发展独立自主的游击战争，使游击战争担负起配合正面战场、开辟敌后战场、建立敌后抗日根据地的战略任务。

1937 年 8 月 25 日，中共中央军委发布命令，将在西北的中国工农红军改编为八路军，下辖第 115、第 120、第 129 师共三个师，全军编制共 4.5 万余人。9 月 6 日，八路军总部召开出师抗日誓师大会，开赴抗战前线。根据两党协议，正面战场主要由国民党军队承担作战任务，八路军配合国民党正规军作战，向日军两翼及后方广泛开展了游击战。

八路军出师华北后，一方面从日军的侧翼打击、牵制日军，进行独立自主的山地游击战；一方面广泛发动群众，创建抗日根据地。太原失守后，山西及华北的战局发生了深刻变化。八路军根据中共中央的指示，分散兵力，向敌后实施战略开展，分别以五台山、管涔山和太行山为依托，配合地方党组织，大力动员群众，组织民众武装，广泛开展游击战争，创建山区根据地。后随着力量的壮大，八路军又向平原地区发展，使华北抗日根据地进一步得到扩大和巩固。

另外，中国共产党也在东北和南方建立了一批敌后抗日根据地，开展游击战争。

从 1937 年 9 月到 1938 年 10 月，敌后抗日根据地军民同日、伪军作战 1600 多次，毙、伤、俘敌 54000 人。牵制着 40 万日军，占全部侵华日军的 58%。八路军发展到 15 万人，新四军发展到 2.5 万人，建立了大小十几块抗日根据地和游击区，遍布华北、华中和华南九省。共产党领导的抗日游击战争，对中国抗日战争由防御阶段发展到相持阶段起到了重要作用。

课堂思考

敌后战场是什么时候上升为抗日主战场的？国民党有没有敌后战场？国民党军队为什么不能有效开展游击战争？

3. 随着战争发展，两个战场作用朝相反方向演变

抗战进入相持阶段后，敌后战场逐步成为全国抗战的主战场，在全民族抗战中发挥了重要作用。为什么说是主要战场呢？

第一，进入相持阶段后，日军将军事进攻的重点从国民党的正面战场转移到中国共产党领导的敌后战场，中国共产党军队抗击了侵华日军的主要力量。

华北地区的抗日根据地是日军进攻的重点。1940 年 8 月至 12 月的百团大战是华北战场规模最大的一次战斗。百团大战的爆发为相对沉闷的相持阶段的抗战局面带来新的活力，全国抗战士气为之一震，极大地增加了全国人民的信心。当然，百团大战之后，敌后抗日根据地面临着更大的压力。日军在受到打击后，对华北根据地实施更大规模的报复作战。从 1941 年起，为了把占领区变成进行太平洋战争的基地，日军在其占领区推行所谓“治安建设”，以共产党领导的敌后抗日根据地为主要的进攻对象，对敌后各根据地反复进行残酷“扫荡”、“清乡”，企图毁灭抗日力量的生存条件。

为了战胜严重困难，中共中央实行了一系列政策措施，其中包括整风运动和大生产运动，同时，根据地军民展开了艰苦的反“扫荡”、反“清乡”、反“蚕食”斗争，为抗日根据地的恢复和巩固准备了条件。直到1943年秋，敌后抗战才摆脱了严重困难局面，人民武装力量得到恢复和壮大，军队发展到47万人，掌握了战争的主动权。而日本侵略者由于兵力严重缺乏，被迫收缩防线，实行重点守备。1944年4月，日军发动豫湘桂战役，又相对减轻了敌后战场的压力。

抗战进入反攻阶段，敌后战场承担了战略反攻的主要任务。从1944年起，共产党领导的人民军队对日军发起了局部反攻，8月的林南、卫南战役揭开了局部反攻的序幕。敌后战场在反攻作战中扩大了抗日民主根据地，并逐步将抗日游击战转变为运动战，在苏联红军实施远东战役的同时，将持续一年半之久的局部攻势作战发展成为全面反攻，对日本进行了“最后一战”。

战略反攻时期的国民党军除了在缅甸战场有所作为外，在国内正面战场基本退居次要地位。美国总统杜鲁门讲到：“中国抗战后期，蒋介石的权力仅限于西南一隅，长江以北连中央政府的影子也没有。假如我们让日本人立即放下他们的武器，那么，整个中国就会被共产党夺过去。”（杜鲁门：《杜鲁门回忆录》第2卷）

第二，敌后战场成为主战场还体现在抗击侵华日军的比例上。请看下表：

表7-2　相持阶段敌后战场抗击侵华日军比例（不包括关东军）

1939年	62%
1940年	58%
1941年	75%
1942年	63%
1943年	58%
1944年	64%
1945年	69%

图表资料来源：刘廷华《中国抗日战争论纲》，军事科学出版社2005年版。

中国共产党领导的敌后抗战是一场极其广泛的群众性的战争，八路军、新四军在广大人民群众的支持下，以极其落后的武器在没有外援的极端残酷的环境下坚持长期抗战，并使自己日益壮大起来，把日军陷于人民战争的汪洋大海之中。敌后战场不仅牵制了大量日军，有力地配合了正面战场的作战，而且使人民战争力量在战斗中成长壮大起来。到 1945 年春，全国已有 18 个根据地，总面积 95 万平方公里，人口 9550 余万，八路军、新四军及其人民军队发展到 91 万，民兵 220 万。

中国共产党领导的敌后战场，从抗战初期配合正面战场作战到战略相持阶段逐渐上升为主战场，最后承担了战略反攻的主要任务，对整个抗日战争的胜利都起到了决定性的和不可替代的战略作用。

（五）抗日民主根据地建设

抗日民主根据地既是中国共产党领导的抗日游击战争的基地，又是中国共产党在抗日战争中发挥中流砥柱作用的重要保证，还是抗日战争取得最后胜利的希望所在，中共中央所在地延安成为革命者向往的“圣地”。因此，加强抗日民主根据地的建设，对于抗日游击战争的开展、发挥中国共产党的领导作用以及争取抗日战争的最后胜利都具有十分重要的意义。抗日民主根据地建设在政治、经济和文化等方面展开。

1. 政权建设

抗日民主政府在工作人员的分配上实行“三三制”原则，即共产党员、非党的左派进步分子和不左不右的中间派各占三分之一。抗日民主政权普遍采取民主集中制，各级抗日民主政权机构的领导人都经过人民选举产生。

2. 经济建设：开展减租减息和大生产运动

根据中国共产党做出的四项保证，抗日民主根据地内部停止实行没收地主土地的政策，把没收地主土地的政策改为普遍实行减租减息的政策，既照顾了地主的利益，也照顾了农民的利益。

毛泽东还提出“发展生产、保障供给”的经济工作和财政工作的总方针，发出了“自己动手，丰衣足食”的号召。1942 年中共领导的根据地军民开展了大生产运动；根据地政权厉行精兵简政，以减轻人民负担。王震领导的 359 旅把南泥湾改造成陕北的好江南就是一个成功的范例。

3. 文化建设：发展教育，重视科学研究

中共中央把发展抗日的革命文化运动提上重要议事日程。延安和各抗日根据地都吸纳了大量向往进步的知识分子。中国人民抗日军事政治大学、鲁迅艺术学院等一批干部学校和专门学校创办起来，哲学社会科学和自然科学研究也得到了重视，1940 年 8 月创办的延安自然科学院是中共历史上第一个开展自然科学教学与研究的机构。

中国共产党成为抗日的中流砥柱，绝不是抹杀国民党的抗战功绩。从 1937 年 7 月到 1938 年 10 月，国民党抗战是比较积极的。但客观看待国民党在抗战中的作用，就不能一味讳过表功。首先，我们必须看清国民党的抗战带有两面性，比如九一八事变后的“不抵抗”政策，这是不容辩解的；其次，国民党政府的腐败和独裁也不容忽视；第三，他们还有一个致命弱点，即对共产党和人民群众顾虑很深，所以不愿也无法动员全社会的资源进行抗战。而共产党掌握的最大资源是什么？就是民众。共产党牢牢根植于民众，以国家、民族和人民解放为最高利益，所以能在关键时刻带领人民一步步走向胜利。因为共产党代表了广大人民的利益，共产党的主张契合当时的社会心理，所以共产党有能力扭转国家和民族的命运。一个政党具有怎样的地位、是否被历史选择，最终要看人民群众的认可程度。从这个角度理解中流砥柱作用，会更加深刻。

四、从国际、国内两个角度看待抗日战争胜利的伟大意义

材料分析

环球时报：美英俄法如何看待中国抗战（摘录）

60 年后，这些大国是如何看待中国抗战的历史作用呢？

美国：飞虎队成为参与中国抗战的珍贵记忆

美国三大报之一的《洛杉矶时报》发表文章称：“二战中，中美两国在打击日本军国主义方面付出了巨大牺牲，但二战一结束，冷战开始，美国便不顾中国人在日本侵略战争中受到的创伤，掉转枪口，与日本交好，企图扼杀选择了共产主义的中国。现在冷战已经结束，到了美国听取中国正当诉求的时候了。”

英国：西方忽视中国抗战是“流行的狭隘主义”

一些清醒的英国媒体也发出了“二战究竟是如何胜利的?”这样的疑问。英国主流媒体《卫报》在一篇题为《我们不能忘记我们在二战中是如何获胜》的文章中指出，苏联和中国为二战胜利作出的贡献被西方忽略了。如果不是中国付出2000多万人牺牲的代价，在亚洲战场拖住了日本军队，日本军队就会在中国战场迅速取得胜利后进攻苏联后方，并控制太平洋地区。没有亚洲盟国的抵抗，西方盟国将会付出更大的牺牲。在英国权威历史杂志《今日历史》最新一期上，牛津大学中国研究专家米特博士发表了一篇题为《铭记被忘却的战争》的文章。文中指出：“在战争结束60年后，我们应该为对这场战争（指中国抗战）知之甚少而深感惭愧。”

俄罗斯：不能忘记两国共同抗日的历史

二战时，苏联军队既是西部战场反击德国法西斯的主力军，也参与了东部战场击溃日军的行动。俄罗斯军事科学院院长加列耶夫表示，当代俄罗斯人对二战东线战场的历史情况缺乏了解，对中国人民在抗日战争中所付出的沉重代价和中国对整个反法西斯战争作出的巨大贡献认识不足，就是对苏军出兵中国东北和朝鲜这段与俄罗斯有直接关系的历史也知之甚少。加列耶夫称，这与社会舆论的宣传有很大关系。描写与德国法西斯作战的电影、书籍很多，但俄官方和民间都很少提到抗日战争，给人感觉抗日战争就好像是亚洲国家自己的事。

加列耶夫还提到，俄罗斯最近竟然出现一股妄图篡改二战历史的歪风。加列耶夫说，日本人非常善于雇“朋友”来粉饰当年不体面的行为，一个名叫阿尔汉格尔斯基的俄罗斯学者就是日本人的一个“朋友”。此人成立了一个名叫“悔过”的基金会，鼓吹“日本险些解救了俄罗斯，日本在整个战争期间都信守互不侵犯条约”等歪理邪说。阿尔汉格尔斯基还胡编说，苏联军队在中国东北没遇到日军的任何抵抗，因此也就没有什么胜利可言。加列耶夫称，俄史学界坚决反对这种肆意篡改历史的做法。

法国：史学界要给中国抗战“正名”

法国一名二战史专家告诉记者，一些历史学者正在为中国抗战史开展“正名运动”。二战后，由于冷战的原因，法国史学界在很长一段时间内不愿承认中国抗战对于二战胜利所发挥的重要作用，将中国抗战隔离于世界反法西斯战争之外。

（一）世界反法西斯战争东方主战场

1. 中国最早举起反法西斯斗争的义旗，并以举国奋战最早开创了二战反法西斯的亚洲战场

中国的局部抗战在1931年九一八事变后即已开始。日本帝国主义是发动第二次世界大战的元凶之一，是亚洲的战争策源地。1931年9月18日，日本发动了蓄谋已久的九一八事变，打响了法西斯国家发动世界大战局部战争的第一枪。同时，中国人民的自卫战争也打响了世界人民反法西斯战争的第一枪，揭开了世界反法西斯战争的序幕。从1937年中国全民族抗战开始到1939年9月大战在欧洲爆发之间，当英、美、法实行绥靖政策的时候，中国人民孤军奋战，英勇抗击了百万日军的进攻。

2. 中国抗日战争对苏联卫国战争及太平洋战争产生了积极影响，进而大大推动了世界反法西斯战争胜利的进程

一方面，中国抗日战争挫败了日本帝国主义北犯苏联的计划，从而使苏联能集中兵力对付德国，避免了东西两面作战；另一方面，中国抗日战争遏制了日军的“南进”计划，并有力地支援了美、英盟军在太平洋战场的作战。

中国抗日战争是世界反法西斯战争的重要组成部分，中国战场的积极作战钳制了日军的行动，使其南进计划被迫推迟，为亚洲各国的反法西斯斗争创造了有利条件；同时中国战场的作战使日本北攻苏联的计划被迫搁置，使苏联避免了两线作战的严重威胁，集中力量与德国法西斯作战。可以说没有中国战场的牵制，盟国“先欧后亚”的战略实施根本无从谈起，世界反法西斯的进程将被改变。

3. 中国坚持持久抗战，抗击和牵制着日本陆军主力，并为同盟军队实施战略反攻创造了有利条件

14年抗战里中国军民杀伤、俘获的日军，据日方统计，共261万余人，其中死亡人数为133万余人；在全面抗战的8年里，中国军民共杀伤、俘获日军150万余人，接收战败投降日军128.3万余人，此外，还歼灭伪军118万余人，接收受降伪军95万余人。日军在中国战场的损失占其总兵力的65%，中国战场对日军的打击最大。同时，中国的抗战也使日军的物资供应严重匮乏，造成日本经济极度紧张，以致其战争后期黩武乏力，处于崩溃边缘。

美国总统罗斯福说：“假如没有中国，假如中国被打垮了，你想一想有多少师的日本兵可以因此调到其他方面来作战？”苏联元帅崔可夫说：“甚至在我们最艰苦的战争年代里，日本也没有进攻苏联，却把中国淹灭在血泊中，稍微尊重客观事实的人都不能不考虑到这一明显而无可争辩的事实。”

4. 中国作为亚洲太平洋地区盟军对日作战的重要后方基地，还为盟国提供了大量战略物资和军事情报

中国在抗日战争中，为了自己的解放，为帮助各同盟国，付出了巨大的牺牲，做出了伟大的贡献。

（二）抗战胜利的伟大意义

1. 中国抗日战争的胜利彻底打败了日本侵略者，捍卫了中国的国家主权和领土完整，使中华民族避免了遭受殖民奴役的厄运

抗日战争是100年来中国人民反对帝国主义侵略第一次取得完全胜利的民族解放战争，洗雪了鸦片战争以来的民族耻辱，使中国收回了由于不平等条约而失去的一部分主权，也收回了除香港、澳门以外的大部分失地，被强割出50余年的台湾、澎湖列岛等地重新回到了祖国的怀抱。

2. 中国人民抗日战争的胜利，促进了中华民族的觉醒，使中国人民在精神上、组织上的进步达到前所未有的高度

3. 中国人民抗日战争的胜利，促进了中华民族的大团结，弘扬了中华民族的伟大精神

4. 中国人民抗日战争的胜利，对世界各国夺取反法西斯战争的胜利、维护世界和平的伟大事业产生了巨大影响。中国赢得了应有的国际地位，成为26国宣言的四大领衔签字国之一、联合国的五大常任理事国之一

知识补充

抗日战争的历史遗留问题

战争虽已结束了六十多年，但仍有战争的遗留问题构成了影响中日关系发展的外交问题。

（1）历史观问题：包括日本关于战争性质的认识、修改历史教科书、日本政府是否道歉、日本政府领导人参拜靖国神社等。

关于战争性质问题：日本右翼领袖及学者认为日本侵华战争是日本为了日本生存不得已发动的战争，是为了把亚洲从白人殖民主义统治下解放出来的战争。

修改历史教科书：八十年代以来多次修改，否认侵略、否认日军暴行等。

日本政府是否道歉：日本政府遮遮掩掩、轻描淡写、缺乏诚意。

参拜靖国神社：日本首相多次公开参拜供奉甲级战犯的靖国神社。

（2）战争赔偿问题

国家赔偿：国民党与共产党先后放弃了国家赔款。

受害者赔款：包括对战争伤亡者、劳工、慰安妇的赔偿，民间多次到日本法庭申诉，进展不大，日本政府采取拖的策略。

（3）化学武器遗留问题

日本投降时将几万吨的化学武器与细菌武器埋在中国，已导致了几千人死残，日本政府一直拖延化武处理的进程。

（4）钓鱼岛问题

钓鱼岛自古以来就是中国领土，日本侵占琉球（今日本冲绳）后，宣称对钓鱼岛拥有主权。日本战败后，美国占领代管冲绳。1972 年，美国将冲绳及钓鱼岛管理权移交日本，称不涉及钓鱼岛的主权之争。

此外，中日还存在东海之争，因为中日东海 200 海里专属经济区存在重叠部分，中国主张在重叠部分搁置争议，共同开发。

教学总结

学习好、研究好抗日战争史也要高度重视其现实价值。日本部分右翼分子美化侵略战争，网络上一些别有用心的人虚无化抗日英雄、否定中国共产党的中流砥柱作用，影视娱乐世界的“抗日神剧”等，都会不同程度地影响大学生的历史观和价值观。同时，由于各种原因，中国的抗日战争研究囿于大陆，与世界的学界乃至与台湾的学界互动性不强，在世界舞台上我们的抗日战争贡献也没有充分地展示出来，我们的民族自信心没有很好地建立起来。学好抗战史，关乎我们的民族尊严和荣誉。

在教学过程中，教师应着眼于现实问题，从而有针对性地摆事实、讲道理，提高大学生的学习兴趣，培养正确历史观，树立民族自尊和自豪感。寓精神教育于史实讲解中。习近平指出：“在中国人民抗日战争的壮阔进程中，形成了伟大的抗战精神，中国人民向世界展示了天下兴亡、匹夫有责的爱国情怀，视死如归、宁死不屈的民族气节，不畏强暴、血战到底的英雄气概，百折不挠、坚忍不拔的必胜信念。”让大学生认同好、继承好伟大的抗战精神是我们的教学目标。

课后思考

1. 简述西安事变及其和平解决的意义。
2. 为什么说中国共产党的游击战争具有战略地位?
3. 试述毛泽东的《论持久战》的内容和意义。
4. 试述延安整风运动的内容及意义。
5. 抗日战争胜利的伟大历史意义是什么?
6. 抗日民族统一战线是怎样形成的?
7. 怎样评价国民党政府的抗战路线和正面战场的地位与作用?
8. 怎样理解中国共产党是中国人民抗日战争的中流砥柱?

推荐阅读

1. 蒋介石:《对日一贯的方针和立场》(1937 年 7 月 7 日),《中共党史参考资料》,人民出版社 1979 年版,第 8 册。

2. 《国民政府自卫抗战声明书》(1937 年 8 月 14 日),《中共党史参考资料》,人民出版社 1979 年版,第 8 册。

3. 《抗日救国十大纲领》(1937 年 8 月 25 日),《中共党史参考资料》,人民出版社 1979 年版,第 8 册。

4. 毛泽东:《论持久战》(1938 年 5 月),《毛泽东选集》第 2 卷,人民出版社 1991 年版。

5. 毛泽东:《抗日游击战争的战略问题》,《毛泽东选集》第 2 卷,人民出版社 1991 年版。

6. 毛泽东:《两个中国之命运(一九四五年四月二十三日)》,《毛泽东选集》第 3 卷,人民出版社 1991 年版。

7. 毛泽东:《论联合政府》,《毛泽东选集》第 3 卷,人民出版社 1991 年版。

8. 胡锦涛:《在纪念中国人民抗日战争暨世界反法西斯战争胜利 60 周年大会上的讲话》,《人民日报》2005 年 9 月 4 日。

9. 习近平:《抗战胜利:开启了古老中国“凤凰涅槃”新征程》,2015 年 8 月 3 日,中国网。

10. 沙健孙:《中国共产党与抗日战争》(上、下册),中央文献出版社

2005 年版。

11. 中共中央党史研究室第一研究部：《中华民族抗日战争史（1931—1945)》，中共党史出版社 2005 年版。

12. 孙继业、孙志华：《正面战场大会战：国民党军队抗战纪实》，团结出版社 2007 年版。

13.《中共中央抗日民族统一战线文件选编》，档案出版社 1985 年版。

14. 杨奎松：《西安事变新探：张学良与中共关系之谜》，江苏人民出版社 2006 年版。

15. ［日］笠原十九司：《南京事件争论史——日本人是怎样认知史实的》，罗翠翠等译，社会科学文献出版社 2011 年版。

16. 张宪文：《中国抗日战争史》，南京大学出版社 2001 年版。

17. 王振德：《第二次世界大战中的中国战场》，社会科学文献出版社 1991 年版。

18. ［英］拉纳米特：《中国，被遗忘的盟友：西方人眼中的抗日战争全史》，蒋永强等译，新世界出版社 2015 年版。

19. 王树增：《抗日战争》（全三卷)，人民文学出版社 2015 年版。

专题八

新民主主义革命的全国性胜利

问题引领

从抗战胜利之初国共两党的实力对比来看，国民党占有明显的优势。但二者之间的较量却最终以国民党败退大陆、共产党夺取全国政权而宣告结束。由此引发了两个问题：导致国民党失败和共产党胜利的核心因素是什么？怎样理解共产党取代国民党政权的法理基础和伦理基础？

本专题以抗日战争结束后中国共产党为建立新中国而奋斗的历史为背景，论证中国共产党夺取民族民主革命胜利、掌握国家政权的历史必然性，并从历史与学理层面诠释“得民心者得天下”的古训，使学生真正理解、认同中国共产党领导新中国的法理基础和伦理基础。

➤ 逻辑结构

抗日战争胜利后，中国政治舞台上活跃着三大政治力量：国民党、共产党和中间党派。他们从各自的政治立场和政治理念出发，分别对中国社会的未来发展提出主张和方案，并为此展开较量。最终，共产党与包括中间党派在内的民主力量联合起来，推翻国民党政权，建立起独立、统一、和平、民主的新中国。在专题教学中，要通过对这段历史的回顾，反思共产党与国民党成败的原因，并对共产党建立新中国政权的合法性进行学理论证。

1946年6月，国民党挑起全面内战时，蒋介石曾信心满满地认为，“如果配合得法，运用灵活，……就一定能速战速决”；时任国民政府军事委员会参谋总长的陈诚更是扬言，“也许三个月，至多五个月，即能整个解决中共军队”。然而战争的走向不仅完全出乎他们的意料，连共产党人也始料未及。毛泽东在1948年9月7日给林彪、罗荣桓的电文中，对战争的预计是：“我们准备五年左右（从一九四六年六月七日算起）根本上打倒国民党，这是具有可能性的。”结果，共产党领导的全国解放战争只用了短短三年多时间，便以国民党政权的崩溃而宣告结束，给后人留下了巨大的思考空间。

一、三种力量与三条道路

1945年8月14日正午，日本裕仁天皇发表《停战诏书》，接受《波茨坦公告》，宣布实行无条件投降。消息传到国内，国人无不欢欣鼓舞，全国放假3日欢庆胜利。

就在举国欢庆的同时，一场关系国家前途与命运的新的较量已经展开。中国政治舞台上三大政治力量从各自的政治立场和理念出发，提出了关于战后中国社会发展的主张和方案，并为实现各自的政治意图进行着激烈的争夺。

（一）国民党：维持并强化一党专政与独裁统治

1. 释放和谈烟幕

1945年8月16日、20日和23日，蒋介石接连三次致电毛泽东：“深望足下体念国家之艰危，悯怀人民之疾苦，共同勠力，以事建设。如何以建国之功收抗战之果，甚有赖于先生之惠然一行，共定大计。”① 看似言辞恳切，但明眼人不难发现，这不过是其释放的一团烟幕。蒋介石提出和谈，并非出于其真实意图及良善愿望，而是有着迫不得已的原因：国内外舆论的压力，内战部署没有到位。而释放和谈烟幕可以“一箭三雕”：一是表明和平“诚

① 《毛泽东文集》第4卷（1945—1947），人民出版社1996年版，第3页。

意”，欺骗国际国内社会；二是赢得内战准备时间；三是向共产党施压，逼迫共产党交出军队和解放区，在谈判桌上达到战场上无法达到的目的。

于是，重庆谈判中便出现了广为人知的“怪相”：一是当毛泽东率领共产党代表团抵达重庆时，国民党政府毫无准备，最终以共产党提出的方案为基础展开谈判；二是在谈判中，国民党抛开国家政治民主化这一前提，以统一政令、军令为借口，片面要求共产党交出军队和解放区政权，致使谈判数度陷入僵局；三是国民党一边在谈判桌上向共产党施压，一边向解放区发动进攻。

历时 43 天的重庆谈判最终达成了协议，双方签订了《双十协定》。国民党表面认同“和平建国”、“政治民主化”、“各党派在法律之前平等”及“人民自由”等原则，但翻阅协议文本，我们不难发现，只要涉及实质性问题，其专制独裁的本性便暴露无遗。如国民党同意召开“国民大会”，但前提是：国民党主持制定的国民大会组织法、选举法“合法有效”（根据上述法律，国民党中央执行委员、监察委员等为当然的“国大”代表）；一党专政时期选出的“国大”代表继续“有效”；1936 年 5 月 5 日公布的“人民无权，总统万能”的“五五宪草”继续“有效”。因为国民党执意取消解放区人民政权和人民军队，所以在《双十协定》中，“军队国家化”和“解放区政府”成为“悬而不决”的问题。

2. 撕毁《政协决议》

1946 年 1 月 10 日，由国民党、共产党、民主同盟、青年党和无党派人士代表组成的政治协商会议召开。会议围绕政治民主化、军队国家化等议题展开了激烈的讨论。在共产党与民主同盟、无党派人士的共同努力下，会议最终通过了政府组织案、国民大会案、和平建国纲领、军事问题案、宪法草案共五项决议。饱受战乱、专制苦痛的国人似乎看到了和平、民主的曙光。

然而，就在人们为政协会议的成功召开举行庆祝活动时，却遭到国民党的当头棒喝。国民党特务先是对重庆“陪都各界协进会”组织的民众大会进行骚扰、破坏，制造了“沧白堂事件”，继而在重庆较场口广场举行的庆祝政协成功大会上制造血案，引起海内外强烈震惊。以此为开端，国民党公然压制人民和平民主建国呼声，坚持独裁内战、践踏人民民主权利的真实面目不断暴露。

在国民党看来，政治协商会议及其通过的决议对其专制独裁形成了极大阻碍。“政府好似在受裁判，其屈辱难堪，令人难受至极。”作为蒋介石侍从室第六组组长，唐纵的观点反映了国民党对政协会议与决议的普遍不满情绪。蒋介石本人则将政治协商会议视为国民党的“失败”。而之所以表面上接受政协决议，是因为“军队无力量”解决共产党，“不得不忍耐，不得不避战”。①

政协决议使国民党产生了大权即将旁落的“危机”感。1946 年 3 月召开的国民党六届二中全会集中宣泄了这种情绪：“党国不能自杀”、“不能将统治权交给多党政府”的叫嚷不绝于耳；“慷慨陈词，垂泣而道”的场面屡屡出现；有的甚至“大哭大闹”，要弹劾出席政协会议的国民党代表。面对党内责难，蒋介石一面表示承担政协“召集”者的责任，安抚党内情绪；一面摆出撕毁政协决议的架势，公开表示“我对宪草也不满意，但事已至此，无法推翻原案，只有姑且通过，将来再说”，并要陈立夫等人“就其荦荦大端，妥筹补救”。全会通过的《对政协报告之决议案》公然推翻政协决议确定的国会制、内阁制、省自治制等民主政治，维持专制独裁的中央集权；规定联合政府中“各党派推选的国府委员要经国民党中常会选任”；提出由国民党中央政治委员会“指导”国民政府。

在随后的第四届国民参政会第二次会议上，蒋介石对政协决议提出了公开质疑和责难，宣称：“我们的政府和全国人民决不能承认”政协会议具有“制宪会议”的性质和功能；政协决议不能代替国民党制定的“训政时期约法”；政府改组只能在“国民政府现在的基础上”加以“扩充”，吸收“各党派人士及社会贤达共同参加”。国人满怀期待的政协决议由此成为一纸空文。

3. 导演“宪政”闹剧

早在 1932 年 12 月，国民党四届三中全会就决定于 1935 年 3 月召开“国民大会”。1935 年 12 月 4 日，国民党五届一中全会决定 1936 年 5 月 5 日公布《宪法草案》，11 月 12 日召开“国民大会”。“五五宪草”因为赋予总统至高无上的权力，将国民党一党专政和蒋介石个人独裁“合法化”而遭到社会各界的强烈反对。再加上国民党内各派系争权夺利，矛盾重重，以至于连“国大”代表都无法如期选出，“国民大会”又一次“流产”。1936 年 7 月，国民党五届二中全会决定将“国大”延期至 1937 年 11 月 12 日，但卢沟桥事变的爆发和全面抗战的兴起使“国民大会”变得遥遥无期。1943 年 9 月 12 日，国民党五届十一中全会做出“战后一年内召开国民大会，制颁宪法”的安

① 唐纵：《在蒋介石身边八年》，群众出版社 1991 年版，第 580、591 页。

排。抗战胜利后，国民党相继上演了“制宪”、“改组”、“行宪”的系列闹剧。

（1）“制宪国大”

因急于给专制独裁披上“合法”外衣，国民党以“实施宪政”、“还政于民”为借口，不顾共产党和其他民主党派的反对，一手包办了“国民大会”。1946 年 10 月 11 日，国民党军队进占解放区政治军事重地张家口。被“胜利”冲昏头脑的蒋介石立即颁布《国民大会召集令》：11 月 12 日召开国民大会。但由于共产党和其他民主党派拒绝向国民政府提交代表名单，国民大会“推延”三天。在威逼、诱骗共产党和中国民主同盟无果后，国民大会于 11 月 15 日粉墨登场，频频上演“奇形怪状”的“丑剧”、“闹剧”。

2050 名国民大会代表中只有 1600 多名参加大会，其中 85% 为国民党籍，15% 是装点门面的附属于国民党的中国青年党、民主社会党和“社会贤达”代表。其中不乏父子、父女、翁媳、姊妹、夫妻代表。

大会期间，先有“民选代表”因被“圈定代表”所取代，而将棺材抬到会堂门口“陈棺护宪”，誓作真正的“民主烈士”；后有大批没能进入会场的“民选代表”，为争夺正式代表席位在场外“游行请愿”。大批“签署代表”通过召开记者会、散发传单、向报社投稿等方式“鸣冤伸屈”，以争取正式代表席位。有的甚至自封为“绝代”——私下“潜入”会场闹绝食，最后被警察拖出会场“软禁起来”。“签署代表联谊会”得知“绝代”被软禁，求助于美国驻华大使司徒雷登。当被问及为何绝食时，“绝代”们的回答令人啼笑皆非：他们当代表“来之不易”，“花了很多钱”①。

大会在一片喧闹声中通过了《中华民国宪法》。该《宪法》违背政协决议规定的联合政府、责任内阁制、中央与地方“均权”、“制定省宪”及“省长民选”等原则，保留了“五五宪草”的中央集权制与总统独裁制，是一部典型的政府有权、人民无权，中央有权、地方无权，总统有权、立法无权的宪法。

（2）“改组政府”

尽管国民党极不情愿放弃一党专制，但“制宪国大”已落幕，《中华民国宪法》已颁布，“还政于民”的假戏只能继续演下去。1947 年 3 月 15 日，

---

① 关于 1946 年“制宪国大”期间的闹剧、丑剧，参见《伪“国大”奇形怪状目睹记》一文（载《钟山风云》2000 年试刊号）。作者曾在“制宪国大”期间担任“会上警卫”。

国民党六届三中全会讨论结束“训政”和改组政府等问题，蒋介石在开幕词中宣布国家进入各党派和全体国民“共同负责”的时期。所谓“共同负责”，在国民党看来，不过是在国民政府中容纳几个非国民党籍的国府委员，装点门面，以敷衍外界对国民党的批评。专制独裁已然成为国民党的思维定式，即使是请党外人士到政府“做客”、点缀“民主”这样的敷衍动作也遭到一部分人的强烈反对。他们认为“还政于民”不是还政于各党派；其他党派没有权力对政府改组问题说三道四。

根据全会通过的《宪政实施准备案》，国民党中常会与国防最高委员会联席会议修改《国民政府组织法》，提交政府改组名单。表面上看，“改组”后的国民政府好像是“多党政府”：国府委员中，国民党 17 席，青年党 4 席，民社党 4 席，社会贤达 4 席。按照蒋介石的算法，加上留给共产党和民盟的 11 个席位，国民党的席位尚不到 40 席的一半。但值得关注的是，以《训政时期约法》为根据所修改的《国民政府组织法》规定：国民政府主席、副主席由国民党中央执行委员会选任；委员由国民政府主席选任；国民政府主席、副主席对中国国民党中央执行委员会负责；五院院长为当然的国府委员，对国民政府主席负责。这些规定严重违背了政协决议，而以青年党和民社党为“陪衬”，实现了一党专政和个人独裁的“合法”化。

“改组政府”的闹剧引来国内舆论的一片反对与谴责之声。李济深、何香凝、蔡廷锴等 16 位爱国民主人士联合发表声明：“目前改组之政府，民、青两党之参加，不过为一党政府之装饰，……我们对此伪装之政府改组，不但不寄托任何希望，且号召国人共起反对之。”① 共产党则一针见血地指出“蒋介石这一改组政府的把戏，不过是继承袁世凯筹安会的一个新筹安会”。

然而，国民党毫不理会民主、正义的呼声，以“结束训政，还政于民”为幌子，在专制独裁的歧路上越走越远。本想通过“国民大会”和政府“改组”的骗局孤立、打击共产党和其他民主力量的国民党，最终在国人面前陷入空前孤立的局面。

（3）“行宪国大”

“改组政府”引发的风波尚未平息，国民党又开始上演召集“国民代表大会”、选举中华民国总统、副总统的闹剧。

国共内战正酣之时召开“行宪国大”，不仅外界普遍反对，连国民党内

① 《华商报》（香港），1947 年 4 月 21 日。

也有人深表质疑：若“草率从事，违反民意”，将“开选政恶例，影响宪政前途至大”。各地参议会和“国大”代表纷纷电请国民政府“慎重选政，缓开国大”，就连戴季陶、于右任、邵力子等国民党元老也认为“各地秩序未复，选举不及普遍实施”，应“缓办选举”。但此时的国民党已痴迷于“宪政”的假戏，对质疑与反对之声充耳不闻，确定“行宪国大”的召开时间为1947年12月25日。

从分配“国大”代表名额开始，“闹剧”便层出不穷。几经“还价”，最后确定的代表名额是国民党2000名，社会贤达及其他党派500名。对这笔“政治交易”，青年党、民社党自然相当不满。国民党内也发出反对“按比例选举”的呼声。到12月，“国大”代表仍无法如期选出。原本定于1947年12月25日召开的“行宪国大”延迟到1948年3月29日。3月11日统计：国民党占用了青年党、民社党171个代表名额，而国民党内由中央提名的代表则有256位落选。对此，国民党的补救措施是：“本党同志一律退让”出占用的“友党”名额；“原定为候补或签署提名而当选者”将名额“退让”给中央提名但未当选的“正式代表”。于是“国大”代表中出现了“签署提名”当选代表与“中央提名”落选代表，两部分代表各自成立“联谊会”，开展请愿、游行集会等活动。

直到1948年4月6日，“行宪国大”才在各派代表的互相攻讦声中鸣锣开场。关于会场状况，曾有媒体形容为“下等歌剧院”。在最无悬念的总统选举中，国民党中央提名的总统候选人蒋介石出人意料地不愿参选，并举荐胡适参选总统。经过几轮“劝进”蒋介石仍不松口。还是张群善于体察蒋介石的心思：“并不是总裁不愿意当总统，而是依据宪法规定，总统是一位虚位元首，所以他不愿处于有职无权的地位。如果常委会能想出一个补救办法，规定在特定期间，赋予总统以紧急处置的权力，他还是要当总统的。”① 为了在宪法外赋予他“紧急处置”的权力，张群等721名国大代表联名提出“制定动员戡乱时期临时条款”案，并得到大会通过。《临时条款》规定，“动员戡乱”时期，总统“为紧急处分不受宪法第39条或第43条所规定程序之限制”。《临时条款》使《中华民国宪法》中规定的立法、司法机构对总统权力的限制荡然无存。蒋介石也终于接受“劝进”，并“顺利”当选总统。

接下来的副总统竞选堪称“一波四折”。第一轮选举，六位候选人无一

---

① 《文史资料选辑》第66辑，中华书局1979年版，第61－62页。

人得票超过半数。依照规定，得票居前三位的李宗仁、孙科、程潜展开第二轮竞选，但仍无人票数过半。于是蒋介石亲自出马，一边示意程潜放弃竞选，一边动员原来投票给程潜的代表转投孙科。令人大跌眼镜的是，程潜迫于压力宣布放弃竞选后，李宗仁也以退为进，公开声明放弃竞选。处于尴尬境地的孙科也不得不宣布退出竞选。副总统选举陷入僵局，国民代表大会“停摆”。无奈之下，国民党中常会临时会议决定三人继续参加竞选。但第三轮仍无人获得法定的过半数票。第四轮竞选在李宗仁与孙科之间展开。最终，李宗仁如愿当选，他与蒋介石之间的矛盾也因此进一步激化。“行宪国大”在一片喧嚣声中收场，国民党政权也因为“宪政”闹剧而受到社会各界的强烈反对和高度孤立，即将走到尽头。

（二）共产党：坚持和平民主建国之路

“中国的老百姓，足足有三十多年没有享受过和平的日子。我们对于战后和平的期望，就像饥饿的人等饭吃那样的急迫。但这几年来，中国内战的危机，一直没有解除，日寇一投降，内战的空气也即刻震动了每一个人的心。如果内战，全中国人民都要遭受无穷的损害。”《新华日报》刊登的这封读者来信，真实地反映了国人对内战的厌恶、恐惧，对和平民主的强烈渴望。共产党顺应人民要求，坚守和平、民主建国的基本理念。为争取中国发展的光明前途，同国民党展开了激烈较量。

1. 为组建“联合政府”而努力

1945 年 4 月，尽管抗战还在艰难进行之中，但看到胜利曙光的共产党人已经开始考虑战后国家的前途与命运，提出了“联合政府”的建国思路：“把各党各派和无党无派的代表人物团结在一起，成立民主的临时的联合政府，以便实行民主的改革，……在广泛的民主基础之上，召开国民代表大会，成立包括更广大范围的各党各派和无党无派代表人物在内的，同样是联合性质的民主的正式的政府，领导解放后的全国人民，将中国建设成为一个独立、自由、民主、统一和富强的新国家。”

8 月 13 日，毛泽东在延安干部会议上发表《抗日战争胜利后的时局和我们的方针》的演讲。他清醒地意识到，抗战胜利后，国民党“要下山来抢夺抗战胜利的果实”，我们的原则是“坚决反对内战，不赞成内战，要阻止内战”，“以极大的努力和耐心领导着人民来制止内战”，目标是“在民主的基础上成立联合政府”。

8 月 25 日，中共中央发表《对目前时局的宣言》，重申抗战胜利后中华民族面临的重大任务是“巩固国内团结，保证国内和平，实现民主，改善民生，以便在和平民主团结的基础上，实现全国的统一，建设独立自由与富强的新中国”，为此提出“立即召开各党派和无党派代表人物的会议，商讨抗战结束后的各项重大问题，制定民主的施政纲领，结束训政，成立举国一致的民主的联合政府，并筹备自由无拘束的普选的国民大会”。① 作为联合政府的倡导者、捍卫者，共产党愿意在坚持和平、民主、团结三大原则的基础上，与中国国民党和其他民主党派共同协商，“以期各项紧急问题得到迅速的解决”。中国共产党的“联合政府”主张及和平、民主、团结原则，应时势、顺民意，得到了社会各界的高度认同。

2. 顺应民心积极“和谈”

1945 年 8 月 28 日，毛泽东不顾个人安危，亲赴重庆与国民党进行和平谈判。面对国民党提出的交出军队和“地盘”、到国民政府“做官”等荒唐要求，共产党作出不违背原则的妥协与让步：退出分布在江南、华南等地的 8 个解放区，在这些地区着手抗日军队的复员工作；整编党领导的武装力量，缩编至 20 个师；承诺“以和平、民主、团结统一为基础，并在蒋主席领导之下，长期合作，避免内战，建设独立自由和平之新中国，实行三民主义”；就“召开政治协商会议，邀请各党派代表及社会贤达，协商国是，讨论和平建国方案，及召开国民大会各项问题”与国民党达成一致。共产党从国家前途与民族大义出发，所表现的诚意得到了社会各界的高度赞赏。

根据双方达成的《关于停止国内军事冲突的协定》及《关于停止国内冲突的命令和声明》，中共中央先后发布《关于停止国内军事冲突的通告》和《关于执行停战命令的指示》，要求“凡在中国共产党领导下之一切部队”、解放区各级党委、政府“切实严格遵行”，命令各部队“必须于十三日二十四时以前停止一切向对方攻击的行动，……不给对方以任何借口，违者将受到处分”。

在接下来的政治协商会议上，共产党与中国民主同盟及无党派民主人士一道，重点围绕政治民主化和军队国家化问题同国民党展开激烈较量，达成《关于政府组织问题的协议》、《和平建国纲领》、《关于军事问题的协议》以及《关于国大问题的协议》、《关于宪草问题的协议》五项政协决议。共产党

① 《中国共产党中央委员会对目前时局宣言》，《解放日报》1945 年 8 月 27 日。

提出的《和平建国纲领》确认："遵奉三民主义为建国之最高指导原则"；"全国力量在蒋主席领导之下，团结一致，建设统一自由民主之新中国"；"政治民主化、军队国家化及党派平等合法"；"用政治方法解决政治纠纷，以保持国家之和平发展"。①

政协闭幕次日，共产党发布《中央关于目前形势与任务的指示》，宣布"准备为坚决实现这些决议而奋斗"。同一天，周恩来向蒋介石转达了共产党关于军党分立、长期合作的原则立场，以及毛泽东同意参加联合政府的意见。中共中央政治局会议就参加联合政府这一问题进行专题研究，决定毛泽东、林伯渠、董必武、周恩来、吴玉章、刘少奇、张闻天等参加国府委员会，周恩来、林伯渠、董必武、王若飞参加行政院。为方便参加国府会议，中共中央甚至考虑将党的领导机关搬迁到离国民政府较近的淮阴或淮安地区。②

共产党对"和平民主建设的新阶段"是充满期待的，对"国内问题由政治方式来解决"也是真诚的。尽管政协决议不久便被国民党撕毁，但共产党通过重庆谈判和政协会议向国内外传达了一个明确的信息：为了实现国家的和平、民主、团结，共产党人可以作出最大限度的妥协和牺牲。这样的态度与行为赢得了全社会的广泛支持与赞誉，使共产党在两种前途与命运的争斗中赢得了主动。

3. 抵制国民党的"宪政"闹剧

召开"国民大会"，实行"宪政"，是共产党的一贯主张。但中国真正需要的是一个"全中国统一的民主共和国"、一个"拥护全国人民和抗日军队的抗日救国代表大会"、一个"由普选权选举出来的国会"、一个"拥护全国统一的国防政府"。而按照国民政府制定的《中华民国宪法草案》、《国民大会代表选举法》及《组织法》，国民大会"仅仅是贵党及贵党政府少数官员们所操纵的机关，是这些官员们的附属品与装饰品"，既"不能完成集中统一抗日救亡的任务"，也"不能有什么成就与不能得到人民的任何信任"。③

政治协商会议关于国民大会的决议明确规定：国民大会必须由改组后的联合政府负责召集而不是国民党政府包办；必须根据政协决议规定的原则和程序修正宪法草案；必须由政协综合小组协商决定国民大会的日期及代表名

---

① 《解放日报》1946年2月2日。

② 《周恩来年谱（1898—1949）》，人民出版社1989年版，第64页。

③ 《中国共产党致中国国民党书》《中共中央抗日民族统一战线文件选编（中）》，档案出版社1985年版，第240、241页。

额的分配。共产党坚决捍卫政协决议关于召集国民大会的前提：承认各党派的合法地位，保障人民的“一切民主自由权利”，由各党派及无党派代表先组建临时的民主联合政府，再由该政府“筹备召开国民大会”。

为此，共产党发表《我们对修改国民大会法规的意见》，认为国民大会“应该是国民党放弃一党政治的开始，应该是各省在民主政治下坚固的团结与统一的开始，应该是人民自己起来积极参加政治的开始，应该是各党各派真诚合作一致抗日的开始”，并由此提出了“国民大会真正民主化”等三条原则意见和修改国民大会组织法与代表选举法的十一条具体意见。

国民党对政协决议及共产党的主张置若罔闻，单方面宣布召集“国民大会”。这是“国民党‘训政’当局一手伪造的一个反对民主的加强独裁的破坏团结的扩大分裂的东西，是一个企图把一党专政合法化并延长到无限期的东西”①。共产党和各民主党派及无党派民主人士自然坚决反对并抵制。对于共产党而言，赞成这样的国民大会“就是抛弃一切原则和出卖解放区的人民”；参加这样的国民大会“是一个极大的错误”。② 在“伪国大”召开的第二天，周恩来举行记者招待会，声明国民党已经关闭和谈的大门，中共代表团将返回延安。

4. 做好自卫战争准备

共产党走和平民主建国之路的决心是坚定不移的，但也清醒地意识到和平民主建国之路布满荆棘。国民党要实行一党专制，心腹之患是共产党及其领导的武装。即使在抗战最艰难时期，国民党也敢掀起大规模的反共高潮，更何况抗战胜利后风头正劲的时候。中国共产党不能不做好两手准备，在争取和平民主建国目标的同时，应对国民党随时可能发动的内战。

中共七大郑重提醒全党：国民党正在“国民大会”和“政治解决”的烟幕之下，“偷偷摸摸地进行其内战的准备工作”；共产党必须与全国人民一道揭露其内战阴谋，阻止其内战准备。抗战胜利之初，共产党敏锐地觉察到内战危险“十分严重”，必须“唤起人民对于内战危险的注意”。针对国民党的“寸权必夺，寸利必得”主张，毛泽东提出了“针锋相对，寸土必争”的方针，人民抗战的胜利果实“绝不允许轻易丧失，必须用战斗来保卫”。如果

① 《蒋介石元旦演说与政治协商会议》，《解放日报》1946 年 1 月 7 日。

② 毛泽东与谢伟思的谈话，参见埃谢里克著、罗清、赵仲强译《在中国失掉的机会》，国际文化出版公司 1989 年版，第 336 页。

国民党一定要把内战强加于人民，那么共产党就必须接受1927年大革命失败的教训，“拿起武器和他作战”。

根据上述原则和方针，在重庆谈判期间，共产党针对国民党军队在山西、河北、绥远等地向解放区的进犯，组织了上党战役和邯郸战役，给国民党军队以迎头痛击，使其不得不重新回到谈判桌上。

此后，美国总统特使马歇尔在调处国共军事冲突中明显偏袒国民党，更助长了国民党的嚣张气焰，一方面以“受降”为借口大举运兵，部署内战，一方面不断袭击、挤压解放区，企图在达成停战协定前“控制更多的要点，造成对彼有利之形势”。共产党明确指示各中央局和分局，必须“十分警惕”国民党的进攻行动，“对于来攻之敌，仍需坚决彻底消灭之”，并对各解放区及江南游击区的保卫战进行了具体部署。

1946年1月10日停战协定生效后，共产党及其所领导的军队严格执行停战命令，停止一切军事进攻，并着手精兵简政和整编军队，同时展开“大练兵”，随时准备反击国民党军队的进犯。当国民党公开撕毁《政协决议》、破坏《停战协定》、部署对共产党的进攻，形成“关外大打，关内小打”的局面后，共产党毫不犹豫地在战场上与国民党展开军事较量。

（三）民主党派：第三条道路

在国共两党围绕国家前途与命运展开激烈争斗时，作为中间势力的民主党派也提出了自己的政治主张与诉求。中国的民主党派，少数成立于大革命时期和十年内战时期，多数成立于抗日战争和全国解放战争时期，主要有：中国国民党革命委员会（简称“民革”）、中国民主同盟（简称“民盟”）、中国民主建国会（简称“民建”）、中国民主促进会（简称“民进”）、中国农工民主党（亦称“第三党”）、中国致公党、九三学社、台湾民主自治同盟（简称“台盟”）。

中国各民主党派的社会基础，主要是民族资产阶级、城市小资产阶级以及同这些阶级相联系的知识分子和其他爱国分子。它们所联系和代表的不是单一阶级，而是这些阶级、阶层的人们在反帝爱国和争取民主的共同要求的基础上的联合，是阶级联盟性质的政党。

各民主党派从自身的政治理念与利益出发，既反对国民党的专制独裁，又认为共产主义革命完全不符合中国社会的需要。在抗战期间，他们通过国民参政会等平台投入民主宪政运动和“联合政府”运动，并与共产党建立了良好的合作关系。抗战胜利后，他们对中国未来的基本判断是："国民党既不能用武力消灭共产党，共产党也不能用武力消灭国民党，而国际形势也不许可有一个完全右倾的国民党政权或完全"左"倾的共产党政权。……唯一可能的正确的道路，就是恢复中间性的政协路线，由国共两党及其他民主党派共同成立民主的联合政府，进行政治、经济、军事、文化上的种种改革。"① 基于这样的判断，他们设计了一条"中间道路"，核心内容包括和平改良的政治路线与资产阶级民主政治制度。他们主张：政治上，"必须实现英美式的民主政治"，但不允许地主官僚资本家操纵；经济上，"应当实行改良的资本主义"，但不容许官僚买办资本横行。而实行的方法，则是走和平的改良的道路。他们所提倡的是资产阶级共和国的方案，所主张的实质上是旧民主主义的道路。

但是，中国在战后面临的实际上是两种命运、两种前途的尖锐斗争，客观形势决定了没有走中间路线的余地，"中间势力"不可能左右中国社会的发展方向，资产阶级民主共和的道路在中国无法走通。内战爆发后，各民主党派只能在共产党或国民党中选择，而不能走其他道路。民主党派中的大多数反对独裁和内战的呼声及行动，对中国共产党领导的人民解放战争提供了有力的配合，加速了国民党政权倒台的进程。

二、民心向背：决定国共两党命运的关键

从历史进程看，国民党挑起全面内战后，从全面进攻不成、重点进攻失利到战略决战失败，速度之快令人匪夷所思。实力上占据绝对优势的国民党何以遭受如此惨败？国际国内研究成果不在少数，国民党和蒋介石本人也曾进行过"反思"。其实，回顾国民党政权建立以后的所作所为，这样的结局并不出人意料。战争胜负不仅仅取决于战场，更取决于民心向背。"得天下有道，得其民，斯得天下矣。得其民有道，得其心，斯得民矣。得其心有道，所欲与之聚之，所恶勿施尔也。"《孟子·离娄上》中的这段古训精准地诠释了国共两党的命运。

① 施复亮：《中间派在政治上的地位和作用》，《时与文》第1卷第5期。

（一）“失民心”：国民党政权崩溃的总根源

关于国民党政权的命运，抗战后期就有人断言：“蒋介石开始丧失民心”，国民党必将失去政权。“我对现政权已不存在希望，因为从感情上，它已失去广大人民的信任，而且也不能给人民带来任何实实在在的好处。这个政权已经千疮百孔，腐朽不堪，并且没有足够的有识之士来挽救残局。因此，它不过是苟延残喘而已。”① 美国学者费正清 1943 年的这些言论可谓石破天惊，但绝非耸人听闻。同一时期，对重庆和延安都有深入了解的美国军事观察组在给美国政府的报告中也有同样的结论：“蒋介石所带领的国民党看来真的要陷于崩溃了。”② 而导致国民党政权厄运的，正是其自身的一系列离心离德的行为。

1. 独裁

专制独裁是国民党的政治基因。1928 年 10 月颁布的《训政纲领》为“以党治国”的“党国”体制作了最权威的注解。《纲领》的主要条款包括：“中华民国于训政时期开始，由中国国民党代表大会，代表国民大会，领导国民行使政权”；“中国国民党全国代表大会闭会时，以政权付托中国国民党中央执行委员会执行之”。1931 年，国民党更通过《中华民国训政时期约法》将“党国”体制“合法”化。抗战初期，迫于国内外压力，国民党一定程度上承认了共产党和其他民主党派的合法地位，但并未改变一党专政的体制。1939 年国民参政会开幕以后，共产党和其他民主党派围绕“制定宪法，实行宪政”、“民主联合政府”等政治主张，掀起两次宪政高潮。因为国民党的顽固阻挠，“国民大会”、“联合政府”相继“难产”，两次宪政运动均无果而终。1943 年蒋介石发表《中国之命运》，鼓吹“一个政党、一个主义、一个领袖”，偏离抗战初期的民主化趋势，为国民党一党专制及个人独裁制造舆论。

抗战胜利后，国民党政权及蒋介石个人在国际国内的威望盛极一时，专制独裁欲望也因此恶性膨胀。即使公开偏袒国民党的美国政府“调停人”马歇尔也不得不承认：国民党内“最有势力之反动集团，对于余促成真正联合政府之一切努力，几无不加以反对”；他们“意欲保持其自身在中国之封建

---

① 费正清：《费正清自传》，天津人民出版社 1993 年版，第 299 页。

② 约瑟夫·埃谢里克：《在中国失掉的机会》，国际文化出版公司 1989 年版，第 129 页。

统治，毫无秉承政协决议之诚意”。①

2. **内战**

抗战刚结束，中国就面临着内战的危险。以武力消灭共产党及其领导的人民军队和解放区政权，是蒋介石集团的既定方针。国民党一方面释放和平烟幕；一方面在美国的帮助下大举运兵，以“接收”为名抢占大中城市和战略交通要地。即便在制造“和平”、“宪政”假象时仍念念不忘用武力消灭共产党。重庆谈判期间，国民党向军队秘密下发蒋介石的《剿匪手本》，进攻共产党在山西、河北、绥远的解放区；“制宪国大”期间，蒋介石将“武装割据，妨碍统一”的脏水泼向共产党，提出“采取坚决迅速之措置”以解决共产党。到1946年6月，国民党在内战准备就绪时立即撕下和平、民主的面具，对共产党及其领导的解放区发动全面攻势。

十四年艰苦抗战，中国在最后取得胜利的同时也付出了沉重代价，国家千疮百孔，民生凋敝，百废待兴。和平建国是战后社会各阶层的普遍共识与热切期待，是民心所向。任何心怀民族大义的政党或政治势力都应当摒弃党派恩怨与私利，顺应民心，承担起和平民主建国的历史重任。国民党挑动内战实属冒天下之大不韪，由此也决定了战争的结局：面对“小米加步枪”的人民解放军，430多万配备精良的美式、日式武器装备的国民党军队，在三年多的时间内土崩瓦解。三到五个月“整个解决”中共军队的豪言也成为世界战争史上的笑话。

3. **“劫收”**

日本宣布投降时，国民党尚偏安于以重庆、成都、贵阳、昆明等为中心的西南一隅。为阻止共产党接受日本投降，国民政府命令共产党领导的部队“原地驻防待命”、“勿再擅自行动”，命令沦陷区伪军“负责维持地方治安，保护人民”，并匆忙出台《行政院各部会署局派遣收复区接收人员办法》。一时间，各地冒出2300多个接收委员会，上演了一幕幕“三羊开泰”（捧西洋、爱东洋、要现洋）、“五子登科”（金子、房子、票子、车子、女子）、“八仙过海”（抢、占、盗、偷、漏、吞、诈、咬）、“有条有理”（不管汉奸、日本人，只要奉上金条，都有理可讲）的丑剧。各路“大员”各显神通，滥用职权、贪赃枉法，中饱私囊，发尽了国难财。“最令当时平、津居民不能忍受的，便是这批接收官员为便于敲诈人民，故意制造恐怖气氛，随

---

① 《中美关系资料汇编》第一辑，世界知识出版社1957年版，第698、699页。

意以汉奸罪名将人逮捕。一时汉奸帽子乱飞，自小商人至大学教授随时有被戴上汉奸帽子坐牢的可能。”①

“劫收”使国民党政权声望大跌，名誉扫地。各种“段子”在社会广为流传：“想中央，盼中央，中央来了更遭殃”；“台湾光复，欢天喜地；四大家族，抢天动地；贪官污吏，花天酒地；警察蛮横，昏天黑地；人民痛苦，怨天尤地”。面对这样的场景，国民党内有人不禁哀叹：收复了国土，丧失了人心。国民政府在欢庆胜利的同时，“埋下了一颗失败的定时炸弹”②。“如此以国事逞私欲”，国民党政权不瓦解“真是无天理了”。③

1949 年初，蒋介石总结国民党失败的原因时也承认“我们的失败，就失败于接收”④。这一结论在稍后美国国务卿艾奇逊给总统杜鲁门的信中得到印证。“国民党的文武官员在自日本手中收复之地区中的举止，已使国民党迅速地在这些区域中丧失了人民的支援和声望。”⑤

4. **掠夺**

抗战十四年，国人为胜利付出了巨大代价与牺牲。沦陷区人民的财产或者被侵略者强占，或者在炮火中化为灰烬；国统区人民遭受国民政府的摊派与搜刮，但为支援抗战选择了忍气吞声。原本指望抗战胜利后政府能体恤民生，但国民政府给予国人的回报却是三次公开掠夺。

第一次是国民政府在“接收”日伪财产时，以“法币”兑换“伪币”的方式，在广大沦陷区进行的“地毯式”洗劫。日本全面发动侵华战争后，以 2∶1 的比价强迫占领区民众将原来使用的法币兑换成“伪币”。从两种货币的实际购买力来看，币值相差无几。因此抗战胜利后若将“伪币”兑换成法币，比值应当为 1∶1 或 1∶2，但国民政府财政部公布的法币兑换“伪币”的比价竟是 1∶200。仅此一“兑”，国民政府便完成了一次财富的“乾坤大挪移”，沦陷区民众顷刻间变为“赤贫”；携带大批法币的接收大员则“立成暴富”；“四大家族”更是财富暴涨，富可敌国。美国有关机构统计，1940 年中国在美国的私人存款为 1.7 亿美元，1948 年暴增至 20 亿美元以上，其中大

---

① 《李宗仁回忆录》，广西人民出版社 1988 年版，第 856、603 页。

② 邵毓麟：《胜利前后》，台湾传记文学出版社 1967 年版，第 87 页。

③ 《李宗仁回忆录》，广西人民出版社 1988 年版，第 600 页。

④ 《文史资料选辑》第 13 辑，中华书局 1961 年版，第 15 页。

⑤ 《中美关系资料汇编》第一辑，世界知识出版社 1957 年版，第 35 页。

部分属于孔、宋两家。而同一时期国民政府的外汇储备也不过3亿美元。①

第二次始于全面内战爆发后。国民党为支撑内战，横征暴敛，大幅增加苛捐杂税，增发公债、储蓄券。有的省区税种高达200多种，有的税收征到40年以后。为弥补巨额财政赤字，国民政府滥发纸币，引发恶性通货膨胀和物价飞升。1947年底的物价与抗战前相比上涨14.5万倍。"100元在1937年可买2头牛，……1946年1个鸡蛋，1947年1/3盒洋火，1948年只有天知道能买什么。"② 民族工商业因此遭遇灭顶之灾，人民生活陷入深重灾难之中。

第三次是币制改革。法币信用完全破产使国民政府孤注一掷，于1948年8月19日颁布《财政经济紧急处分令》："以金圆券为本位币，……限期收兑已发行之法币及东北流通券。限期收兑人民所有黄金、白银、银币及外国币券，逾期任何人不得持有。"财政赤字及物价飞涨使金圆券的发行像决堤的洪水一发不可收拾。到1949年5月，总额达98041亿元，最大面额为100万元。在金圆券变成废纸、人民倾家荡产的同时，国民政府则将回收的200多万两黄金及大量白银、美钞全部运到台湾。"多少老百姓的血汗积蓄，就滚进了政府的腰包里去。"③

5. **残暴**

"独裁者必为多敌之人。对外不能不求明晰敌国之虚实与动向，对内更要防制异己者，不容其有反动的言论和行为，甚且及于其思想。他的办法，必定要布置耳目网，即是组织一众由独裁者私人直接指挥的特务人员，秘密分布各地，来专负对外对内的侦查工作。"④ 张澜先生的这段文字准确诠释了国民党独裁政权的行为逻辑。

违反政治文明准则的专制独裁必定遭到社会的普遍反对。国民党政权自建立之日起，便崇尚武力，依赖特务组织，政权行使充满残暴与血腥。形形色色的特务机构作为蒋介石个人独裁的御用工具，伴随国民党政权始终。复兴社、蓝衣社、三民主义青年团等组织无孔不入；集中营、"白公馆"、"渣滓洞"等秘密监狱遍及全国；监视、恐吓、抓捕、杀害等手段令人发指。国民政府军事委员会调查统计局、国民党中央调查统计局更以残暴、狠毒而臭名昭著，连国民党的党政军群也为之色变。这些融白色恐怖和黑色政治为一

---

① 参见《最后一战（中国1945年纪实）》，河北人民出版社1996年版，第121页。

② 美联社1947年7月24日上海电讯报道。

③ 储安平：《一场烂污》，《观察》1948年第11期。

④ 《中国需要真正的民主政治》，《张澜文集》（上），群言出版社2014年版，第212页。

体、集封建与法西斯特性于一身的组织，为了维护风雨飘摇的国民党政权，丧尽天良，泯灭人性。

他们犯下的罪行数不胜数，在此仅举几例：1927 年国民党“清共”后逮捕了大批共产党的早期领导人。其中，赵世炎、陈延年被砍头杀害；蔡和森被钉在木板上用刀捅烂；萧楚女惨遭杀害后被投入珠江，其恋人游曦的尸体被肢解后扔进珠江；1929 年，伍若兰（朱德妻子）被割下头颅，挂在赣州城门前示众；中华人民共和国成立前夕，在重庆歌乐山，年仅 9 岁但已在狱中度过 8 年的宋振中（“小萝卜头”），先是眼看着特务刺死父亲宋绮云、捅伤母亲徐林侠，然后自己在母亲的眼前被杀害。

在存在阶级对立的社会中，维护统治和巩固政权固然离不开强制手段与暴力工具。但如果迷信嗜血与杀伐，丧失了最起码的人道与良知，堕落到视生命如草芥，这样的政权也就失去了存在的理由与价值。在民主、自由、正义的历史潮流中，禁锢、恐吓、杀戮等手段越恶毒，遭遇的社会反抗就越激烈，政权的崩溃也会越彻底。

关于国民党政权的灭亡，政治家、学者等可以总结出成千上万个原因，但都绕不开失德、失道、失民心这一根本。蒋介石本人也曾哀叹：“自抗战胜利以来，本党在社会上的信誉已经一落千丈。……老实说，古今中外，任何革命党都没有我们今天这样颓唐和腐败，也没有像我们今天这样的没有精神，没有纪律，更没有是非标准的。这样的党，早就应该被消灭、被淘汰了！”①

（二）“得民心”：共产党取得政权的法理与伦理基础

“共产党人不屑于隐瞒自己的观点和意图。他们公开宣布：他们的目的只有用暴力推翻全部现存的社会制度才能达到。”② 中国共产党正是通过暴力手段推翻了国民党政权及其所确立的社会制度与秩序，由此引发的思考是：以暴力手段建立的政权合理、合法吗？

必须澄清的是，一个新政权是否合理、合法，不能简单地以手段的暴力或非暴力加以考量。人类社会发展史上，资本主义取代封建主义是人类文明的一次跨越式进步，而资产阶级政权的确立正是借助了暴力手段。无论是英

---

① 《先总统蒋公全集》第 2 册，中国文化大学出版社 1984 年版，第 1899 页。
② 《马克思恩格斯文集》第二卷，人民出版社 2009 年版，第 66 页。

国资产阶级革命、法国大革命，还是美国独立战争、南北战争，都成就了社会文明的发展。法国大革命时期颁布的《人权和公民权宣言》中人的“自然的和不可动摇的权利”，就包括“安全和反抗压迫”的权利。

问题的关键在于，政权所追求的政治理念与价值目标是否顺应历史趋势，满足社会发展需要及人民的期待。一句话，是否“得民心”。政治统治正当性的前提是民众的认同、信赖与支持；民心、民意是政治合法性的内核。从“得民心者得天下”的古训中我们不难体会，中国传统政治文化中，“民心”是政治合法的决定性资源，“得民心”是政治统治合法性的根本。

以此考察抗战胜利后的中国，独立、统一、和平、民主是民心所向、大势所趋。共产党推翻反动政权、建立新中国的努力，高度契合战后中国的社会需求与人民意志，因而具有充分的法理依据和坚实的伦理基础。

1. 实行土地改革，改善民生

共产党自成立之日起便立足基层，深知中国革命之“伟力”深藏于民众之中。特别是大革命失败后依托农村根据地积蓄力量，建立政权，才有了民族民主革命的发展和党自身的壮大。

抗战胜利后，共产党在解放区及时调整土地政策，清除封建土地所有制。1946 年，中共中央《关于清算、减租及土地问题的指示》（“五四指示”），将抗战时期的减租减息政策改为“耕者有其田”的政策，在广大解放区进行土地改革。1947 年全国土地会议制定的《中国土地法大纲》进一步明确“废除一切地主的土地所有权”，由乡村农会不分男女老幼“统一平均分配”。土地改革的范围随着解放区面积的增加而不断扩展，到 1948 年秋，获得土地的人口超过 1 亿。封建土地关系的解除极大地调动了农民的生产积极性，促进了解放区生产的发展与人民生活的改善。

更重要的是，解放区人民进一步坚定了“跟共产党走”的信念。为了保卫自己的胜利成果，他们踊跃参加人民军队，不断充实、壮大共产党的武装力量，与国民党的“抓丁”形成鲜明反差。不能上战场作战的人也主动组织起运输队、担架队等，将物资运往前线，将伤病员抬到后方。海量的后方大军、“支前模范”们唱着“最后一瓢米送去做军粮，最后一块布拿去缝军装，最后一个娃送去上战场，最后一床被盖在担架上”的歌曲，履行“解放军打到哪里，我们就支援到哪里；前线需要什么，我们就运送什么”的承诺。淮海战役期间，543 万“支前”民工保障 60 万军队的作战，成就了“一兵九夫”的佳话，以至于陈毅司令员感慨“淮海战役的胜利是人民群众用小车推出来的”。据有关资料统计，三大战役中，支援前线的民工达880多万，车船140多万辆（条）、担架36万多副、牲畜100多万头、粮食9.5亿斤以上。①

2. 坚持多党合作、政治协商

全面抗战爆发后，共产党与各民主党派及无党派民主人士建立了良好的合作关系，共同推动了民主宪政及联合政府运动。抗战胜利之初，民主党派及无党派民主人士设计了中国未来发展的“中间道路”。共产党虽然认为他们的政治主张无实现的可能，但高度认同与赞赏其和平、团结、民主建国的理念，并认定他们是中国走向光明的不可或缺的政治力量。这为双方更全面、深入的合作奠定了坚实的基础。

重庆谈判期间，毛泽东遍访在渝各民主党派领袖及无党派民主人士，与他们就战后国家建设问题进行了广泛沟通与交流。共产党的和平方案得到了普遍赞许。共产党与民盟作为参加旧政协的两大政党，合作更加密切。原本国民党、共产党、民盟及无党派人士各9名代表参加会议，但民盟三党之一的中国青年党提出单独参加政协，并要求5个代表名额。为解决民盟内部矛盾，共产党提出增加2个代表名额，同时国民党和共产党各让出1个和2个名额。这一方案得到各方认可，也让民盟感受到共产党的真诚与无私。政协会议期间，两党提交的意见与方案都事先达成了一致。政协决议凝聚了两党的共识。当国民党撕毁政协决议、导演“宪政”闹剧时，各民主党派与共产党采取一致行动予以反对与抵制。民盟将追随国民党反动派的青年党和民社党成员清除出民盟，声明“制宪国大”通过的《宪法》“乃国民党片面提出的草案”，“行宪”办法十条“更与人民之利益根本冲突”。民盟将“唤起全国人民共同坚决反对”。② 民主建国会、民主促进会、九三学社等11个团体也发表《对一党宪法的联合声明》，坚决反对国民党“伪装民主，对付异党，扩大战争，重苦人民”。③

国民党当局对民主党派及无党派民主人士进行了残酷迫害。李公朴、闻一多、杜斌丞等民盟领导人先后被暗杀，民主党派主办的报刊被查封。1947年10月27日，国民政府宣布民盟为“非法团体”，要“严加取缔”。民盟总部被迫解散。

---

① 《中国：昨天与今天（1840—1987年国情手册）》，解放军出版社1989年版，第536页。

② 《民盟对于伪宪的声明》，《中国民主党派历史资料选辑（上）》，华东师范大学出版社1985年版，第289－290页。

③ 《文汇报》1947年1月1日。

与国民党疯狂打压民主党派相反，共产党给予民主党派的是大力支持。中国民主促进会等就是在共产党的直接帮助和推动下成立的。共产党员与民盟盟员间甚至存在“党盟交叉”现象。民盟被宣布为“非法”后，新华社发表时评认为，解散民盟“乃是民主同盟的光荣”，并引导民盟清除幻想，放弃“中间道路”，“坚决地站到真正的人民民主革命方面来”，走向“更为光明的道路”。①

3. 召集新政协会议，民主建国

民盟被宣布为“非法”并遭取缔，促使追求“中间道路”的民主党派猛醒：在民主与反民主、真民主与假民主之间，绝对没有“中立”的余地。自此，各民主党派及无党派民主人士真正认清了国民党政权的面目，彻底抛弃对这个政权的幻想。民盟一届三中全会的《政治报告》明确了民盟的立场“就是人民的立场，民主的立场，因而也必然是革命的立场”，声明要“为彻底摧毁南京反动独裁政府，为彻底实现民主、和平、独立、统一的新中国而奋斗到底”。

针对各民主党派政治立场的调整，共产党不失时机地于 1948 年 4 月 30 日发出“五一号召”，倡议“各民主党派、各人民团体及社会贤达迅速召开政治协商会议，讨论并实现召集人民代表大会，成立民主联合政府”。毛泽东亲笔致信李济深、沈钧儒等民主党派领袖及无党派民主人士，认为“召集人民代表大会，成立民主联合政府，加强各民主党派、各人民团体的相互合作，并拟订民主联合政府的施政纲领，业已成为必要，时机亦已成熟”，② 诚邀他们北上参加新政协筹备活动。

共产党的号召立即得到各民主党派和民主人士的热烈响应。他们纷纷发表通电或宣言，“愿在中共领导之下，献其绵薄，共策进行。以期待中国人民民主革命之迅速成功，独立、自由、和平、幸福的新中国之早日实现”③。民主党和民主人士响应“五一号召”具有重大的历史意义。它标志着民主党派和民主人士明确接受了共产党的领导，与共产党实现了政治“并轨”，为中国人民政治协商会议的召开、新中国的成立奠定了坚实的政治基础。

1949 年 9 月 29 日，中国人民政治协商会议通过的具有临时宪法地位的

---

① 《蒋介石解散民盟》，《人民日报》1947 年 11 月 7 日。

② 《毛泽东文集》第五卷，人民出版社 1996 年版，第 90 页。

③ 《李济深沈钧儒等五十余民主人士抵达解放区，声明彻底支持毛主席八项和平主张希望全国人民共同行动将革命进行到底》，《人民日报》1949 年 1 月 24 日。

《共同纲领》规定，新中国“实行工人阶级领导的、以工农联盟为基础的、团结各民主阶级和国内各民族的人民民主专政”，从而以国家根本大法的形式确认了共产党领导的国家政权的合法性。

4. 强化“赶考”意识，“不做李自成”

1949年初共产党取得战略决战的胜利，意味着建立新中国已为期不远，共产党没有沉溺于胜利的喜悦中，而是以“进京赶考”的心态对待执掌政权。为了考出“好成绩”，中共中央以强烈的责任感和使命意识，提出了加强自身建设、实现革命党向执政党转变的重大课题。

在党的七届二中全会上，毛泽东明确提出了党的工作重心从乡村转向城市、“并由城市领导乡村”的任务，提出要“用极大的努力去学会管理城市和建设城市”，否则就“站不住脚”，无法维持和巩固政权。更严重的是，革命胜利后党内可能滋生“骄傲”、“以功臣自居”、“不求进步”、“贪图享乐”等不良情绪，一些“意志薄弱者”甚至会倒在“糖弹”之下。他告诫全党：革命胜利“只是万里长征走完了第一步”，全党同志要牢记两个“务必”：务必继续地保持谦虚、谨慎、不骄、不躁的作风，务必继续地保持艰苦奋斗的作风；用好批评和自我批评这个马克思主义思想武器，适应环境和地位的变化，同党外民主人士精诚合作，共同承担起建设“新世界”的历史使命。

为了抓住“关键少数”，全会根据毛泽东的提议，针对党的高级领导干部作出六条规定：不祝寿，不送礼，少敬酒，少拍掌，不以人名作地名，不把中国同志和马、恩、列、斯并列。

教学总结

“桀纣之失天下也，失其民也；失其民者，失其心也。得天下有道，得其民，斯得天下矣；得其民有道，得其心，斯得民矣；得其心有道，所欲与之聚之，所恶勿施，尔也。”孟子的这段至理名言，既精准地揭示了国民党失去政权的根源，也精练地阐释了共产党政权的法理依据和伦理基础。国民党政权的失败，表面上败在战场，根源在于“失民心”。为了维持并强化一党专政与独裁统治，不惜释放“和平”烟幕，撕毁政协决议，导演“宪政”闹剧，充分暴露了国民党政权的反动本质。而独裁、内战、“劫收”、掠夺等残暴的行为，更使其失去了存在的法理依据与道义基础。共产党之所以能在战场上迅速实现“大逆转”，根源在于“得民心”。抗战胜利后，共产党为和平、民主建国而作出的努力代表了中国社会前进的方向及最广大人民的根本利益。实行土地改革，坚持多党合作、政治协商、民主建国，强化党的自身建设使共产党赢得了中国社会最广泛的支持，使其新政权建立在深厚的法理基础与伦理基础之上。

课后思考

1. 根据解放战争的结局谈谈对“得民心者得天下”的理解。
2. 民主党派和民主人士为什么接受共产党的领导，实行政治“并轨”?
3. 国民党政权为什么会在抗战胜利后迅速走向崩溃?
4. 共产党领导中国革命取得成功的基本经验是什么?

推荐阅读

1. 《毛泽东选集》第4卷，人民出版社1991年版。
2. 王炳林:《解放战争的伟大胜利》，北京古籍出版社2011年版。

专题九

从新民主主义向社会主义的过渡

问题引领

1949年中华人民共和国的成立，标志着新民主主义革命阶段基本结束，社会主义革命阶段逐渐拉开帷幕，即进入到由新民主主义向社会主义过渡的历史时期。那么，在上世纪50年代初的大背景下，中国是否具备了进行社会主义改造的条件？中国为什么要选择社会主义道路？社会主义改造是如何提出来的，又是如何实现的呢？我们到底应该如何评价这一场伟大的历史巨变？本专题就是要通过学习过渡时期总路线和社会主义改造，明确回答上述中华人民共和国历史上的重大理论问题，使学生更加坚定走社会主义道路的信心和决心。

➤ 逻辑结构

本专题着重叙述从1949年10月中华人民共和国成立到1956年中国确立社会主义制度的历史。通过讲述中华人民共和国成立和社会主义改造的基本史实，引导学生深刻认识中华人民共和国成立的历史意义和确立社会主义基本制度的历史意义。通过分析从新民主主义向社会主义过渡的现实条件，引导学生坚定相信走社会主义道路的历史必然性。通过阐释过渡时期的总路线和总任务，引导学生正确评价改革开放前的工业化战略和社会主义改造的历史地位。

在教学思路方面，首先，承接上一专题的内容，讲述中华人民共和国成立的历史意义及新生的人民共和国所面临的具体情形。其次，提出社会主义革命的问题，分析中国共产党提出过渡时期总路线的原因和过程。再次，着重分析向社会主义过渡的现实条件，即社会主义改造的可能性。然后，介绍从新民主主义向社会主义过渡的实践，即“一化三改”的具体情况。通过社会主义工业化，中国建立了独立的、比较完整的工业体系和国民经济体系。通过对农业、手工业和资本主义工商业的社会主义改造，中国确立了社会主义的基本经济制度。最后，依据《关于建国以来党的若干历史问题的决议》，客观公正地评价社会主义改造的历史功绩。

一、社会主义改造的最初构想

（一）过渡的必要性

在马克思主义经典作家的眼中，资本主义的灭亡和社会主义的胜利是历史发展的必然趋势。因此，共产党人的使命就是要实现社会主义，进而达到人的全面发展的共产主义。中国共产党自诞生之日起，就把实现共产主义当做自己的奋斗目标。但半殖民地半封建的社会性质使得中国革命不得不分两步走，先进行民主革命，再进行社会主义革命。由于无产阶级已经登上历史舞台，中国共产党逐渐掌握了革命的领导权，所以中国的民主革命是带有社会主义因素的新民主主义革命。虽然新民主主义革命的主要目标是完成民主革命的任务，但毛泽东在阐述新民主主义时从未放弃中国革命的社会主义前途。

毛泽东指出：“中国革命的终极的前途，不是资本主义的，而是社会主义和共产主义的。”新民主主义革命“是第一步，将来要发展到第二步，发展到社会主义”①。当然，在新民主主义革命胜利之后，资本主义会有一个相

① 《毛泽东选集》第2卷，人民出版社1991年版，第650、683页。

当程度的发展，但这只是一方面。中国革命的全部结果是：一方面有资本主义因素的发展，另一方面又有社会主义因素的发展。社会主义因素的增长，加之国际环境的有利，使中国资产阶级民主革命最终极有可能避免资本主义的前途，实现社会主义的前途。简言之，中国共产党领导的整个革命运动，包括新民主主义革命和社会主义革命两个阶段。民主主义革命是社会主义革命的必要准备，社会主义革命是民主主义革命的必然趋势。这就深刻透彻地说明了中国革命由新民主主义革命转变为社会主义革命的历史必然性。

中华人民共和国成立前夕，毛泽东就开始考虑怎么向社会主义过渡的问题。1949 年 3 月，在中共七届二中全会上，毛泽东提出了从农业国转变为工业国、由新民主主义社会转变为社会主义社会的任务及其实现的主要途径。革命胜利并解决了土地问题之后，中国社会经济存在五种成分，即：社会主义性质的国营经济，半社会主义性质的合作社经济、农民和手工业者的个体经济、私人资本主义经济和国家资本主义经济。其中，合作社经济和国家资本主义经济都是过渡的经济形式，所以，主要的经济成分是三种：社会主义经济、个体经济和私人资本主义经济。三种基本的经济成分及与之对应的三种基本的阶级力量之间的矛盾，就集中表现为无产阶级与资产阶级的矛盾，社会主义和资本主义的矛盾。也就是说，七届二中全会把新民主主义社会的基本矛盾确认为：国际上是中国同帝国主义的矛盾，国内是工人阶级和资产阶级的矛盾。① 实际上就是提出了进行社会主义革命、确立社会主义制度的任务。

（二）新中国的起步

1949 年 10 月 1 日，中华人民共和国宣告成立。这一伟大的历史事件标志着中国新民主主义革命取得了基本胜利，标志着半殖民地半封建社会的结束和新民主主义社会在全国范围内的建立。近代以来中国面临的第一项历史任务，即求得民族独立和人民解放的任务已经基本上完成。这就为完成第二项历史任务，即实现国家的繁荣富强和人民的共同富裕开辟了道路。中华人民共和国的成立，为实现由新民主主义向社会主义的过渡创造了政治前提，标志中华民族从此进入了发展进步的历史新纪元。

但这时的中华人民共和国还处在新民主主义社会，它既不是资本主义性质的社会，也不完全是社会主义性质的社会，而是一个逐步过渡到社会主义

① 《毛泽东选集》第 4 卷，人民出版社 1991 年版，第 1433 页。

社会的过渡性质的社会。起着临时宪法作用的《中国人民政治协商会议共同纲领》规定："中华人民共和国为新民主主义即人民民主主义的国家，实行工人阶级领导的、以工农联盟为基础的、团结各民主阶级和国内各民族的人民民主专政，反对帝国主义、封建主义和官僚资本主义，为中国的独立、民主、和平、统一和富强而奋斗。"① 这就表明，新生的人民共和国，既不是欧美式的资产阶级专政，也不是苏联式的无产阶级专政，它是工人阶级领导的、以工农联盟为基础的、同时又保留着民族资产阶级和其他爱国民主人士的过渡社会。它的基本任务就是发展新民主主义的人民经济，稳步地变农业国为工业国。当新民主主义经济获得充分发展，且国有经济和集体经济占据压倒性优势之后，即可逐步向社会主义转变。由于中华人民共和国脱胎于半殖民地半封建社会，经济、文化极端落后，因此中国还需要经过一个新民主主义的建设阶段，来集中力量发展经济和文化，创造向社会主义过渡的条件。

当时的设想是：中国向社会主义过渡，需要一个长时间的准备。估计至少要 10 年，多则 15 年或 20 年。1950 年 6 月，毛泽东在政协会议上说：实行私营工业国有化和农业社会化还在很远的将来，要"在国家经济事业和文化事业大为兴盛了以后，在各种条件具备了以后，在全国人民考虑成熟并在大家同意了以后"，才"可以从容地和妥善地走进社会主义的新时期"。② 在 1951 年 2 月中央政治局扩大会议上，毛泽东又作了三年准备、十年建设的部署。总之，民主革命胜利后，还要经过一个相当长的新民主主义时期来进行经济建设和文化建设。在工业化有了相当的发展之后，再采取社会主义步骤。

在这种判断下，中国共产党把建国初期的工作重心和主要任务放在了完成民主革命的遗留任务，领导经济恢复发展上。从 1949 年到 1952 年，中国共产党继续追剿残敌，基本完成祖国大陆统一的任务；继续开展土地革命，使无地少地农民无偿获得土地和生产资料；废除封建婚姻制度，制定新的婚姻法，使广大妇女获得婚姻自由的权利；开展大规模的镇压反革命运动，肃清敌特和土匪；没收官僚资本，在企业内部实行民主改革和生产改革；进行稳定物价的斗争和统一全国财政经济的工作；废除不平等条约和帝国主义在华的特权，开展轰轰烈烈的抗美援朝、保家卫国运动；开展整风、整党运动和"三反"、"五反"运动，加强执政党自身建设。

---

① 《中共中央文件选集》第 18 册，中共中央党校出版社 1992 年版，第 585 页。

② 《毛泽东文集》第 6 卷，人民出版社 1999 年版，第 80 页。

到1952年底，国民经济得到全面恢复和初步发展。1952年工农业总产值达到810亿元，比1949年的466亿元增长73.8%，其中工业总产值增长199.2%，农业总产值增长41.4%。国家财政状况根本好转，人民生活水平有所提高，城乡市场呈现购销两旺的繁荣景象。据统计，1952年与1949年比较，农民收入平均增加30%，每户职工的总收入增加38%，绝大部分工人的工资收入已达到或超过抗战前的水平。从1951年开始，国家财政收支由亏转盈，连年结余。3年来市场物价基本保持稳定，为过渡时期总路线的提出创造了条件。①

（三）总路线的提出

在恢复国民经济的任务胜利完成和国家财政经济状况根本好转的情况下，中共中央对于何时及如何向社会主义过渡的问题产生了新的认识。1953年5月底，时任中央统战部部长的李维汉给中央写了一份关于资本主义工业的公私关系的调查报告，并就此报告给中共中央和毛泽东写了一封信。他向中央提出积极发展国家资本主义，以及经过国家资本主义改造资本主义工业的重要建议。6月15日，中共中央政治局召开会议，讨论并肯定了这个报告。毛泽东在会上第一次比较完整地阐述了过渡时期的总路线和总任务。

当时，中共中央根据苏联完成工业化和社会主义改造的时间（合计21年），再加上对中国实际情况的分析，制订出完成过渡的时间表。同年12月，经毛泽东修改和中共中央批准的党在过渡时期的总路线正式提出。其主要内容是："从中华人民共和国成立，到社会主义改造基本完成，这是一个过渡时期。党在这个过渡时期的总路线和总任务，是要在一个相当长的时期内，逐步实现国家的社会主义工业化，并逐步实现国家对农业、对手工业和对资本主义工商业的社会主义改造。"②

过渡时期的总路线，就其主要内容来说是"一化三改"的路线，"好比一只鸟，它要有一个主体，这就是发展社会主义工业；它又要有一双翅膀，这就是对农业、手工业的改造和对私营工商业的改造"③。由此可见，实现过渡时期总路线，就是要充分地发展社会主义工业，使中国由落后的农业国变

---

① 林蕴晖、范守信、张弓：《凯歌行进的时期》，人民出版社2009年版，第205页、第208－209页。

② 《建国以来重要文献选编》第4册，中央文献出版社1993年版，第702页。

③ 《建国以来重要文献选编》第5册，中央文献出版社1993年版，第2页。

为先进的工业国。为了实现工业化，就必须进行社会主义改造，全面确立社会主义制度。

二、社会主义改造的现实条件

课堂讨论

中国共产党为什么要在1953年明确提出过渡时期的总路线？根据当时的实际情况，中国到底能不能进行社会主义改造？中国选择社会主义是否正确？

（一）国内条件

1. 社会主义成分的比重一天天增加，国营经济的领导地位一天天加强

1949年以前，在中国共产党创建的抗日根据地和解放战争时期的解放区，就已存在一些公营经济，它们是中国最早的社会主义性质的经济，但数量不多、规模不大。1949年以后，随着没收官僚资本归国家所有的工作在全国范围展开，国营经济得到空前的发展和壮大。到1950年初，人民政府共接管官僚资本的工矿企业2800余家，金融企业2400余家，这些企业都成为建国初期国营经济的主要组成部分。其次，人民政府还通过征用、代管、征购、管制、转让等方式，把一部分帝国主义国家在华企业转为国营经济。由于官僚资本和帝国主义资本控制了国家的主要经济命脉，对它们的没收改制，使社会主义性质的国营经济集中了绝大部分近代化的大工业，控制了社会生产力最先进最强大的部分，树立了自己在国民经济中的领导地位。这就为全面进行社会主义改造奠定了物质基础。

此后，随着工业建设的初步开展，国营经济的实力逐渐加强。1949年，在中国的工业生产总值（不包括手工业）中，国营企业只占43.8%，私人企业占56.2%，而到1952年9月，国营企业已占67.3%，私人企业只占32.7%，国营企业已经在生产总值上大大超过私人企业。至1952年9月，铁路已全部国营，银行几乎全部国营，进出口贸易的私人经营者也极少，主要商品已由国家控制，全国商品总值的经营比重，国营加合作社经营占62.9%，私人只占37.1%。① 总之，社会主义性质的国营经济在整个国民经

① 《建国以来刘少奇文稿》第4册，中央文献出版社2005年版，第525－526页。

济中的比重不断增加。这是中国选择社会主义的一个基本因素。

2. 资本主义经济力量弱小，不可能成为工业起飞的基础

近代以来的历史表明，资本主义工业化的道路在中国是走不通的。由于受到外国垄断资本的压迫和本国封建生产关系的束缚，中国的民族资本主义从 19 世纪 60 年代末 70 年代初产生以来，始终处于艰难发展的境况。中国的民族资本对外国垄断资本和官僚资本有依赖性，而且多集中在商业和金融业，工业资本只占 1/5。到 1949 年，整个民族工业资本不过只有 20. 08 亿元人民币。民族资本主义工业主要是轻纺工业和食品工业，大多规模小，技术落后，劳动生产率低。据建国初期的统计，69. 7% 的工厂只有不到 10 个工人，79. 1% 的工厂是工场手工业。本身的先天不足，再加上长期战争的破坏，使得民族资本主义在全国解放时已元气大伤，生产经营都存在许多困难，迫切需要人民政府的扶助和支持。在帝国主义对华封锁的情况下，民族资本向外发展的渠道又被阻断，不得不更加依赖国家和国营经济。

为了帮助私营工商业渡过难关，同时也为了掌握货源、稳定市场，人民政府在新中国成立后不久就在各大城市组织力量收购私营工业企业的产品，提供原料委托它们加工并有计划地向它们订货。1951 年，由于人民政府对棉纱实行统购，私营棉纺行业全部纳入为国家加工的轨道。在利用资本主义工商业的同时，人民政府也对它进行适当的限制，并逐步把其中的大部分企业引到各种形式的国家资本主义道路上。特别是 1952 年初发动的“五反”运动，打击了资本家行贿、偷税漏税、盗窃国家财产、偷工减料和盗窃经济情报的不法行为，削弱了资产阶级的力量，使其再也无力向国家提出挑战。到 1952 年底，私营工业接受国家加工订货、统购包销的产值已占其总产值的 56%。① 这就意味着这些企业的性质已开始发生变化，它们不再是普通的私人资本主义工商业，而是由人民政府管理的，用各种形式和国营经济联系、受工人监督的、具有一定社会主义因素的国家资本主义经济。这就为以后采用和平方式改造资本主义工商业创造了极为有利的条件，积累了可供参考的经验。

3. 对个体农业实行社会主义改造是保证工业发展、实现国家工业化的一个必要条件

从理论上看，小农经济不具有规模效应，因而是分散的和落后的。个体农民在兴建农田水利设施、推广农业机械、发展多种经营等方面都有很大的困难，更缺少抗御自然灾害的能力。这种建立在生产资料私有制上的小农经

① 林蕴晖、范守信、张弓：《凯歌行进的时期》，人民出版社 2009 年版，第 213 页。

济，限制农业生产力的发展，不能满足工业化事业对粮食、原料的需求，从而成为制约工业发展的重要因素。这种小商品生产的分散性和国家有计划的经济建设的不相适应，已经随着工业化战略的推进而日益显现出来。既然社会主义工业化的道路是坚定不移的，那么个体农业就必须按照社会主义的原则来进行逐步改造。

从现实上看，土地改革以后，农业生产已有了相当迅猛的发展。但刚刚翻身的农民，家底十分薄弱，一家一户的分散经营在生产中还存在许多困难。因此，中国共产党在充分发挥农民个体经营的积极性的同时，还根据自愿互利的原则引导个体农民走上互助合作的道路。到 1952 年，全国已有 40% 的农户参加了互助组，少数农户还参加了半社会主义或社会主义性质的农业生产合作社。农民因生产需要而自愿参加的互助合作运动，也为农业的社会主义改造积累了初步的经验。

4. 随着民主革命遗留任务的彻底完成，国内的阶级关系和主要矛盾已经发生深刻的变化

经过 3 年的恢复和调整，全国范围内的土地改革基本完成，国民经济也达到新中国成立前的历史最高水平。这时，毛泽东对国内的主要矛盾作了进一步的思考和判断。1952 年 6 月，在“三反”、“五反”运动行将结束之际，毛泽东在一份文件上批示：“在打倒地主阶级和官僚资产阶级以后，中国内部的主要矛盾即是工人阶级与民族资产阶级的矛盾，故不应再将民族资产阶级称为中间阶级。”① 这表明，土改以后国内的主要矛盾已经发生变化。为了解决这个新的主要矛盾，向社会主义的过渡就具有了必要性。

5. 新民主主义社会中的社会主义因素是进行社会主义改造的有力保证

中国的民主革命是中国共产党领导的新民主主义革命。1949 年以前，新民主主义社会已在各个解放区建立起来，新民主主义的政策已在局部地区执行。1949 年以后，新民主主义革命在全国范围内取得胜利，进入由新民主主义到社会主义的过渡时期。这时的新民主主义社会，已经是一个属于社会主义体系的和逐步过渡到社会主义社会的过渡性质的社会。在此期间，形成和发展起来的新民主主义政治、经济、文化都是由工人阶级领导的，因而都具有社会主义因素。如中国共产党的政治领导、工人阶级的领导权和工人阶级领导下的人民民主专政的政权、社会主义国营经济的领导作用、马克思列宁主义在思想文化领域的指导地位等。这些社会主义因素的增长，为新民主主

① 《毛泽东文集》第 6 卷，人民出版社 1999 年版，第 231 页。

义向社会主义转变创造了条件，提供了保证。

（二）国际环境

中华人民共和国成立后，政府废除了帝国主义国家在华享有的一切特权，收回了海关治权和外国兵营，从根本上改变了“跪倒在地上办外交”的局面。这些反帝措施必然招致某些国家的不满，它们甚至实行强硬的对华政策，想搞垮新生的人民政权。1950 年 6 月，朝鲜战争爆发。中国政府作出抗美援朝的决策，派志愿军赴朝参战。经过 3 年的苦战，最终迫使美国代表在停战协议上签字。中美双方交恶之后，中国长期受到美国等西方资本主义国家在经济上、外交上、军事上的封锁和遏制。在冷战对峙的大格局下，中国基本切断了与资本主义国家的联系，彻底倒向了以苏联为首的社会主义阵营一边。

此外，1917 年十月革命以来，苏俄从欧洲的一个比较落后的国家跃身成为欧洲第一强国、世界上最强大的两个国家之一。苏俄飞速发展的建设经验让因饱受屈辱而企望富强的中国人羡慕不已。由于社会主义制度具有集中力量办大事、促进社会生产力迅速发展的优越性，因此，苏联所实践的社会主义工业化的强国方略，对于中国这样一个经济文化落后的国家来说，是具有很强的示范效应的。况且苏俄一直深度介入中国的新民主主义革命，对中国的影响力自然日益加深。1949 年以后，毛泽东等中央领导人提出了“打扫干净屋子再请客”、“另起炉灶”、“一边倒”的外交方针，同苏联订立了《中苏友好同盟互助条约》，建立了平等互助的中苏同盟关系。苏联答应向中国提供大量的经济、技术援助，以帮助中国发展重工业，实现社会主义工业化。这些国际因素都决定了中国不可能再发展资本主义，只能走社会主义的道路。

总之，中国共产党提出的过渡时期总路线是完全正确的，中国选择社会主义道路也是十分必要的。进行社会主义改造、确立社会主义制度是历史的选择、人民的选择。

三、社会主义改造的实现途径

（一）工业建设的大规模展开

早在七届二中全会上，共产党人就提出了经济建设的愿景：把中国从一个落后的农业国变为一个先进的工业国。然而，饱经战火的东方古国却断壁残垣、百废待兴，工业发展的水平很低。1949 年以前，几种重要工业产品的最高年产量是：钢 92 万吨，煤炭 6188 万吨，电 60 亿度，棉纱 44.5 万吨。①即便到了国民经济恢复工作完成的 1952 年，现代工业的产值在工农业总产值中的比重也只有 26.6%，中国的许多工业品人均产量甚至还落后于印度。在这样的基础上开始工业化的起步，无疑是极其艰难的。要把中国变成强大的工业国，必将是一个长期而艰巨的任务。

过渡时期总路线提出：经过三个五年计划，大约 15 年的时间，逐步实现国家的社会主义工业化。根据苏联的经验，中国要想实现工业化就必须从建立重工业开始，以发展重工业为中心。只有建立了重工业，才能使全部工业、运输业以及农业获得发展和改造所必需的装备，经济上才能独立，国防才能巩固。在当时特定的历史条件下，优先发展重工业的工业化战略有一定的合理性，但把苏联实现工业化的经验绝对化则并不妥当。

从 1953 年到 1957 年是发展国民经济的第一个五年计划时期。“一五”计划的一项基本任务是集中力量进行工业建设，建立社会主义工业化的初步基础。该工业建设是以苏联帮助的 156 个建设项目为中心、由限额以上的 694 个建设项目组成。5 年间，国民经济面貌发生了重大的变化。一些过去没有的工业部门都从无到有地建设起来。以鞍钢为中心的东北工业基地基本形成，上海和其他沿海地区的工业基础大为加强，华北、西北地区以及河南、湖北等省也开始建成一批新的工业企业。

此后，为了夯实社会主义现代化建设的基础，国家又陆续实行了三个五年计划。到 1976 年，一个独立的、比较完整的工业体系和国民经济体系已建立起来，从根本上解决了“从无到有”的问题。为了达到这一目标，国家以重点工程、大中型工业项目为中心，举全国之力，进行了大规模投资。1952 年至 1976 年，基本建设投资额累计达 5376.43 亿元，一半以上直接流入了工业部门（见表 9－1）。从 1952 年到 1976 年，工业总产值从 349 亿元增加到 3158 亿元，占工农业总产值的比重由 43.1% 提高到 69.6%。如果以工业总产值指数来计算，1952 年为 100，1976 年则是 1234.6。工业总产值年均增长 11%，其中重工业的年均增长率更是高达 13.5%。② 而同一时期，中国国内

① 《关于建国以来党的若干历史问题的决议》（注释本），人民出版社 1983 年版，第 164 页。

② 国家统计局工业交通物资统计司编：《中国工业的发展统计资料（1949—1984）》，中国统计出版社 1985 年版，第 4、17 页。

生产总值的年平均增长率仅为6.37%，远低于前两个数据。

表9-1 工业部门投资额占基本建设投资额的比重

时期	基本建设投资额（亿元）	工业部门投资额（亿元）	工业部门投资额占全部基本建设投资额的百分比
1952年	43.56	16.89	38.8%
“一五”时期合计	588.47	250.26	42.5%
“二五”时期合计	1206.09	728.30	60.4%
1963—1965年合计	421.89	210.18	49.8%
“三五”时期合计	976.03	541.51	55.5%
“四五”时期合计	1763.95	977.97	55.4%
1976年	376.44	208.73	55.4%

这期间，一大批基础性的重点工程开工建设。鞍山、包头、武汉三大钢铁基地的建设取得重大进展，克拉玛依、大庆、胜利、大港油田陆续勘探开发，第一重型机器厂、株洲冶炼厂、刘家峡水电站、葛洲坝水电厂相继建成投产。一批新兴的工业部门，如矿山设备、冶金设备制造业，发电设备制造业，高精度机床制造业，拖拉机制造业，汽车制造业，飞机工业，石油化学工业，电子工业等也都从无到有、从小到大地发展起来，接连创造出中国工业史上的许多第一。1956年7月，中国自己生产的第一辆汽车（解放牌载货汽车）在长春第一汽车制造厂下线；同月，中国第一架国产喷气式歼击机在沈阳飞机制造厂试制成功；1956年10月，中国第一座大批量生产电子管的北京电子管厂开工生产；1958年3月，中国制造的第一台电视机在国营天津无线电厂试制成功；1958年7月，中国生产的第一台拖拉机在洛阳第一拖拉机厂诞生；1960年春，兰州化学工业公司生产出中国第一批合成橡胶，1970年，该公司又生产出中国首批合成树脂和合成纤维产品。经过多年的努力，兰化公司建成了中国第一个石油化工基地。

随着独立的、比较完整的工业体系的形成，主要工业品的产量大幅攀升，品种大大丰富，不仅能够基本上实现自给，而且还有相当数量的产品出口国外。从1952年到1976年，纱的产量由65.6万吨增加到196万吨；缝纫机的产量由6.6万架增加到363.8万架；自行车的产量由8万辆增加到668.1万辆；手表的产量由0.04万只增加到911.4万只；原煤的产量从0.66亿吨增加到4.83亿吨；发电量从73亿度增加到2031亿度；钢的产量从135万吨增加到2046万吨；原油的产量从44万吨增加到8716万吨。① 长期以来，石油工业发展缓慢，国内消费的原油基本上靠外国进口，而1963年我国一举实现了石油的基本自给，并于1973年开始向国外出口原油。②

与此同时，产品品种不断更新，日趋多样。例如冶金工业，据1964年不完全统计，钢的品种已达900个，钢材的品种达9000个，以前不能炼制的高温合金钢、精密合金钢、高纯合金钢、有色稀有金属等，这时已都能炼制。汽车、拖拉机、万吨远洋轮船等所需多种钢材，国内基本可以解决。从1956年到1965年，电子工业完成新产品定型项目762项，已能生产各种雷达、广播电视发射设备、电视中心设备、无线电通讯设备、原子射线仪器、各种气象仪器、水声设备、电话交换机、电子计算机、收音机、电视机等。电子元器件除少数电子管需从国外购买外，已基本实现国内自给。

这一时期，在铁路、公路等交通基础设施方面，同样取得了较快的发展。1976年全国铁路营业里程达4.91万公里，比1952年新增2.62万公里，初步形成了全国的路网骨架。新建的主要铁路有宝成线、湘黔线、襄渝线、川黔线、贵昆线、成昆线、包兰线、兰新线和焦柳线等。1957年，号称“万里长江第一桥”的武汉长江大桥正式通车，从此被长江分隔的京汉铁路和粤汉铁路连为一体，形成了贯通中国南北的京广铁路，实现了“一桥飞架南北，天堑变通途”的梦想。1968年，南京长江大桥通车，这是长江上第一座由中国自行设计和建造的双层式铁路、公路两用桥梁，具有重大的历史意义。1952年，全国仅有公路12.67万公里，经过24年的建设，1976年全国公路里程已达82.34万公里。值得一提的是，工程任务极为艰巨的青藏公路、川藏公路和新藏公路的建成通车，更加强了西藏和内地的联系。

依靠尖端科学技术支撑的国防军事工业，在这一时期也取得许多重大成就。1964年10月16日，中国第一颗原子弹成功爆炸。1967年6月17日，第一颗氢弹爆炸成功。从爆炸第一颗原子弹到爆炸第一颗氢弹，美国用了7年零4个月，苏联用了4年，英国用了4年零7个月，而中国只用了2年零8个月。1970年4月24日，第一颗人造地球卫星“东方红一号”发射成功。

---

① 国家统计局工业交通物资统计司编：《中国工业经济统计资料（1949—1984）》，中国统计出版社1985年版，第43-45、50页。

② 《关于建国以来党的若干历史问题的决议》（注释本），人民出版社1983年版，第165页。

1975 年 11 月 26 日，中国又成功发射了一颗人造地球卫星，这颗卫星在正常运行后，同样按预定计划返回了地面。这标志着中国不仅掌握了卫星发射技术，而且还掌握了卫星回收技术。

独立的、比较完整的工业体系和国民经济体系的建立，使中国在赢得政治上的独立之后又赢得了经济上的独立，为中国以后的发展奠定了比较雄厚的物质基础，创立了可以依靠的前进阵地，而且也为中国同包括西方发达国家在内的世界各国，在平等互利的原则下发展对外贸易和经济往来创造了前提。正如周恩来所言："任何一个国家建设社会主义总要有一点独立的能力，更不用说像我们这样一个大国。太小的国家，原料很缺，不可能不靠旁的国家。而我们这样的大国，就必须建立自己的完整的工业体系，不然一旦风吹草动，没有任何一个国家能够支援我们完全解决问题。"①

（二）农业和手工业的合作化

农业合作化运动的加速推进始于 1953 年统购统销政策的出台。随着国家大规模经济建设的展开，农业生产不能适应工业建设需要的矛盾开始显露出来。1953 年上半年，粮食销售量远远超过计划，但收购计划却没有完成。中共中央认为：当前粮食在供销方面的紧张性，其本质是反映了国家计划经济与小农经济和自由市场之间的矛盾，反映了工人阶级领导与农民自发势力和资产阶级反限制的市场之间的矛盾，归根结底，反映了社会主义因素与资本主义因素之间的矛盾。因此，加强对小农经济的改造，加快农业合作化的步伐自然而然被提上日程。

1953 年 12 月，中共中央通过了《关于发展农业生产合作社的决议》。决议指出，党在农村工作的最根本的任务，就是要逐步实行农业的社会主义改造，使农业能够由落后的小规模生产的个体经济变为先进的大规模生产的合作经济。应该通过具有社会主义萌芽的互助组发展到具有半社会主义性质的初级农业生产合作社，再逐步过渡到社会主义性质的高级农业生产合作社。到 1956 年底，加入合作社的农户占全国农户总数的 96. 3%，其中参加高级社的农户达到 87. 8%。

在农业合作化的过程中，中国共产党开创了一条具有中国特点的改造道路。第一，在中国的条件下，可以走先合作化、后机械化的道路。第二，实

① 《周恩来选集》（下卷），人民出版社 1984 年版，第 232 页。

行积极发展、稳步前进、逐步过渡的方针。充分利用和发挥土改后农民的两种生产积极性，通过互助组、初级社、高级社这种由低到高的互助合作的组织形式，逐步引导农民走向社会主义。第三，坚持自愿互利、典型示范和国家帮助的原则，发展一批，巩固一批。第四，始终把是否增产作为衡量合作社是否办好的标准。第五，把社会改造和技术改造相结合。

对手工业的社会主义改造，中国共产党也采取了类似的办法，步骤是从供销入手，由手工业生产合作小组、手工业供销合作社到手工业生产合作社，由小到大，由低到高，逐步实行社会主义改造和生产改造。1955 年底，政府又改变了过去按行业分期、分批、分片改造的办法，而采取手工业全行业一起改造的办法，加快了社会主义改造的速度。到 1956 年底，手工业的合作化也基本完成。

（三）资本主义工商业的改造

对资本主义工商业进行社会主义改造，就是对资本主义工商业采取利用、限制、改造的政策，把民族资本主义工商业改造成为社会主义性质的企业，并对民族资产阶级采取赎买政策。1953 年 9 月，毛泽东就明确指出：国家资本主义是改造资本主义工商业和逐步完成社会主义过渡的必经之路。① 国家资本主义分为初级和高级两种形式。初级形式的国家资本主义企业仍由资本家经营，它与国营经济在企业外部建立联系。在工业中是收购、加工、订货、统购、包销；在商业中是经销、代销、代购代销、公私联营等。高级形式的国家资本主义企业就是公私合营。

在 1953 年底以前，我国着重发展加工订货、经销代销等初级形式的国家资本主义。1954 年开始则重点发展高级形式的国家资本主义。个别企业率先实行公私合营，公方代表已占领导地位，利润采取“四马分肥”的办法，即分为国家所得税、企业公积金、工人福利费和资方红利四个部分，资方所得不足 1/4，大部分利润归国家和工人。1955 年，北京、上海、天津等市一部分行业先后实行了全行业公私合营。这些合营的企业已基本上是社会主义性质的企业。在农业合作化高潮的推动下，对资本主义工商业的社会主义改造也在如火如荼地进行中。1955 年 11 月，中共中央讨论通过了《关于资本主义工商业改造问题的决议（草案）》。决议草案对赎买政策作了详细说明：第

---

① 《毛泽东文集》第 6 卷，人民出版社 1999 年版，第 291 页。

一是用赎买和国家资本主义的方法，有偿地而不是无偿地，逐步地而不是突然地改变资产阶级的所有制；第二是在改造他们的同时，给予他们必要的工作安排；第三是不剥夺资产阶级的选举权，并且对他们之中积极拥护社会主义改造且在这个改造事业中有所贡献的代表人物给以恰当的政治安排。① 在赎买政策的影响下，各地私营工商业的职工和资本家都争先恐后地接受社会主义改造。1956 年 1 月，北京市完成全行业公私合营，成为全国第一个进入社会主义社会的城市。到这年年底，全国私营工业户的 99%、私营商业户的 82.2% 都实行了公私合营。中国共产党则将马克思、恩格斯、列宁设想的赎买政策付诸实施并取得成功。

案例分析

材料 1：从 1955 年 11 月中华全国工商业联合会执行委员会第二次会议闭幕以来，各地私营工商业中的职工和资本家，都以无比的热情接受社会主义改造。在全国私营工商业最集中的上海，到处可以看到“庆祝批准公私合营”的大红横幅和耀眼的金黄“喜”字，到处是工人和资本家们组织的报喜队。许多被批准公私合营、或者被批准筹备公私合营的私营工厂和商店，都张灯结彩地举行庆祝仪式。私营工商业者进一步认清了接受社会主义改造的光明前途，纷纷表现了走社会主义道路的决心。

材料 2：在上海市私营工商业全部申请公私合营的前夕，新华社记者访问了申新棉纺织印染厂总管理处总经理荣毅仁。荣毅仁说：“解放前夕，我们一家对于共产党的到来是感到惶恐的。我们几个兄弟中，有的跑到泰国去办工厂，有的躲到香港去了。我的父亲因为恨透了帝国主义和国民党，坚决不愿意离开祖国。我也不愿做白华，和他一道留下来了。我们企业的流动资金当时已经枯竭，解放以后又受到美国和国民党的封锁和轰炸。这个时期申新能够维持生产，全部依靠爱护民族工商业的中国共产党和人民政府的贷款、加工和收购，依靠职工群众的团结和积极生产。政府帮助我们建立了总管理处，统一领导过去分散经营的各个工厂，并且指导我们逐步改进经营管理。生产因此得到发展，纱锭的生产率提高了 40% 以上，从 1951 年起盈利逐年增加，1953 年的盈利就达到资本总额的四分之一以上。初级的国家资本主义形式，使我们的企业完全摆脱了解放初期的窘迫局面。而我弟弟在泰国办的

① 《建国以来重要文献选编》第 8 册，中央文献出版社 1994 年版，第 154 页。

工厂却破产了。”

材料3：荣毅仁晚年曾回忆自己在社会主义改造时期的心路历程。他说：“记得那时毛主席给我们讲过一个故事，就是《打渔杀家》中肖桂英的故事。一个人起来革命，就不能只想着那些坛坛罐罐。这给了我很大启发。我们这样大的一个国家，单靠私营企业能搞好吗？我的家族就是一个证明。我们家搞了几十年企业，也没搞出什么名堂；即便我们的家族有了些发展，也是靠收购别人的企业，而不能说整个民族工业有多大发展。像我们这样一个贫穷落后的发展中国家，要搞企业、搞生产，一定要走社会主义道路，发展以生产资料公有制为基础的国民经济。当然，我也是逐步解除顾虑，逐步懂得这个道理的。正因为我们懂得了这个道理，所以在资本主义工商业的社会主义改造中发挥了主动配合的作用。”

随着社会主义改造的基本完成，社会主义的基本经济制度也建立起来。这标志着中国已经完成了从新民主主义向社会主义的过渡，步入了社会主义社会的新时代。到1956年，各种经济成分占国民收入的比重分别是：国营经济32.2%，合作社经济53.4%，公私合营经济7.3%，个体经济7.1%，资本主义经济接近于零。这就是说，社会主义性质的国营经济、合作社经济和基本上属于社会主义性质的公私合营经济已达到92.9%，占到国民收入的绝大多数。社会主义改造宣告完成，社会主义基本制度在中国全面确立。

教学总结

社会主义改造的胜利完成，社会主义基本制度的建立，为当代中国一切发展进步奠定了根本的政治前提和制度基础。在过渡时期，中国共产党根据中国的具体国情，灵活地运用马克思列宁主义，创造性地开辟了一条符合中国特点的社会主义改造的道路。一是在国家工业化建设和社会主义改造的关系上，突破了先打基础、再过渡的框框，创造了工业化和改造同时并举的道路；二是在向社会主义过渡的方式上，突破了一举过渡的框框，变为逐步过渡，瓜熟蒂落，水到渠成；三是在农业社会主义改造上，突破了先机械化、后合作化的框框，创造出互助组、初级社、高级社等适应不同生产力发展水平和地区特点的过渡形式；四是在资本主义工商业改造上，突破了单一国有化的框框，创造出从初级到高级的各种国家资本主义的过渡形式，对民族资产阶级采取了和平赎买政策，避免了“流血革命”；五是在公有制的实现形式上，突破了单一国有制，形成了国营经济、公私合营经济、合作社经济三足鼎立的新格局。①

社会主义改造在生产关系方面是由私有制到公有制的一场伟大的变革，它直接促进了生产力的发展。社会主义改造的胜利，为中国全面进行社会主义建设奠定了基础，开辟了道路。农业和手工业由个体所有制变为社会主义的集体所有制，私营工商业由资本主义所有制变为社会主义所有制，这就使社会生产力从原生产关系的束缚中解放出来，为在社会主义条件下找到比资本主义更快更好的现代化道路扫清了障碍。

社会主义改造也有一些缺点和偏差，正如《关于建国以来党的若干历史问题的决议》中所说：“在1955年夏季以后，农业合作化以及对手工业和个体商业的改造要求过急，工作过粗，改变过快，形式也过于简单划一，以致在长期间遗留了一些问题。1956年资本主义工商业改造基本完成以后，对于一部分原工商业者的使用和处理也不很适当。但整个来说，在一个几亿人口的大国中比较顺利地实现了如此复杂、困难和深刻的社会变革，促进了工农业和整个国民经济的发展，这的确是伟大的历史性胜利。”②

课后思考

1. 简述中华人民共和国成立的历史意义。

2. 为什么说新民主主义社会是一个过渡性的社会？

3. 试述过渡时期总路线的内容。

4. 中国实行社会主义改造的国内外条件有哪些？

5. 为什么说社会主义道路是历史和人民的选择？

6. 简述建立独立的、比较完整的工业体系和国民经济体系的重大意义。

7. 简述有中国特点的农业合作化道路的基本原则和基本方针。

8. 试述中国共产党在社会主义改造时对资本家所采取的和平赎买政策的主要内容。

9. 为什么说社会主义改造的胜利完成是中国历史上最伟大最深刻的社会变革？

---

① 李捷：《毛泽东在开创中国特色社会主义道路中的历史功绩和地位》，《毛泽东邓小平理论研究》2013年第9期。

② 《关于建国以来党的若干历史问题的决议》（注释本），人民出版社1983年版，第18页。

推荐阅读

1. 毛泽东：《在中国共产党第七届中央委员会第二次全体会议上的报告》（1949 年 3 月 5 日），人民出版社 2004 年版。

2. 《中共中央批转中央宣传部为动员一切力量把我国建设成为一个伟大的社会主义国家而斗争——关于党在过渡时期总路线的学习和宣传提纲》（1953 年 12 月 28 日），中央档案馆、中共中央文献研究室编：《中共中央文件选集（1949 年 10 月—1966 年 5 月）》第 14 册，人民出版社 2013 年版，第 491 – 529 页。

3. 《中国共产党中央委员会关于建国以来党的若干历史问题的决议》（1981 年 6 月 27 日），人民出版社 2009 版。

4. 中共中央党史研究室：《中国共产党历史》第 2 卷（1949—1978）上册，中共党史出版社 2011 年版。

5. 中央文献研究室：《毛泽东传：1893—1976》（第 3 卷），中央文献出版社 2011 年版。

6. 薄一波：《若干重大决策与事件的回顾》（上卷），中共党史出版社 2008 年版。

7. 郭德宏、王海光、韩钢：《中华人民共和国专题史稿 Ⅰ · 开国创业》，四川人民出版社 2009 年版。

8. 林蕴晖、范守信、张弓：《凯歌行进的时期》，人民出版社 2009 年版。

9. 庞松、王东：《滑轨与嬗变：新民主主义社会阶段备忘录》，河南人民出版社 1990 年版。

10. 胡乔木：《中国在五十年代怎样选择了社会主义》，《胡乔木文集》第 2 卷，人民出版社 1993 年版，第 252 – 260 页。

专题十

中国特色社会主义的探索与发展

问题引领

在社会主义改造基本完成之后，中国开始进入全面建设社会主义的历史阶段。在中国这样一个经济文化相对落后的东方大国建设社会主义，是一项前无古人的伟大事业，必须要寻找一条符合中国国情的社会主义建设道路。为了探索这条道路，以毛泽东为主要代表的中国共产党人进行了艰辛探索、艰苦奋斗，积累了社会主义建设的重要经验。但在探索过程中，也出现了一些失误。1978 年以后，以邓小平、江泽民、胡锦涛、习近平为主要代表的几代中国共产党人终于开辟了中国特色社会主义道路，形成了中国特色社会主义理论体系，确立了中国特色社会主义制度。那么，建设社会主义的早期探索有何成就和失误，有何经验和教训？邓小平又是如何继承毛泽东的探索成果，开启改革开放的历史新时期的？中国特色社会主义又是经历怎样的奋斗而得来的？以上就是本专题所要涉及的大致内容。

➤ 逻辑结构

本专题以探索、开创、坚持、发展中国特色社会主义为基本线索，提纲挈领地叙述中国共产党带领全国各族人民建设社会主义的壮阔进程。通过阐述毛泽东在探索社会主义建设道路中的理论建树和改革开放以来中国所取得的巨大成就，引导学生以继承和发展的观点认识改革开放前后两个历史时期的相互关系，从而坚定对中国特色社会主义的道路自信、理论自信、制度自信、文化自信，力求使学生从宏观层面正确把握中华人民共和国史一以贯之的主线，进而深入理解“两个不能否定”的重要论断。

本专题将围绕这一时期所发生的重大历史事件，着重阐明中共八大、十一届三中全会和邓小平南方谈话的主要内容及其重大意义。接着，宣讲改革开放以来中国所取得的伟大成就，并分析取得这些成就的根本原因。然后再以课堂辩论的形式，详细讨论改革开放前和改革开放后两个历史时期的相互关系。最后，总结中国近代以来革命、建设、改革的历史进程，进一步增强大学生为实现中华民族伟大复兴而努力奋斗的责任感和使命感。

一、建设社会主义的早期探索

1956 年，中国基本完成了对农业、手工业和资本主义工商业的社会主义改造，确立了社会主义的基本制度。这标志着中国进入了全面建设社会主义的历史时期。因此，怎样建设社会主义，怎样探索适合国情的社会主义建设道路，成为摆在中国共产党面前的一项重大课题。1956 年也是国际共产主义运动的多事之秋。在 2 月召开的苏共二十大上，赫鲁晓夫直接批评了斯大林的错误，并揭露了苏联在社会主义建设中存在的失误。这些重大问题的暴露与纠正，必然引起毛泽东等中共中央领导人的高度关注和深刻反思。至此，中国共产党人开始逐渐摆脱苏联模式的束缚，独立思考适合中国自己的社会主义建设道路。

从 1956 年初开始，以毛泽东为主要代表的中国共产党人对中国的社会主义建设道路进行了艰辛的探索，并获得了丰硕的成果。这些富有创见的思想理论和切实正确的方针政策，集中体现在《论十大关系》、中共八大的有关文献和《关于正确处理人民内部矛盾的问题》等主要著作中。《论十大关系》是中国共产党人开始探索中国自己的社会主义建设道路的标志，它为中共八大的召开作了理论准备。中共八大是中国共产党执政后召开的第一次全国代表大会，它明确了社会主义社会的主要矛盾和主要任务，形成了全面建设社会主义的正确路线。而《关于正确处理人民内部矛盾的问题》则创造性地阐述了社会主义社会的矛盾学说，是对科学社会主义理论的重要发展，对中国社会主义事业具有长远的指导意义。

（一）社会主义建设的指导原则

1956 年 4 月初，毛泽东主持召开中共中央书记处会议，讨论《关于无产阶级专政的历史经验》一文。毛泽东认为：苏共二十大给我们“最重要的教训是独立自主，调查研究，摸清本国国情，把马克思列宁主义的基本原理同我国革命和建设的具体实际结合起来，制定我们的路线、方针、政策。民主革命时期，我们走过一段弯路，吃了大亏之后才成功地实现了这种结合，取得革命的胜利。现在是社会主义革命和建设时期，我们要进行第二次结合，找出在中国进行社会主义革命和建设的正确道路”①。这是毛泽东第一次明确提出要把马克思主义同中国实际进行“第二次结合”。

在这一思想原则的指导下，毛泽东开始强调以苏为鉴，走自己的路。在《论十大关系》中，毛泽东专门提到如何处理中国和外国的关系这一问题。他指出：“我们的方针是，一切民族、一切国家的长处都要学。”“但是，必须有分析有批判地学，不能一切照抄，机械搬用。”② 苏联在建设社会主义过程中所暴露的一些缺点错误，中国应当引以为戒。毛泽东提出的“以苏为鉴”和“第二次结合”的思想，都成为后来中国特色社会主义的理论渊源。

（二）社会主义社会的矛盾学说

社会主义基本制度确立之后，发展社会生产力、实现国家的繁荣富强和人民的共同富裕成为新的时代主题。随着工作重心由革命向建设的转移，中国共产党人对社会主义改造完成后的中国社会的主要矛盾和主要任务有了越来越理性的认识。中共八大指出：社会主义制度已经基本上建立起来了，工人阶级已经成为国家的领导阶级。国内的主要矛盾已经不是工人阶级和资产

---

① 吴冷西：《十年论战：1956—1966 中苏关系回忆录》，中央文献出版社 1999 年版，第 23 – 24 页。

② 《毛泽东文集》第 7 卷，人民出版社 1999 年版，第 41 页。

阶级的矛盾，而是人民对于经济文化迅速发展的需要同当前经济文化不能满足人民需要的状况之间的矛盾。虽然中国人民还必须为解放台湾，为彻底完成社会主义改造，最终消灭剥削制度和继续肃清反革命残余势力而斗争，但全国人民当前的主要任务，是要集中力量发展社会生产力，把我国尽快地从落后的农业国变为先进的工业国，逐步满足人民日益增长的物质需要和文化需要。

1957 年 2 月，毛泽东在扩大的最高国务会议上发表《关于正确处理人民内部矛盾的问题》的讲话，把对社会主义建设道路的探索推向新的高度。第一，创立了社会主义社会基本矛盾的学说。在马克思主义经典作家中，毛泽东第一个指出，社会主义社会充满着矛盾，正是这些矛盾推动着社会主义社会不断前进。社会主义社会的基本矛盾仍然是生产关系和生产力之间、上层建筑和经济基础之间的矛盾，它们之间既有基本适应的一面，又有不适应的一面。这样，毛泽东就把对立统一的规律贯彻到底，为社会主义社会持续不断地向前发展找到了动力。第二，提出了两类社会矛盾的理论。毛泽东指出：社会主义社会的矛盾分为两类：一类是敌我矛盾，一类是人民内部矛盾。敌我矛盾是对抗性矛盾，而人民内部矛盾一般是在人民利益根本一致的基础上的矛盾。① 在社会主义改造基本完成后，人民内部矛盾就会处于突出的地位，正确处理人民内部矛盾就会成为国家政治生活的主要内容。人民内部矛盾只能采用民主的、说服的、教育的、“团结—批评—团结”的方法去解决。

（三）社会主义建设的各项方针

《论十大关系》从受苏联影响最大的经济领域破题，十大关系中最主要的五个关系都与经济问题有关。在这篇讲话中，毛泽东提出的社会主义经济建设的新方针是：（1）在重工业和轻工业、农业的关系上，重点发展重工业，同时也要加大对轻工业和农业的投资比例。从长远观点看，多发展一些农业、轻工业，会使重工业发展得多些和快些，而且由于保障了人民生活的需要，会使它发展的基础更加稳固。（2）在沿海工业和内地工业的关系上，要大力发展内地工业，改变不合理的工业布局，同时也要充分发挥沿海工业的作用，因考虑战争危险而对沿海工业采取消极态度是不对的。（3）在国防建设和经济建设的关系上，要下决心降低国防费用的比重，以便抽出更多的资金，多搞经济建设。（4）在国家、生产单位和生产者个人的关系上，必须

---

① 《毛泽东文集》第 7 卷，人民出版社 1999 年版，第 205 - 206 页。

统筹兼顾三者的关系，不能只顾一头。中央和省市要给工厂一定的权力，允许工厂有一定的独立性。要处理好国家同农民的关系，保证农民增产增收。他还风趣地说："你要母鸡多生蛋，又不给它米吃，又要马儿跑，又要马儿不吃草。世界上哪有这样的道理！"① （5）在中央和地方的关系上，要在巩固中央统一领导的前提下，扩大地方的权力，给地方更多的独立性，让地方办更多的事情。

中共八大吸收了《论十大关系》的基本思想，并在经济方针和经济政策方面提出了一些新的论断。中共八大在经济建设上坚持既反保守又反冒进，即在综合平衡中稳步前进的方针。这一正确方针的重申，对于抑制 1956 年出现的冒进和保证 1957 年经济的稳步发展，起了重要作用。在经济模式上，中共八大初步提出了以计划经济为主、以商品经济为辅的设想。陈云在题为《社会主义改造基本完成以后的新问题》的发言中提出"三个主体"、"三个补充"的思想。这些主张完全符合中国的实际情况，已为八大所接受，成为探索适合中国国情的经济体制的重要一步。

在《论十大关系》中，毛泽东还提出了社会主义政治建设的新方针。在汉族和少数民族的关系上，要诚心诚意地积极帮助少数民族发展经济建设和文化建设，巩固各民族团结；在党和非党的关系上，要坚持多党合作，实行"长期共存、互相监督"的方针，加强与民主党派的统一战线工作；在革命和反革命的关系上，社会的镇反要少捉少杀，机关的肃反要一个不杀大部不捉；在是非关系上，要实行"惩前毖后、治病救人"的方针。在《关于正确处理人民内部矛盾的问题》一文中，毛泽东又对《论十大关系》中的某些思想作了新的阐发。他指出：必须区分社会主义社会两类不同性质的矛盾，把正确处理人民内部矛盾作为国家政治生活的主题。不能用解决敌我矛盾的方法去解决人民内部矛盾，并系统阐明了正确处理人民内部矛盾的一系列方针。其中包括："有反必肃，有错必纠"的方针；处理人民内部矛盾的"团结—批评—团结"的公式；统筹兼顾、适当安排的方针；百花齐放、百家争鸣的方针；长期共存、互相监督的多党合作方针等。根据正确处理人民内部矛盾的方法，中共中央决定于 1957 年 4 月发动一次以反对官僚主义、宗派主义和主观主义为主要内容的整风运动。毛泽东希望通过这种方式，形成一种"六又"的政治局面，即"又有集中又有民主，又有纪律又有自由，又有统一意

---

① 《毛泽东文集》第 7 卷，人民出版社 1999 年版，第 30 页。

志、又有个人心情舒畅、生动活泼”。① 开展整风运动和提出建设“六又”政治局面，是对中共八大路线的继承和丰富，是探索社会主义政治文明建设的新成果。

关于社会主义文化建设，毛泽东提出：“艺术问题上的百花齐放，学术问题上的百家争鸣。”② 以“百花齐放，百家争鸣”为指导，毛泽东在《关于正确处理人民内部矛盾的问题》中提出了在思想和意识形态领域里正确处理人民内部矛盾的基本方法，并进一步提出判断是非的六条政治标准，其中最重要的是社会主义道路和共产党领导这两条。双百方针的提出和确立，有利于调动广大知识分子建设社会主义的积极性，是促进社会主义文化繁荣和科学进步的指导方针。

总而言之，从 1956 年到 1957 年，以毛泽东为主要代表的中国共产党人在探索适合中国国情的社会主义建设道路的过程中，创造性地提出了一系列重要的理论成果。这些思想不仅初步回答了在中国这样一个社会生产力比较落后的东方大国怎样建设社会主义的问题，而且还总结积累了全面建设社会主义的宝贵经验。不仅为马克思主义宝库增添了新的财富，而且还为改革开放后中国特色社会主义理论体系奠定了基础。因此，毛泽东是探索中国社会主义建设道路的开创者，他的历史功绩将永载史册。

二、中国特色社会主义的开创

对于中国社会主义建设的道路，以毛泽东为主要代表的中国共产党人已经开始探索，取得许多成就，也走了很多弯路。改革开放新时期，邓小平又继续走探索之路，成功开辟了中国特色社会主义道路、理论体系和制度。而这一具有划时代意义的伟大跨越，是由中共十一届三中全会开启的。

（一）历史的伟大转折

1978 年 11 月 10 日至 12 月 15 日，中央工作会议在北京召开。邓小平在闭幕式上作了《解放思想，实事求是，团结一致向前看》的重要讲话。他指

① 《建国以来重要文献选编》第 10 册，中央文献出版社 1994 年版，第 485 页。
② 《毛泽东文集》第 7 卷，人民出版社 1999 年版，第 54 页。

出：解放思想是当前一个重大的政治问题，“只有思想解放了，我们才能正确地以马列主义、毛泽东思想为指导，解决过去遗留的问题，解决新出现的一系列问题”。“一个党，一个国家，一个民族，如果一切从本本出发，思想僵化，迷信盛行，那它就不能前进，它的生机就停止了，就要亡党亡国。”①

接着，邓小平谈了团结一致向前看的问题。他指出：解决一些历史遗留问题，是解放思想、安定团结的需要，目的正是为了向前看，为了顺利实现工作重心的转移。要向前看，就要研究新情况、解决新问题。如果再不实行改革，社会主义现代化事业就会被葬送。② 针对即将实行的改革，邓小平提出意见和建议：在管理方法上，要注意克服官僚主义；在管理制度上，要注意加强责任制；在经济政策上，要允许一部分人先富起来。邓小平的这篇讲话回答了历史转折关头的一系列根本性问题，为随后召开的十一届三中全会提供了指导思想，实际上成为十一届三中全会的主题报告。

1978 年 12 月 18 日至 22 日，中共十一届三中全会在北京召开。与会同志对党的思想路线进行了深入讨论，一致认为，只有解放思想，实事求是，一切从实际出发，理论联系实际，我们党才能顺利实现工作重心的转变。全会彻底否定了“两个凡是”的错误方针，并高度评价真理标准问题的讨论，认为这有利于解放思想，端正路线，因而具有深远的历史意义。全会提出，从 1979 年起，把全党工作的重点转移到社会主义现代化建设上来，同时实行改革开放的战略决策。这就断然否定了“以阶级斗争为纲”的指导思想，并从政治上保证了工作重点的转移。全会审查和解决了历史上遗留的一批重大问题和一些重要领导人的功过是非问题，认为解决历史遗留问题必须遵循实事求是、有错必纠的原则。全会还决定加强社会主义民主法制，健全民主集中制，严肃党规党纪。

中共十一届三中全会是建国以来党的历史上具有深远意义的伟大转折。全会冲破了长期“左”倾错误的严重束缚，重新确立了马克思主义的思想路线、政治路线、组织路线，开始了对“文化大革命”及以前“左”倾错误的全面拨乱反正，形成了以邓小平为核心的中央领导集体。全会结束了 1976 年 10 月以来党和国家工作在徘徊中前进的局面，揭开了中国特色社会主义的序

---

① 《邓小平文选》第 2 卷，人民出版社 1994 年版，第 141 页。
② 《邓小平文选》第 2 卷，人民出版社 1994 年版，第 147、149－150 页。

幕，标志着中国进入了以改革开放和社会主义现代化建设为主要任务的历史新时期。

（二）改革开放的展开

十一届三中全会以后，中国扬起了改革开放的风帆。这场波澜壮阔的改革首先在农村取得突破性进展。安徽和四川的基层干部和农民群众把五六十年代曾在农村实行过的包产到组、包产到户等生产责任制“请”了回来，成为中国农村改革的先行者。实行家庭联产承包，是中国农民的伟大创造。安徽省凤阳县梨园乡小岗村是全国包干到户的典型。这些原先被视为“犯忌”的做法，恰好与十一届三中全会的精神高度契合，不但没有遭到扼杀，而且还得到邓小平的肯定。他在1980年5月的一次谈话中明确指出：“农村政策放宽后，一些地方搞了包产到户，效果很好，变化很快。安徽的肥西增产幅度很大，凤阳也是一年翻身。这样搞不会影响集体经济。因为实行包产到户的地方，经济的主体现在也还是生产队。关键是发展生产力，要在这方面为集体化的进一步发展创造条件。”①

后来，1982年的中央1号文件又给包产到户、包干到户定性，明确指出：它们都是社会主义集体经济的生产责任制。这就彻底打破了多年来形成的“包产到户、包干到户等于分田单干，等于资本主义”的僵化观念。家庭联产承包责任制的实行，使农民获得了劳动和经营的自主权，农民生产的产品“保证国家的，留足集体的，剩下都是自己的”，这就从根本上改变了束缚生产力发展的管理体制，成为整个农村改革的突破口。

案例分析

材料1：位于淮河岸边的安徽凤阳小岗村在1978年以前只有20户人家、115口人，是当地著名的“吃粮靠返销，用钱靠救济，生产靠贷款”的贫穷村。当时村里农民住的基本都是茅草房，每年秋收后家家户户都会拖儿带女地外出讨饭。1978年，小岗村大旱。为了吃饱肚子，小岗人终于忍不住了。这年冬天的一个夜晚，时任小岗村生产队队长严俊昌和副队长严宏昌、会计严立学召集全队在家的18户户主聚集在严家，冒着违反已经坚持了20年之久的“人民公社”体制的风险，秘密商讨分田单干。尽管这样的行为在当时

---

① 《邓小平文选》第2卷，人民出版社1994年版，第315页。

很可能被定罪坐牢，但小岗村的农民已经顾不了太多。在一张皱巴巴的字据上，18 位农民按下了鲜红的手印。这份“生死契约”内容非常简单：“我们分田到户，每户户主签字盖章。如此后能干，每户保证完成每户全年上缴的公粮，不再向国家伸手要钱要粮。如不成，我们干部坐牢杀头也甘心，大家社员也保证把我们的孩子养活到 18 岁。”由于当时气氛紧张，这份具有历史意义的“生死契约”写得歪歪扭扭，而且还有错别字。

材料 2：下表是凤阳县五年的粮食产量。

年份	1978 年	1979 年	1980 年	1981 年	1982 年
粮食产量	14770 万公斤	22006 万公斤	25123 万公斤	32022 万公斤	35745 万公斤

材料 3：春风拂面，麦浪滚滚。2016 年 4 月 25 日，习近平总书记来到安徽省滁州市凤阳县小岗村。习近平走进“当年农家”院落，了解当年 18 户村民按下红手印，签订大包干契约的情景。习近平感慨道：“当年贴着身家性命干的事，变成中国改革的一声惊雷，成为中国改革的一个标志。今天在这里重温改革，就是要坚持党的基本路线一百年不动摇，改革开放不停步，续写新的篇章。”随后，习近平在小岗村主持召开农村改革座谈会。他强调，改革开放以来农村改革的伟大实践，推动我国农业生产、农民生活、农村面貌发生了巨大变化，为我国改革开放和社会主义现代化建设作出了重大贡献。对农村改革的成功实践和经验，要长期坚持、不断完善。习近平指出，当前，农业还是现代化建设的短腿，农村还是全面建成小康社会的短板。全党必须始终高度重视农业、农村、农民问题，把“三农”工作牢牢抓住、紧紧抓好，不断抓出新的成效。解决农业农村发展面临的各种矛盾和问题，根本靠深化改革。

十一届三中全会实现工作重心的转移之后，中国对外政策的目标定位也悄然发生变化，从此前的推动世界革命转向寻求和平安定的外部环境来实现四个现代化。这时，创办经济特区作为一种改革的试验，成为对外开放的突破口。1980 年 5 月，中共中央决定在深圳、珠海、汕头、厦门各划出一定范围的区域，设置经济特区，以期实现利用外资、引进技术、发展经济、促进四化的目标。1983 年 4 月，中共中央和国务院又确定了以对外开放促进海南岛开发建设的方针，并于 1988 年单设海南省，将海南岛全部开辟为经济特区。1984 年 5 月，中共中央决定再开放 14 个沿海港口城市：大连、秦皇岛、天津、烟台、青岛、连云港、南通、上海、宁波、温州、福州、广州、湛江、北海。1985 年 2 月，长江三角洲、珠江三角洲和闽南厦漳泉三角地区被辟为沿海经济开放区。这就形成了“经济特区—沿海开放城市—沿海经济开放区—内地”① 的多层次、有重点、点面结合的对外开放格局。

（三）邓小平南方谈话

为了把改革开放的事业不断向前推进，1992 年 1 月 18 日到 2 月 21 日，邓小平先后视察武昌、深圳、珠海、上海等地，发表了极为重要的讲话，明确回答了改革开放以来经常困扰和束缚人们的许多重大理论问题。南方谈话的主要内容集中在以下六个方面：

第一，毫不动摇地坚持“一个中心、两个基本点”的基本路线，认清改革也是解放生产力。邓小平指出，革命是解放生产力，改革也是解放生产力。要坚持“一个中心，两个基本点”。不坚持社会主义，不改革开放，不发展经济，不改善人民生活，只能是死路一条。基本路线要管一百年，动摇不得。

第二，阐明了社会主义的本质，提出在坚持“三个有利于”标准的前提下，大胆地进行试验。邓小平指出，改革开放胆子要大一些，敢于试验。改革开放迈不开步子，不敢闯，说来说去就是怕资本主义的东西多了，走资本主义道路。主要是姓“资”还是姓“社”的问题。判断的标准，应该主要看是否有利于发展社会主义社会的生产力，是否有利于增强社会主义国家的综合国力，是否有利于提高人民的生活水平。

邓小平特别指出：计划多一点还是市场多一点，不是社会主义与资本主义的本质区别。计划经济不等于社会主义，资本主义也有计划；市场经济不等于资本主义，社会主义也有市场。计划和市场都是经济手段。社会主义的本质，是解放生产力，发展生产力，消灭剥削，消除两极分化，最终达到共同富裕。

第三，抓住时机，发展自己，关键是发展经济。邓小平强调，发展才是硬道理，所以，能发展就不要阻挡，有条件的地方要尽可能搞快点。现在就是好机会，一定要抓住机会，要力争使经济隔几年上一个台阶。发展经济不但要抓机遇，还必须依靠科技和教育。科学技术是第一生产力。要提倡科学，

① 《十三大以来重要文献选编》（上），人民出版社 1991 年版，第 24 页。

靠科学才有希望。

第四，坚持一手抓改革开放，一手抓打击各种犯罪活动。两手都要抓，两手都要硬。不仅经济要上去，社会秩序、社会风气也要搞好。在整个改革开放过程中都要反对腐败。廉政建设要作为大事来抓，还是要靠法制，搞法制靠得住些。

第五，正确的政治路线要靠正确的组织路线来保证。中国的事情能不能办好，社会主义和改革开放能不能坚持，经济能不能快一点发展起来，国家能不能长治久安，从一定意义上说，关键在人。要注意培养人，要教育好后代，要按照“革命化、年轻化、知识化、专业化”的标准，选拔德才兼备的人进班子。中国要出问题，还是出在共产党内部。

第六，对待马克思主义的科学态度。邓小平坚信，世界上赞成马克思主义的人会多起来的，因为马克思主义是科学。它运用历史唯物主义揭示了人类社会发展的规律。社会主义经历一个长时间发展后必然代替资本主义，但道路是曲折的。学马列要精，要管用的。实事求是就是马克思主义的精髓，要提倡实事求是，不要提倡本本主义。①

邓小平的南方谈话，深刻总结了十一届三中全会以来的基本理论和基本实践，明确回答了长期束缚人们思想的许多重大认识问题。邓小平的南方谈话，是把改革开放和现代化建设推进到新阶段的又一个解放思想、实事求是的宣言书。

在深刻领会邓小平南方谈话的精神之后，中国共产党于 1992 年 10 月 12 日至 18 日召开了第十四次全国代表大会。这次大会明确了经济体制改革的目标是建立社会主义市场经济体制，并确立了邓小平建设有中国特色社会主义理论在全党的指导地位。十四大报告指出：建设有中国特色社会主义理论第一次比较系统地初步回答了在中国这样的经济文化比较落后的国家，应如何建设社会主义、如何巩固和发展社会主义的一系列基本问题。“它是马克思列宁主义基本原理与当代中国实际和时代特征相结合的产物，是毛泽东思想的继承和发展，是全党全国人民集体智慧的结晶，是中国共产党和中国人民最可珍贵的精神财富。”②

以邓小平南方谈话和十四大为标志，中国的改革开放和社会主义现代化

---

① 《邓小平文选》第 3 卷，人民出版社 1993 年版，第 370 – 383 页。

② 《江泽民文选》第 1 卷，人民出版社 2006 年版，第 221 – 222 页。

建设事业进入了新的发展阶段。此后，以江泽民为主要代表的中国共产党人确立了社会主义市场经济体制的改革目标和基本框架，确立了社会主义初级阶段的基本经济制度和分配制度，开创了全面改革开放的新局面，成功把中国特色社会主义推向二十一世纪。

在新世纪新阶段，以胡锦涛为主要代表的中国共产党人抓住重要战略机遇期，坚持以人为本、全面协调可持续发展，提出构建社会主义和谐社会，加快生态文明建设和环境保护，形成中国特色社会主义事业总体布局，成功在新的历史起点上坚持和发展了中国特色社会主义。

中共十八大以来，以习近平同志为核心的党中央提出了新形势下治国理政的一系列重要方略，形成了全面建成小康社会、全面深化改革、全面依法治国、全面从严治党的战略布局，开拓出中国特色社会主义更为广阔的发展前景。

（四）举世瞩目的成就

总之，改革开放以来，社会主义现代化建设取得了举世瞩目的巨大成就。从 1978 年到 2015 年，中国国内生产总值（GDP）由 3679 亿元增长到 685506 亿元，年平均增长率高达 15.18%。（见图 10－1）中国创造了第二次世界大战结束后国家经济高速增长持续时间最长的奇迹。中国经济总量在世界上的排名，改革开放之初是第 11 位；2005 年超过法国，居第 5 位；2006 年超过英国，居第 4 位；2007 年超过德国，居第 3 位；2009 年超过日本，居第 2 位。2010 年，中国制造业规模超过美国，居世界第一。① 中国用几十年时间走完了发达国家几百年走过的发展历程，刷新了世界发展的历史纪录。人民生活总体上实现了由温饱到小康的历史性跨越。从 1978 年到 2015 年，城镇居民人均可支配收入由 343 元增加到 31195 元；农村居民人均纯收入由 134 元增加到 10772 元。（见图 10－2）家庭财产普遍增多，衣食住行明显改善，生活质量逐步提高。居民健康水平总体上处于中高收入国家平均水平，部分地区已经达到或接近高收入国家的水平。2015 年我国居民人均预期寿命达到 76.34 岁，实现了“十二五”规划和联合国千年发展目标。②

---

① 习近平：《在省部级主要领导干部学习贯彻党的十八届五中全会精神专题研讨班上的讲话》，《人民日报》2016 年 5 月 10 日。

② 《关于〈2015 年我国卫生和计划生育事业发展统计公报〉有关数据的说明》，中华人民共和国国家卫生和计划生育委员会网站 2016 年 7 月 20 日发布。

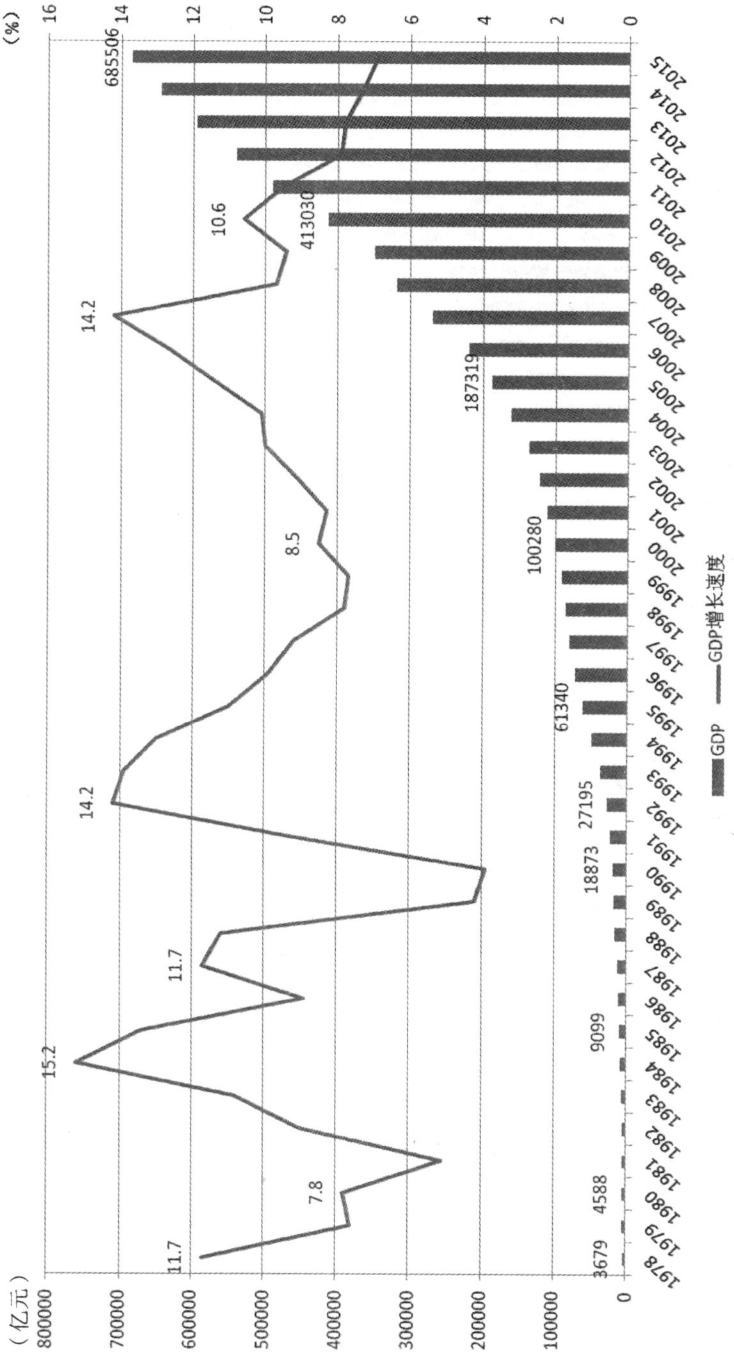

图 10－1　中国 GDP 的增长（1978—2015）

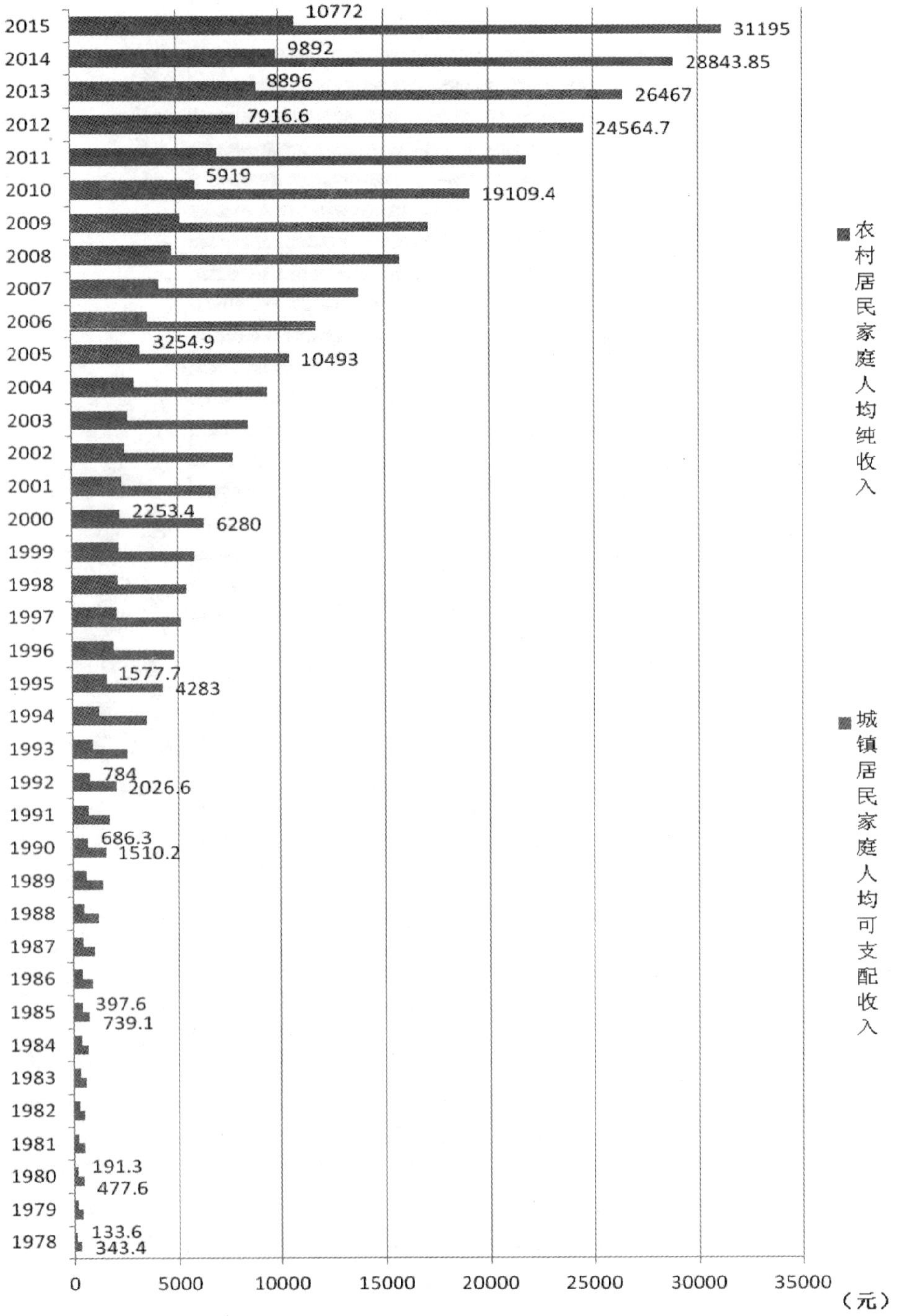

图 10－2　城乡居民收入的增长（1978—2015）

改革开放以来中国取得一切成绩和进步的根本原因，归结起来就是：开辟了中国特色社会主义道路，形成了中国特色社会主义理论体系，确立了中国特色社会主义制度。中国特色社会主义道路是实现途径，中国特色社会主义理论体系是行动指南，中国特色社会主义制度是根本保障，三者统一于中国特色社会主义伟大实践，这是党领导人民在建设社会主义长期实践中形成的最鲜明特色。

三、两个历史时期的相互关系

如果以 1978 年年底召开的中共十一届三中全会为分水岭，中华人民共和国史可以分为改革开放前和改革开放后两个历史时期。近年来，理论界、学术界，甚至社会人士、大众传媒都对这两个时期的评价问题关注颇多，议论颇多。下面列举最有代表性的三种观点，请大家认真思考、逐一辨析。

观点辨析

观点 1：改革开放后的历史背离了科学社会主义的原则，实际上是在搞新自由主义。虽然经济实力大大增强，但贪污腐败、坑蒙拐骗、贫富分化、环境污染都很严重，社会风气越来越差，社会矛盾愈演愈烈。把改革开放前的优良传统和精神品质都丢掉了，所以还是改革开放前的历史时期更好。

观点 2：改革开放后，中国取得了举世瞩目的辉煌成就。而改革开放前发生了大跃进、“文化大革命”，几乎就是一连串错误的集合。毛泽东时代没有民主自由，专制主义色彩太浓厚。毛泽东不懂经济，还一个人说了算，结果把经济搞得一塌糊涂，人民生活还是很贫困。正是因为改革开放以前毛泽东犯的错误太多，所以改革开放后的历史把改革开放前的历史都推翻了，好多政策又颠倒回来了，即所谓“辛辛苦苦几十年，一夜回到解放前”。早知道是这样，当初就根本不要搞社会主义革命。

观点 3：改革开放前的历史时期和改革开放后的历史时期是两个相互联系又有重大区别的时期。两者不是彼此割裂的，更不是根本对立的，本质上都是中国共产党领导人民进行社会主义建设的实践探索。改革开放前的社会主义实践探索为改革开放后的社会主义实践探索积累了条件，改革开放后的社会主义实践探索是对前一个时期的坚持、改革、发展。

（一）不能用改革开放前的历史时期否定改革开放后的历史时期

观点 1 是不正确的，它实际上是用改革开放前的历史时期否定改革开放后的历史时期。

首先，邓小平早在 1979 年就提出四项基本原则，要求坚持社会主义道路、坚持人民民主专政、坚持共产党的领导、坚持马列主义、毛泽东思想。此后，历届中央领导集体都把坚持四项基本原则看作立国之本，当成党在社会主义初级阶段基本路线中的两个基本点之一。所以改革开放后的历史并未背离科学社会主义，也不是在搞新自由主义。况且经济实力大大增强，就说明改革开放体现了社会主义解放生产力、发展生产力的本质属性，恰恰是遵循科学社会主义基本观点的。

其次，由于中国的生产力水平还落后于西方发达国家，所以中国处于并将长期处于社会主义初级阶段。中国搞社会主义才 60 余年，出现这样那样的问题并不可怕。关键是要善于发现问题，敢于正视问题，勇于解决问题。发展过程中产生的问题要在发展中解决，要靠改革解决，绝不能依靠类似“文化大革命”的群众运动的方式来解决。近几年来，党和政府已经高度重视社会主义和谐社会的建设，投入民生的支出逐年增加，贫富差距也有缩小的迹象。如果用改革开放前的历史时期否定改革开放后的历史时期，那就是走封闭僵化的老路，就会使中国特色社会主义事业陷入停滞和倒退。

最后，改革开放以来所取得的伟大成就已经充分证明中国特色社会主义的正确性。我们要以发展的眼光，来认识改革开放后的历史时期对改革开放前的历史时期的巨大超越。在指导思想上，改革开放前很长一段时间，中国共产党把阶级斗争作为社会主义社会的主要矛盾，错误地提出“以阶级斗争为纲”的口号和“无产阶级专政下继续革命”的理论。改革开放后，中国共产党实现了工作中心的转移，把人民日益增长的物质文化需要同落后的社会生产之间的矛盾作为主要矛盾，先后形成了邓小平理论、“三个代表”重要思想和科学发展观等重大理论成果。可以说，改革开放后的历史时期在各个方面都对改革开放前的 29 年有所超越。这些超越归根结底是因为中国共产党对社会主义的认识提高到了一个新的水平，形成了中国特色社会主义道路、理论体系和制度。

（二）不能用改革开放后的历史时期否定改革开放前的历史时期

观点 2 也是不正确的，它实际上是用改革开放后的历史时期否定改革开放前的历史时期。

1. 如何看待改革开放前的失误和错误?

首先，要把失误和错误同建设的成就放在一起来看，分清主流与支流。改革开放前的历史是一部建设社会主义的探索史，既然是探索，就不可能不犯错误。对于这些失误和错误，要实事求是地予以正视，认真深刻地予以反思，达到从中吸取教训的目的。但也要承认：1949 年以来，社会主义建设的探索实践是主流，成就是主要的。

其次，要把犯错误和犯错误的时期加以区别，不能因为某个时期犯了错误，就把那个时期的工作一概否定。如“文化大革命”是中国共产党所犯的全局性、长时间的“左”倾严重错误。但“文化大革命”时期长达十年，社会主义经济建设还在进行。国民经济虽然遭受巨大损失，但在工业交通、科学技术等领域还是取得了一批重要的成就，譬如南京长江大桥的建成、氢弹试验和人造卫星发射回收的成功、籼型杂交水稻的育成和推广及抗疟新药青蒿素的开发研制。

再次，要把失误和错误还原到当时的历史条件下分析，把在当时可以避免的错误和由于客观条件限制而难以避免的错误区分开来。所谓客观条件的制约有两种情况。一是实践不够，缺少经验。比如，中国历史上是农业国，对于工业建设缺少经验，因此在处理计划与市场，农业、轻工业、重工业，国家、集体与个人，积累与消费等的关系上，走了许多弯路。二是物质不够，缺少条件。例如，改革开放前，人民生活水平提高不快和农村大部分地区面貌变化不大的基本原因是：中国共产党为了尽快建立现代化的工业、农业、科学技术和国防，不再受帝国主义欺侮，并抓住苏联援助的历史机遇，选择了优先发展重工业的战略。这就不能不暂时抑制人民的消费，不得不牺牲农民的一些利益，从而一定程度地影响了消费品的生产供应和人民生活水平特别是农民的生活水平的提高。可见，改革开放前人民生活水平提高不快，甚至有时还会出现某些困难，从根本上说是为工业化打基础而必须付出的代价，是前人为国家长远发展而做出的宝贵牺牲，是用暂时的困难和不便换取长远的繁荣和幸福。当然，改革开放前，人民生活水平提高的相对缓慢还与指导思想的错误、形势判断的失误和工作安排的不当有关，其中有些失误和错误是可以避免的。

最后，要把急于求成与个人专断、个人专断与专制制度加以区别。毛泽东及当时的中央和地方领导犯错误，一个重要的原因就是急于求成。急于求成导致忽视客观规律，夸大主观意志的作用。但它的动机往往是好的，是希望中国早日富强起来，社会主义建设的步伐再快一些，时间再短一些。而由个人专断导致的错误就与此不同。因此，在分析造成失误和错误的主观原因时，要把好心办坏事的情况与个人专断的情况区分开来。此外，个人专断的作风既与个人有关，也受社会制度、历史传统的影响。产生个人专断的社会原因是，党内民主和国家政治生活的民主没有制度化和法律化，权力过分集中于个人；历史原因是长期封建社会造成的封建专制主义思想的影响。但是，受封建专制主义思想残余的影响与封建专制制度毕竟是两回事。不能因为少数领导人存在个人专断现象，就说整个改革开放前的历史时期是封建专制主义时代。从本质上讲，社会主义制度也是与个人专断之类的作风格格不入的。

2. 如何看待改革开放前的历史与中国特色社会主义的关系？

改革开放前后的两个时期不是彼此割裂，相互推翻的关系，而是普遍联系、继承发展的关系。改革开放前的探索，尽管理论准备不足，实践道路曲折，受到很大的束缚和局限，但却为后来的跨越式发展扫清了障碍、奠定了基础、积累了经验、创造了条件。

第一，改革开放前的历史为当代中国一切发展进步奠定了政治前提。

第二，改革开放前的历史为当代中国一切发展进步奠定了制度基础。

第三，改革开放前的历史为开创中国特色社会主义提供了宝贵经验。

第四，改革开放前的历史为开创中国特色社会主义提供了理论准备。

第五，改革开放前的历史为开创中国特色社会主义提供了物质基础。

（三）两个时期既相互联系又有重大区别

观点 3 是正确的。

第一，贯穿中华人民共和国史的一条主线就是中国共产党领导人民进行社会主义建设的实践探索。改革开放前后的这两段历史都是中国共产党领导的建设社会主义的历史。前者是后者的基础，没有前者的成就和正反两方面的经验做基础，就没有后者的飞速发展；后者是前者的继承、扬弃和完善，没有后来的改革开放，前者也难以为继。

第二，改革开放前的历史时期和改革开放后的历史时期是两个相互联系又有重大区别的时期。

第三，正确认识和处理改革开放前后两个历史时期的关系，关键是正确评价毛泽东同志的历史地位和毛泽东思想的指导作用。实际上，改革开放后的历史时期就是对毛泽东思想的继承和发展，对毛泽东晚年所犯错误的纠正。只有客观公正地评价毛泽东的历史地位、完整准确地理解毛泽东思想，才能正确把握改革开放前后两个历史时期的关系。

案例分析

材料1：1980年8月，邓小平会见意大利记者奥琳埃娜·法拉奇。记者问："天安门上的毛主席像，是否要永远保留下去？"邓小平回答说："永远要保留下去。过去毛主席像挂得太多，到处都挂，并不是一件严肃的事情，也并不能表明对毛主席的尊重。"并说："毛主席一生中大部分时间是做了非常好的事情的，他多次从危机中把党和国家挽救过来。没有毛主席，至少我们中国人民还要在黑暗中摸索更长的时间。毛主席最伟大的功绩是把马列主义的原理同中国革命的实际结合起来，指出了中国夺取革命胜利的道路。应该说，在六十年代以前或五十年代后期以前，他的许多思想给我们带来了胜利，他提出的一些根本的原理是非常正确的。他创造性地把马列主义运用到中国革命的各个方面，包括哲学、政治、军事、文艺和其他领域，都有创造性的见解。"

材料2：2013年1月5日，习近平在新进中央委员会的委员、候补委员学习贯彻党的十八大精神研讨班开班式上发表重要讲话。他强调指出：我们党领导人民进行社会主义建设，有改革开放前和改革开放后两个历史时期，这是两个相互联系又有重大区别的时期，但本质上都是我们党领导人民进行社会主义建设的实践探索。虽然这两个历史时期在进行社会主义建设的思想指导、方针政策、实际工作上有很大差别，但两者绝不是彼此割裂的，更不是根本对立的。不能用改革开放后的历史时期否定改革开放前的历史时期，也不能用改革开放前的历史时期否定改革开放后的历史时期。要坚持实事求是的思想路线，分清主流和支流，坚持真理，修正错误，发扬经验，吸取教训，在这个基础上把党和人民的事业继续向前推进。

总之，改革开放前后的两个历史时期虽然有很大区别，但既不是相互割裂，更不是相互对立，而是相互统一的。前一阶段为后一阶段打基础、作准备，而后一阶段则是对前一阶段的继承、扬弃和完善。我们一定要旗帜鲜明地同形形色色的历史虚无主义作斗争，更加坚定地沿着中国特色社会主义道路不断前进。

四、实现民族复兴的伟大梦想

（一）复兴之路

2012年11月，中国共产党第十八次全国代表大会在北京举行。随后召开的中共十八届一中全会选举产生了中央政治局，习近平当选为中共中央总书记。当月29日，新一届中央领导集体来到国家博物馆，参观《复兴之路》展览。习近平总书记动情地说："现在，大家都在讨论中国梦，我以为，实现中华民族伟大复兴，就是中华民族近代以来最伟大的梦想。"① 此后，他又多次在国内外各种场合，深刻阐述了中国梦的深刻内涵和重大意义。

课堂讨论

结合本课所学的知识，请同学们谈一谈：为什么说实现中华民族的伟大复兴是近代以来最伟大的梦想？

1840年鸦片战争以来，曾经辉煌灿烂的古老帝国在列强的炮火声中日渐沉沦，逐步变成了半殖民地半封建社会。由于外国资本－帝国主义的入侵，由于本国封建制度的腐败衰落，中华民族遭受了亘古未有的艰难困苦，付出了难以想象的巨大牺牲。在内忧外患、挫折危机面前，中国人民没有屈服，没有退缩，而是挺起脊梁、奋起抗争，探索救国救民的真理，寻求富国富民的正道。因此，争取民族独立、人民解放和实现国家富强、人民富裕就成为近代以来中华民族面临的两大任务。理所当然，实现中华民族的伟大复兴也就成为整个时代的最强音。这正是中国梦孕育而生的历史背景。

那么，谁能担负起中华民族伟大复兴的历史重任？谁能打破山河破碎、生灵涂炭的困局？谁又能创造民富国强、美好安乐的小康社会？清廷的开明士绅挽救过，传统的农民阶级尝试过，新兴的资产阶级努力过，但他们都没有成功。直到1921年中国共产党的成立，近代以来的屈辱历史才最终迎来新的转机。这一开天辟地的大事，深刻改变了中国历史的进程与走向，深刻改变了中国人民的前途与命运，深刻改变了世界发展的趋势与格局。

① 《习近平谈治国理政》，外文出版社2014年版，第36页。

（二）三大贡献

在几近百年的时间里，中国共产党翻山越岭、爬坡过坎，带领全国各族人民取得了一个又一个的胜利，为中华民族作出了三大历史贡献。

“这个伟大历史贡献，就是我们党团结带领中国人民进行28年浴血奋战，打败日本帝国主义，推翻国民党反动统治，完成新民主主义革命，建立了中华人民共和国。这一伟大历史贡献的意义在于，彻底结束了旧中国半殖民地半封建社会的历史，彻底结束了旧中国一盘散沙的局面，彻底废除了列强强加给中国的不平等条约和帝国主义在中国的一切特权，实现了中国从几千年封建专制政治向人民民主的伟大飞跃。

这个伟大历史贡献，就是我们党团结带领中国人民完成社会主义革命，确立社会主义基本制度，消灭一切剥削制度，推进了社会主义建设。这一伟大历史贡献的意义在于，完成了中华民族有史以来最为广泛而深刻的社会变革，为当代中国一切发展进步奠定了根本政治前提和制度基础，为中国发展富强、中国人民生活富裕奠定了坚实基础，实现了中华民族由不断衰落到根本扭转命运、持续走向繁荣富强的伟大飞跃。

这个伟大历史贡献，就是我们党团结带领中国人民进行改革开放新的伟大革命，极大激发广大人民群众的创造性，极大解放和发展社会生产力，极大增强社会发展活力，人民生活显著改善，综合国力显著增强，国际地位显著提高。这一伟大历史贡献的意义在于，开辟了中国特色社会主义道路，形成了中国特色社会主义理论体系，确立了中国特色社会主义制度，使中国赶上了时代，实现了中国人民从站起来到富起来、强起来的伟大飞跃。

中国共产党领导中国人民取得的伟大胜利，使具有5000多年文明历史的中华民族全面迈向现代化，让中华文明在现代化进程中焕发出新的蓬勃生机；使具有500年历史的社会主义主张在世界上人口最多的国家成功开辟出具有高度现实性和可行性的正确道路，让科学社会主义在21世纪焕发出新的蓬勃生机；使具有60多年历史的新中国建设取得举世瞩目的成就，中国这个世界上最大的发展中国家在短短30多年里摆脱贫困并跃升为世界第二大经济体，彻底摆脱被开除球籍的危险，创造了人类社会发展史上惊天动地的发展奇迹，使中华民族焕发出新的蓬勃生机。”①

---

① 习近平：《在庆祝中国共产党成立95周年大会上的讲话》，《人民日报》2016年7月2日。

近代以来的中国历史有力地证明：由中国共产党来领导民族复兴的伟大事业是正确的，这是历史和人民的郑重选择。中国特色社会主义道路是正确的，必须毫不动摇地长期坚持。扎根中国大地、吸纳人类文明优秀成果、独立自主实现国家发展的战略是正确的，必须毫不动摇地长期坚持。

教学总结

经过自鸦片战争以来170余年的接续奋斗，中华民族的伟大复兴已展现出前所未有的光明前景。回望170多年前，中国人民对争取民族独立和人民解放、对实现国家富强和人民幸福的渴望是多么强烈，但前途又是多么渺茫。如今，我们比历史上任何时期都更接近中华民族伟大复兴的目标，比历史上任何时期都更有信心、有能力实现这个目标。

青年是祖国的未来，民族的希望。当代大学生应深刻了解近代以来中国人民和中华民族上下求索、不懈奋斗的历史进程，坚定道路自信、理论自信、制度自信、文化自信，勇做走在时代前列的奋进者、开拓者、奉献者。以执着的信念、优良的品德、丰富的知识、过硬的本领担负起时代赋予的历史重任，即：到中国共产党成立100年时全面建成小康社会，到中华人民共和国成立100年时建成富强、民主、文明、和谐的社会主义现代化国家。希望大家志存高远、脚踏实地，在实现中国梦的伟大实践中创造出属于自己的精彩人生。当代大学生一定要牢记昨天的苦难，感恩今天的辉煌，不负明天的梦想，在激扬青春、开拓人生、奉献社会的追梦中，书写无愧于时代的壮丽篇章！

课后思考

1. 中国共产党人在1956年至1957年的早期探索中有哪些理论贡献？
2. 怎样正确认识和评价毛泽东的历史地位？
3. 简述中共十一届三中全会的主要内容及其历史意义。
4. 改革开放后，经济体制的改革是如何在农村首先取得突破性进展的？
5. 1978年以来，中国是如何一步步深入对外开放的？
6. 简述邓小平南方谈话的主要内容及其重大意义。
7. 改革开放以来中国取得巨大成就的根本原因和主要经验是什么？
8. 为什么说“不能用改革开放后的历史时期否定改革开放前的历史时

期，也不能用改革开放前的历史时期否定改革开放后的历史时期”？

9. 为什么说实现中华民族的伟大复兴是中国近代以来最伟大的梦想？

10. 中国共产党在90多年的时间里所做的三件大事是什么？

11. 中国特色社会主义是几代中国共产党人怎样接续奋斗而得来的？

推荐阅读

1. 习近平：《在庆祝中国共产党成立95周年大会上的讲话》，人民出版社2016年版。

2. 习近平：《习近平谈治国理政》，外文出版社2014年版。

3. 中共中央文献研究室编：《习近平关于实现中华民族伟大复兴的中国梦论述摘编》，中央文献出版社2013年版。

4. 中共中央宣传部：《习近平总书记系列重要讲话读本（2016年版）》，学习出版社、人民出版社2016年版。

5. 毛泽东：《论十大关系》（1956年4月25日），中共中央文献研究室编：《毛泽东文集》第7卷，人民出版社1999年版，第23－49页。

6. 刘少奇：《在中国共产党第八次全国代表大会上的政治报告》（1956年9月15日），中共中央文献研究室编：《建国以来重要文献选编》第9册，中央文献出版社1994年版，第38－117页。

7. 毛泽东：《关于正确处理人民内部矛盾的问题》（1957年2月27日），中共中央文献研究室编：《毛泽东文集》第7卷，人民出版社1999年版，第204－244页。

8. 邓小平：《解放思想，实事求是，团结一致向前看》（1978年12月13日），《邓小平文选》第2卷，人民出版社1994年版，第140－153页。

9. 邓小平：《在武昌、深圳、珠海、上海等地的谈话要点》（1992年1月18日至2月21日），《邓小平文选》第3卷，人民出版社1993年版，第370－383页。

10. 中共中央党史研究室：《中国共产党的九十年》（改革开放和社会主义现代化建设新时期），中共党史出版社、党建读物出版社2016年版。

11. 中共中央党史研究室第三研究部：《中国改革开放30年》，辽宁人民出版社2008年版。

12. 朱佳木：《新中国两个30年与中国特色社会主义道路》，《当代中国史研究》2009年第5期。

后记

《〈中国近现代史纲要〉专题研究》为“高校思想政治理论课专题研究丛书”之一，按照总体要求由尹红群拟定撰写提纲，并广泛听取了写作成员的意见，其撰写分工如下：序（吴家庆、谭吉华）；专题一（尹红群）；专题二（尹红群）；专题三（方慧、尹红群）；专题四（陈红桂）；专题五（王猛）；专题六（王猛）；专题七（尹红群）；专题八（陈红桂）；专题九（杨悦）；专题十（杨悦）。方小年对专题四和专题五进行了指导，吴家庆审读了全书稿，最后由尹红群统稿、定稿。

《〈中国近现代史纲要〉专题研究》是对“中国近现代史纲要”这门课程开展专题教学研究的一次尝试，其中难免有不当疏漏之处，衷心希望同仁和读者不吝赐教。

为了更好地方便师生的教与学，本书配有教学课件。

湖南师范大学马克思主义学院

2017 年 3 月